「パンチ＆ジュディ」のイギリス文化史

The Punch & Judy Show : History, Tradition and Meaning

ロバート・リーチ 著
Robert Leach
岩田託子 訳
Yoriko Iwata

昭和堂

Original Edition
The Punch & Judy Show: History, Tradition and Meaning by Robert Leach

Japanese Translation

「パンチ＆ジュディ」のイギリス文化史

THE PUNCH & JUDY SHOW: History, Tradition and Meaning

目次

Contents

凡例

・章題あとの［　　］に訳者による章のまとめを記した。
・本文中［　　］に訳註を記した。
・訳者提供図版は〔図　〕に、原著図版への言及は（　図）とした。

はじめに――日本におけるパンチ&ジュディ

岩田託子

本書は Robert Leach, *The Punch and Judy Show: History, Tradition and Meaning* (London: Batsford, 1985) の全訳である。副題どおり、「歴史・伝統・意義」を説きおこしている。パンチ&ジュディとは、イタリアのコメディア・デラルテに遡ることができる、三五〇年以上の歴史をもつ英国の伝統的人形劇で、あらすじは悪漢主人公パンチが妻ジュディと子をはじめ、犬・警官・医者・教区吏（教会を中心とした地区の世話人）から絞首刑執行吏・ワニ・幽霊・悪魔まで、ありとあらゆる敵対者をやっつけてしまう。パンチ人形の頭は木で、どんぐり眼に鷲鼻、しゃくれ顎、太鼓腹に背中には瘤。赤と黄色の道化服と道化帽を身につけている。基本は、人形遣いが一人入れる箱舞台で、両手にグローヴのようにはめて扱う。したがって舞台上にはパンチとキャラクターがもうひとつ現れ、それがパンチの棍棒にめった打ちにされる。こんなにも単純で暴力的な人形劇が、かくも永きにわたって英国で続いてきた。その意義を、本書は探っている。

パンチ&ジュディは、日本と決して無縁ではなかった。日本にも上演者はいたし、和訳された台本は、人形劇界を越え知的刺激を与えてきた。本書がその「歴史・伝統・意義」を日本語で伝えることで、この深い魅力を持つ伝統人形劇が、さらに日本において親しまれることを期待している。

また、主役のパンチは長寿諷刺雑誌『パンチ』の顔役であっただけに、『ジャパン・パンチ』、ポンチ絵を経て日本のジャーナリズムに地位を占め、融けこむに至った。この点については、すでに刊行された論考を末尾の参考文献に挙げるにとどめた。

最初に本書は全訳と記したが、序文・謝辞は出版時の英国の事情ゆえであるので割愛し、紙面を借りて、日本における人形劇のパンチ&ジュディをここでは紹介したい。

一、日本最初のパンチ&ジュディ上演

文献から辿ることのできる最初のパンチ&ジュディ上演記録は、一九二七年人形座による。その後、演劇界を牽引することになる舞台美術家伊藤熹朔《きさく》（一八九九―一九六七）、俳優座を率いた千田是也（本名　伊藤圀夫、一九〇四―一九九四）の兄弟が、二〇代の青年期、一九二六年から人形座創立に深く関わっていた。日本の新しい演劇の大きな動きが、日本初のパンチ&ジュディに顕れた、と考える。

上演記録は①一九二七年四月八日〜十日銀座松坂屋〔図1〕、②一九二七年四月二九日築地小劇場「千田是也を送る会」昼夜公演〔図2〕、③一九二七年夏、軽井沢、小山内薫作「三つの願ひ」「人形」併演、の三つである。①、②については、人形操演者であった小野忠重が、様子を日記に残しており、いずれにおいても活気溢れる盛況で、若い芸術家たちの溌剌とした気分が伝わる。

チラシ〔図1〕から、筋・展開は明らかである。「愉快な曲者」主人公パンチは、「法廷記録の罪の総てを行ふ」し、「人殺をする事は事実です然し彼の被害者は常に生きかえり、そして次の演技にふら〳〵と出て来ます」。また、「指繰人形芝居」と冒頭第一行目にあるように、マリオネットではなく人形を手にはめて演じるところにパンチ&ジュディの魅力を直結させて、実演者ならではの懇切丁寧さで説いている。「彼の体が頭と手と衣装の外なんにもなく、彼を活動させる要所が僅か三本の指に外ならないとは誰が信じませう。」「人形遣ひは彼の手に人形

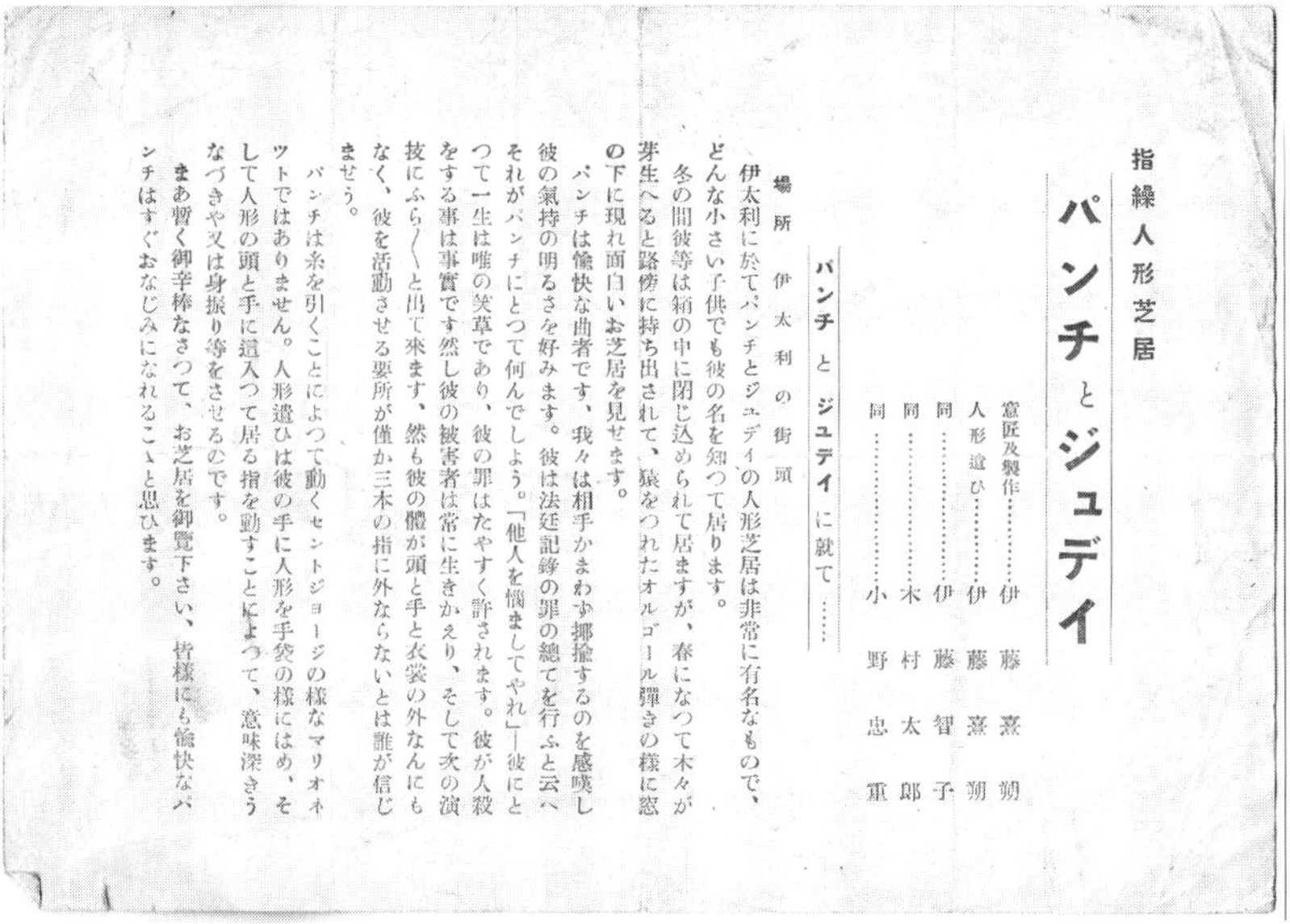

指繰人形芝居

パンチとジュディ

意匠及製作……………伊藤熹朔
人形遣ひ……………伊藤熹朔
同……………伊藤智子
同……………木村太郎
同……………小野忠重

パンチとジュディに就て……

場所　伊太利の街頭

伊太利に於てパンチとジュディの人形芝居は非常に有名なもので、どんな小さい子供でも彼の名を知つて居ります。

冬の間彼等は箱の中に閉じ込められて居ますが、春になつて木々が芽生へると路傍に持ち出されて、猿をつれたオルゴール彈きの様に窓の下に現れ面白いお芝居を見せます。

パンチは愉快な曲者です、我々は相手かまわず揶揄するのを感嘆し彼の氣持の明るさを好みます。彼は法廷記錄の罪の總てを行ふと云へそれがパンチにとつて何んでしよう。「他人を惱ましてやれ」―彼にとつて一生は唯の笑草であり、彼の罪はたやすく許されます。彼が人殺をする事は事實です然し彼の被害者は常に生きかえり、そして次の演技にふら〳〵と出て來ます、然も彼の體が頭と手と衣裳の外なんにもなく、彼を活動させる要所が僅か三本の指に外ならないとは誰が信じませう。

パンチは糸を引くことによつて動くセントジョージの様なマリオネツトではありません。人形遣ひは彼の手に人形を手袋の樣にはめ、そして人形の頭と手に這入つて居る指を動すことによつて、意味深きうなづきや又は身振り等をさせるのです。

まあ暫く御辛棒なさつて、お芝居を御覧下さい、皆様にも愉快なパンチはすぐおなじみになれるこゝと思ひます。

〔図 1〕おそらく 1927 年の上演記録　伊藤熹朔「パンチとジュディ」（人形劇の図書館蔵）

を手袋の様にはめ、そして人形の頭と手に這入って居る指を動すことによって、意味深きうなづきや又は身振り等をさせるのです。」劇人形としての特質が、このように鋭敏に記されている。そして、「皆様にも愉快なパンチはすぐおなじみになれるこゝと思ひます」としめくくられる。片面印刷のこの刷物に、人形劇としてのパンチ＆ジュディの特質・特性が充分語られている。

ところで、「伊太利に於てパンチとジュディの人形

〔図 2〕1927 年 4 月 29 日築地小劇場
「千田是也を送る会」ポスター
皮切りがパンチとジュディ

芝居は非常に有名なもので、どんな小さい子供でも彼の名を知って居ります」とあるので、パンチ&ジュディが英国のものという認識は、なかったようだ。ルーツがイタリアの古典喜劇コメディア・デラルテのプルチネッラであるからこその誤解であろうが、「……とジュディ」と、男女をカップリングするのは、英国版だけである。もちろん伊藤熹朔らは、この時イタリアのプルチネッラ劇ではなく、パンチ&ジュディを上演したに違いない。

そもそも熹朔・圀夫兄弟は、それぞれ二〇歳・十五歳の一九一九年頃から、イタリア古典喜劇コメディア・デラルテのマリオネットを作り、台本がみつからないまま友人宅で上演したり、展示に出したりしていたという。台本はなくても演じた、という点に二人の人形劇愛が顕著である。熹朔が人形劇を離れ十五年ほど経ったころに記した回想では、演目としてパンチ芝居を取り上げたのは、じぶんたちの人形劇公演の四度目であり、手遣い人形で効果があがるのは「引っぱたく動作で」「丁度萬才と同じで、特別な効果が挙がるそれ故かういう脚本が出てきたんじゃないかと思ふ」と述べている。本人が認める人形愛に立脚した明察であり、のちほど論じる鶴見俊輔『太夫才蔵伝』のまなざしに重なる。

熹朔の六歳上の兄、舞踏家演劇人・伊藤道郎は、一九一二年に渡欧し、一三年にはドイツの演劇学校生であったところ、第一次世界大戦勃発をうけ、一九一四年には英国に移っていた。当地で、詩人のエズラ・パウンド、W・B・イエーツ、作曲家ホルストと交流があり、それぞれと関わって能「鷹の井戸」、「日本組曲」などの仕事を残した。道郎が、英国の生活でありふれた存在であったパンチ&ジュディを知らないでいたとは考えにくい。あるいは、この兄から家族あての通信などでなんらかの知識を伝えたかもしれないが、今のところは想像の域を出ない。

伊藤兄弟の、力強く永きにわたった演劇活動のごく初期に、日本におけるパンチ&ジュディ史の第一歩が記されたことは特筆すべきである。

さらに二〇年余が過ぎてまた、伊藤熹朔は、杉山誠「パンチとジュディ」の装置と演出を担当した。弟是也が中心に活躍する俳優座の「こどもの劇場」第一回公演で、三演目中の一演目として、一九四八年五月八日から六月十九日まで、毎日ホールと都内小学校講堂で合計二三ステージ上演した。パンチ人形を大事に保存し復活させたのならば感動的だし、時を経て再度作ったならば、それもまた注目に値する。キャラクターは「パンチ、ジュディ、道化、巡査・近所の人、首切り役人、赤ん坊、医者、幽霊・悪魔」と挙げられている。

『児童劇場』一九四八年六月復刊五の劇評で、パンチ芝居の荒唐無稽さに批判的であった伊達兼三郎も、上演については「とくに〔伊藤熹朔の〕人形もよく出来ているし、パンチを演じた声がよく当てはまっている」と評価している。「パンチを演じた」のは、のちに俳優座を離れて映画やテレビドラマで活躍した田島義文であった。

戦後まもない日本で「窓ガラスのない教室、教科書のない学校で勉強しているこどもたちのため」企画し、児童教育のための演劇運動を始めるときに、パンチ&ジュディをまたもや取りあげたことに、伊藤熹朔の愛着を見る。

二、台本・紹介、そして新たな上演

1．本田満津二「パンチとヂュディ」一九三一年

パンチ&ジュディの最初の日本語出版台本は、雑誌『MARIONNETTE』第二巻、第二号に訳出された（一九三一年五月）。本田満津二「訳者のあとがき」によると、一九二一年にボストンで出版された Montrose J. Moses, *A Treasury of Plays for Children* 採録の「パンチ&ジュディ」の訳である。他にも、「小公女」「不思議の国のアリス」など計十四本を掲載しているうちの一本が「パンチ&ジュディ」だった。元本が児童向きであったから短めである。挿画は元本からは採用せず、ジョージ・クルクシャンクから採っている。パンチ芝居の台本を英国で最初に記したCollier, J. P., *The Tragical Comedy or Comical Tragedy of Punch and Judy* (Prowett, 1828) につけられたのがクルクシャンクの

挿画であった。日本において、後の南江治郎訳本に至るまで、パンチといえばクルクシャンクの連想はここから始まったのだろう。（本書にも多数収録。巻末索引参照。）

本田訳は、伊藤熹朔人形座によるパンチ&ジュディの上演から四年後に出版された。本田満津二は、築地小劇場一九二四年十月公演ピランデルロ作『作者を探す六人の登場人物』翻訳台本を提供していたが、それには千田是也も「息子」役で出演していた。二人には面識があったと考えるほうが普通である。一九二七年に人形座の公演を観ていたかもしれない。あるいは人形座の上演台本も一九二一年ボストンで出版され、のちに本田が訳すことになった、この本からだったかもしれない。伊藤兄弟の長兄道郎は、二一年にはアメリカ在住であった。

本田訳の不可解キャラクター「袋鼠の仔」は、原作ではジョーイ。道化の代名詞となったジョゼフ・グリマルディ（一七七八―一八三七）に由来する道化である。

2．久能龍太郎『紙芝居の作り方』春陽堂少年文庫三〇九　一九三三年

久能龍太郎は慶応大学で学び、劇研究会の雑誌を編集・発行した久野文雄の筆名である。後述する小澤愛圀《よしくに》とも近しい。ここでいう「紙芝居」とは、久能龍太郎独自の語法である。小山内薫が実験用に制作し、後に劇研究会のメンバーに見せた模型舞台や倉橋惣三がお茶の水に設けた長方形の小さい箱舞台などを思いうかべ、これを可能な限り活かす劇形態すべてだと理解できる。

この箱舞台は、そのままパンチ芝居の箱舞台に通じる。この一冊にはパンチ芝居を描いたたいへん魅力的なイラストが散見する〔図3〕。さらにパンチの従兄弟たちやパンチを思わせるものも入っている。久能龍太郎が思い描く模型芝居の代表がパンチ芝居であるようで、説明のさまざまな場面でパンチを引き合いに出している。人形劇を上演する場合は「パンチ臺」と呼んでいる〔図4〕。とはいっても、出版当時の読者たちは、おそらくパンチ芝居

〔図 3〕久能龍太郎『紙芝居の作り方』より

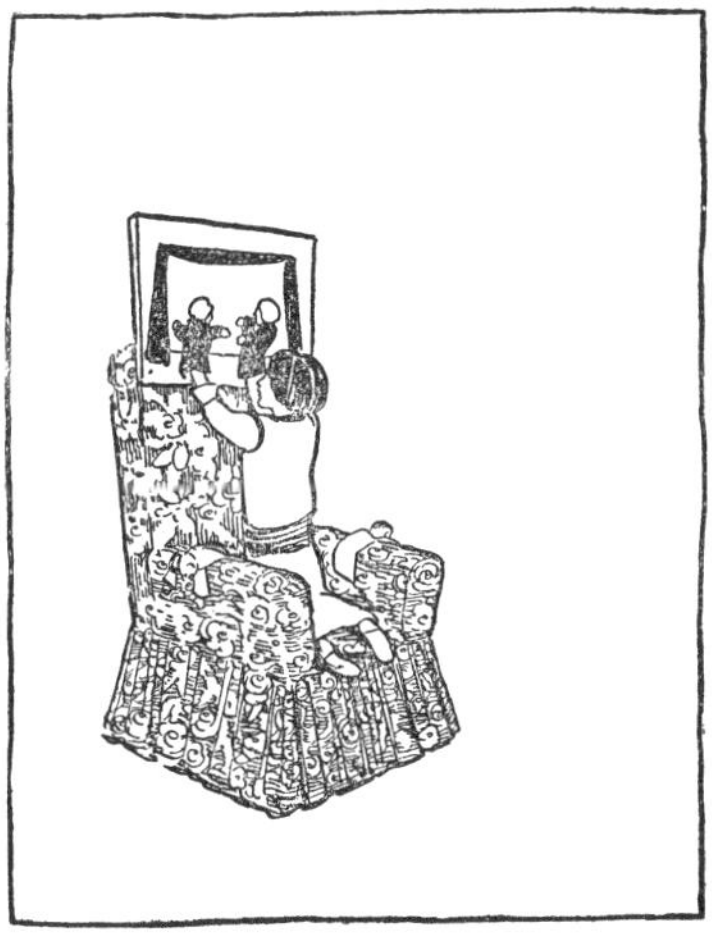

〔図 4〕
久能龍太郎『紙芝居の作り方』より
「パンチ臺」と名付けられている

を観たことがない。それだけに、どのように反応したのか、興味は尽きない。

久野文雄は、名古屋中学時代に伊藤道郎と住居も近く親しく行き交ったらしい。また、上京してからは、弟たちの熹朔・圀夫とも交流があったようだ。模型舞台といえば、土方与志の家で始められた土方模型舞台研究所のメンバーに伊藤熹朔がいた。伊藤兄弟を人形劇、パンチ&ジュディに導いたエートスを、久能龍太郎は共有していた。

3．有坂與太郎訳「操人形、パンチとジュディ、踊り人形」『世界玩具史篇』玩具叢書第五、第十一章　雄山閣、一九三五年

Mrs. F. Nevill Jackson, *Toys of Other Days*（1908）の一章が、動く人形に割かれている。訳者である有坂は玩具研究の草分けで、原著を名著とし「玩具を通じて子供の生活を覗かうとする意図は微塵も異ならない」と立場を鮮明にしている。

パンチとジュディのみならず、子どもが観て楽しむ玩具を扱い、子どもが自ら手にして上演することは前提としていない。文学者たちのレスポンスや歴史的背景を解説する読み物である。

原著にならい、クルクシャンク挿画から四枚を取り、読者への理解を助けている。

4．小澤愛圀「パンチとジュディの悲劇」『世界各国の人形劇』一九四三年

付録として Brander Matthews, "The Lamentable Tragedy of Punch and Judy," *A Book About the Theater*（1916）を抄訳したパンチ&ジュディ論である。ブランダー・マシューズはアメリカの大学で学問として演劇に取り組んだ先達で、コロンビア大学で教鞭をとった。パンチは「亜米利加の往来で姿を見せることはない」「亜米利加に来ては、何となく異国的にほひが取れない」と少々距離をもって接している。とはいえ論考は本質をついている。まずは、パン

チ&ジュディが人形であるからこそ、暴力行為が余りにも「空想的」「不可能」「非現実的」「無関係」であり、「単なる冗談《ジョーク》に過ぎないことは」「子供でさへも知って居る」と説く。パンチの暴力性を過保護なまでに抑制する愚に警鐘を鳴らしている。これこそ、今に至るまでパンチを存続させるのに必要な、観客側の根本的理解である。また、パンチが木偶《でく》であり、それ自体に表情の変化がなくとも「見物の想像力《イマジネエション》が働くから少しも差支えない」と、その特質をかばい肯定する。ただ、あまりに単純な筋だけに、大陸ヨーロッパの複雑な人形劇の魅力をもちえず、英米で人気が廃れることを危惧している。とはいえ、登場人物の変化・不変性、新しい仲間のワニの由来なども考察し、パンチ&ジュディに寄り添い続けている。

ブランダー・マシューズは、他の著作『欧州演劇史』なども翻訳され、当時の碩学の代表であっただけに、仮にパンチ&ジュディを観たことのない日本人も、本論に大いに知的好奇心を刺激されたと考えられる。

5. フジタキンノスケ「パンチとジュディ」『王様と乞食　人形劇児童劇脚本集第一集』教育図書研究会　一九四九年

藤田金之助（一九〇二―一九九七）は大阪生まれの画家で、岡本弘毅によると、「戦前から戦中期にはシュルレアリスムの影響の色濃い作品や抽象に接近したキュビスム風の作品などを描いていた」。この特徴は、「パンチとジュディ」挿画に通じる〔図5〕。

脚本集「はしがき」によると、第二次大「戦後の文化運動で最も目醒しい効果をあげたのは、演劇運動の普及」で、「学校に職場に地方に至るところ劇団が生れ、また生れつつある」状況で「人形劇の再認識」が進んだ。この時点で四半世紀ほど人形劇に携わっており、その経験から比較的小規模で「学校や職場や家庭や野外の一隅」、「幼稚園や学校」での上演に「適当な脚本を集めてみた」と述べている。

〔図5〕フジタキンノスケ作　1949年
（人形劇の図書館蔵）

児童演劇とパンチには、すでにつながりはあった。児童教育のための「俳優座こどもの劇場」の第一回公演では、演目の一つが「パンチとジュディ」であり、すぐに劇評が『児童劇場』一九四八年六月復刊五に掲載されたことは、先にもふれた。フジタキンノスケが「パンチとジュディ」に関心をもつような、児童演劇をとりまく状況があったと考えられる。

収録された「パンチとジュディ」は、戦後日本を如実に描く。世界の他のいずこにもありえない。なにしろパンチは大袋を担ぐ「ヤミ屋」で、見咎めた巡査を逆に袋に封じ込め、「さつま芋」を装って親方に売り抜ける。「お櫃は空っぽ」だったジュディが、売り上げを手に買い物に行く留守番中に、パンチが赤ん坊を撲殺する。

死刑を宣告されると、次のようにパンチは反論する。「じゃ伺いますが人民を戦争にやって殺したのは誰ですな。お役人さんあんた達じゃないんですか。そして戦争未亡人とその赤ん坊を殺したのもあんた達じゃないんですか、それから闇屋の大親玉もあんた達……。」フジタ版パンチの立脚点はここである。

その後も、役人、坊さん、死刑執行人、悪魔を殺めるが、撲殺一辺倒ではない。また、医者は自ら処方した毒で、欲深さゆえに自滅してしまう。悪魔までがパンチにやられたことにショックを受けて、巡査は死に至る。闇屋の親方は、やられてないので生き延びているのだろう——その含蓄は深い。

パンチの高笑いで、いったん幕が下りるが、エピローグに幕が再び開き、作者役の人形が口上を述べる。パンチのような「恐ろしい」「悪党」をこの世の中からなくすにはどうするかを問いかけるのだ。「皆で力を合せていい世の中を作る」のが「一番早道」で「名案」で、「よい平和な世界ではこんな乱暴者は居所がなくなる」。「では皆さん力を合せていい世の中を作ることにしようではありませんか」と結ぶ。

フジタが「実演されることを心から望んでいる」脚本集だが、「パンチとジュディ」の上演は難しかったのではないか。暴力的との批判がつきもののパンチの打擲癖、連続撲殺は、あまりのことゆえ非現実的なお話として流通してきた。フジタ版には手遣い人形の豪快さが乏しく、陰惨になる。

良い世の中を観客とともに希求する願いは切実だと思う。脚本集の末尾に掲載された「パンチとジュディ」は、本人の弁とは異なり、上演には向かなくても記しておきたかった思いを現している。

6．南江治郎『ファウストとパンチ』一九七二年

書物のかたちで初めてパンチ&ジュディの台本が訳出されたのは、戦後の経済成長目覚ましい中、安保闘争の余韻も残る一九七二年のことであった。一九〇二年生まれの南江治郎は、二郎名で『人形劇の研究』（一九二八年）、『世界偶人劇史』（一九三三年）を出版、その後も人形劇に関する著述・研究・翻訳を行ってきた。本田満津二翻訳を掲載した雑誌『MARIONNETTE』では編集担当であったし、伊藤兄弟の長兄伊藤道郎ゆかりのイエーツ「鷹の井戸」も翻訳出版していた。南江の本は、パンチ&ジュディをとりまいていた文化の産物である。

台本の長さの比にほぼならい、はじめ四分の三がファウストであり、パンチにあてられたのは残る四分の一である。最初に「パンチの系譜」が書き下ろされ、台本「パンチとジュディ――悲劇的にして喜劇的なる」が続く。初の出版英語台本となったJ・P・コリアーとジョージ・クルクシャンクの一八二八年版「テキストによったもの」

で、挿画はクルクシャンクから三枚採用し、コリアーの序文を参照して「パンチの系譜」を書いている。原著の多すぎたキャラクターは減らして、若干短くなっている。

南江治郎『ファウストとパンチ』出版がもたらした影響を二点ふれておきたい。

まず、人形劇人のみならず、文化人類学者山口昌男、評論家鶴見俊輔を大いに刺激し、パンチ&ジュディもふくむ人形劇を文化の重要なファクターとして認識し、南江に言及しながら洞察力に充ちた論考を、二人が生みだしたことである。二点目は、本書の出版をひきがねとして、クルクシャンク挿画に酷似したパンチ&ジュディ人形が日本で作られ、上演されてきたことである。

①-1．山口昌男「人形劇の宇宙的活力」（一九七二年）『道化的世界』一九七五年

南江治郎『ファウストとパンチ』（一九七二年）の書評が、「『本の民族誌』一、二　人形劇」として『ほるぷ新聞』に一九七二年十一月二五日、十二月五日と二度にわけて発表され、「人形劇の宇宙的活力」として一九七五年『道化的世界』に収められた。一でファウスト、二ではパンチを扱っている。自らのアフリカでの人形劇体験を直に記したり、『魏志倭人伝』記述からパンチを思わせる存在を紹介したり、と文化人類学者らしい記述が魅力であるが、基本は南江治郎を引用し、書評している。二のパンチに関する考察を次に紹介していく。

パンチを英国固有のものとしてよりもむしろ、人形と人間の関係性の中にとらえようと試みている。パンチ芝居の特徴である、「撲ったり撲られたり」は、「人形の伝統には、このように精神的にか、物理的にか共同体の災厄をひきうけるという面が、ほとんど固有の部分としてくみこまれている。つまり、それは、人が日常生活において可能でないことを代行するということでもある」と理解を促している。訳出された台本にならって十場面にわけて詳しく粗筋を紹介し、「筋だけ追っていると機動隊と学生、挙句の果ては赤軍派を想い浮かべさせられるかも知れな

い」とコメントしている。七〇年安保の時代であったのだ。

パンチとジュディの人形こそは、「世人にとっては災いの種であるような、世界に対するかかわりあい方を一身に具現し、一般世界から自らを排除することによって、コミュニケーションの深い地層に人々を導く媒体であった」と結論づける。度外れた暴力性を持つパンチが、何故英国では子どもが観てもいい娯楽であり続けたのか、をこのように洞察したのだ。

南江の書物を「本来なら人形劇人及び愛書家の間を一回りして書架の片すみに落ちつくはずのものかも知れないが、演劇ばかりでなく、手垢によごれた陳腐な表現方法に満ち満ちた我々の政治世界に、真に解放的な感受性を蘇えらせるための「身振り」によるバイブルになりうるといって決して言い過ぎにはならない」と強く推している。輪郭の鮮明な力強いパンチ支援マニフェストである。

大江健三郎『キルプの軍団』（一九八八年）における「父の友人の文化人類学者」像は、ここに始まる。主人公の男子高校生は、チャールズ・ディケンズ『骨董屋』を読みながらパンチに思いを馳せ、文化人類学を学び、カルト組織と暴力について考察する。そして、主人物「キルプ」の「ふるまいのパンチ性」を指摘するに至ったのだ。

①-2．鶴見俊輔「パンチとジュディー」『太夫才蔵伝』一九七九年

本書は、東京生まれアメリカ育ちの鶴見俊輔が関西に住むようになり、異文化として体験した漫才の魅力を掘り起こしたものである。「万歳の源流」を探るのは当然にしても、「放送史のながれ」「広告の歴史」「興行の歴史」「社会思想史」「日本の伝統」のなかで漫才をとらえようとするスケールを感じる。とはいっても第十四章「パンチとジュディー」は、明らかに異色で突出している。

一九七八年一月号から十二月号までの一年間にわたる『月刊百科』上の十二回の連載をもとに書籍となったが、

十五章構成である。連載時には、ジュディーではなく、ジュディと記しており、以下引用通り混在する。第十四章「パンチとジュディー」は、第十二章「過ぎたる望み」、第十三章「万歳の要素」とともに、書物にするにあたって新たに書き足されたのだ。

実は、連載時の最終回結びに、パンチ＆ジュディは突然登場していた。連載の最後の段落で現れた英国の人形劇は、さすがに唐突であった。本にする際に説得力を持つべく、一章をさく論考を用意したのだろう。連載時には、太夫と才蔵の生命の長さは、「パンチとジュディ夫妻とおなじく」であった。書物では、「パンチとジュディー夫妻よりも長く」と、より肯定的に太夫と才蔵を捉えている。コリアーの英語本をコピーで読み、南江の書物を読み、英国性をパンチ＆ジュディに正しく透視した上で出した結論であり、好感が持てる。

また、たとえば次のような一節、

> コリヤーの本には付録として、……すじがき一つのっている。「パンチとジュディー」はいつも即興劇として演じられるので、これは台本と言えない。人形使いの心中に原案としてあるせりふを、演じてもらって書きとったものである。

漫才を論じた哲学者ならではのパンチ＆ジュディへのフィードバックと受けとめたい。

知的に世界を考え理解することを願い、山口や鶴見の著作に親しんだ者が、このような著作からパンチ＆ジュディの存在を知った、というのは大いにありうる。人形劇・演劇関係者以外にもパンチ＆ジュディが関心を持たれる機会が開かれただろう。

〔図６〕装丁片岡昌　南江治郎『ファウストとパンチ』

②斎藤徹作パンチ&ジュディ人形とシローおじさんのパンチ

南江治郎『ファウストとパンチ』出版には、人形劇団ひとみ座の面々が関わっていた。ひとみ座が公益的な活動をする母体として一九六九年に設立した現代人形劇センターが編集担当で、装丁の片岡昌は当時理事長であった。他にも須田輪太郎、宇野小四郎、禰宜静磨に謝辞が南江から捧げられている。

南江治郎経由クルクシャンクのパンチ像は、ひとみ座中枢に浸透したと云える。片岡昌の装丁は、箱の表に原著扉絵のパンチを載せている。これがほぼ原寸である。ラッパーには同じ肖像をクロース・アップし、版型におさまらずはみ出す迫力パンチになった。〔図６〕迫力は大きさによるだけではない。題字も含めて白黒が反転している。刷りの前、いわば待ったをかけられているような、出番を待つ力が溢れそうなのだ。

ひとみ座で美術を担当していた斎藤徹が、クルクシャンク挿画に酷似するパンチとジュディ人形を産みだしたのは、英国で使われる劇人形を手本としたからではなく、このクルクシャンクの絵から創りだしたからではないか。斎藤作人形ほどクルクシャンクのパンチ&ジュディの面影を宿す人形はない。ディケンズ『骨董屋』キャタモール挿画のパンチ（46図、96頁）も、

〔図7〕伊東史朗とパンチと子どもたち

絵としてクルクシャンク挿画によく似るが、あくまでも挿画が挿画に倣うものである。

十九世紀から伝わる劇人形のパンチやジュディに、クルクシャンク作パンチの面影を探しても裏切られる。人形たちは、荒削りな魅力を発散する武骨な木偶《でく》で、使い古されただけに、たとえ博物館の陳列棚にいても、凄みすら漂わせる。

ところがクルクシャンクの挿画は、パンチに木偶《でく》を感じさせないのが特徴だ。すでに人形遣いが命を吹き込んで動く途中にあるように見せるから傑作なのだと思う。そのクルクシャンクのパンチ像をひとみ座の斎藤徹は劇人形に仕上げている。

ひとみ座団員の伊東史朗は、これを操演してきた。始まりは一九八八年八月、英国から招いたパンチ上演者パーシー・プレス・ジュニアが公演した際に、日本の観客にパンチ&ジュディを紹介するために、まず、日本語で上演したのだという。伊東史朗は団員としてひとみ座の仕事をし、一九九八年から二〇〇六年までは代表を務め、並行して「シローおじさん パンチ君おおあばれ」をレパートリーに、機会あるごとに全国津々浦々で上演を続けてきた。

人形劇史家の加藤暁子によると、シローおじさんのパンチは

〔図 8〕　（右上）伊東史朗　パンチと死神
（左上）太田拓美作　パペットハウス、飯田橋 © 深沢拓朗（2011 年 6 月撮影）
（下）　左・小園江達也画（水彩・板）、右・クルクシャンク挿画
カフェ　パンチ＆ジュディ、尾久。© 内田栄一（2018 年 10 月撮影）

「やさしいパンチ」だ。パンチが暴力的になるのは棍棒を持った時で、棍棒を持たなければパンチは温和である。要は悪いのは棍棒なのだ。また、死んでいいのは〈死神〉だけで、〈死神〉以外のキャラクターで死ぬものはない。独特のパンチ芝居を伊東史朗は創りあげた——ＰＴＡもこれで押さえられる。

ところが操演はシャープでスピーディー、パンチの魅力がストレートに伝わる。伊東史朗は修業時代アルバイトに「東京の地下鉄を掘ってた」と語っていた。鍛えられた腕っぷしで、パンチ＆ジュディのあるべき姿を呑みこんで実演を続けてきた。

英国在住の人形劇研究家中井郁は「人形劇人としてのプライドと本人の面白い個性がまじった素晴らしいパンチ」と感想を述べた。時空を超えて、この古典だってプロの人形劇人として演じる、という気概がそこにはあった。幸いにもシローおじさんのパンチを観て育った人々は、日本のここかしこにいる。

三、招聘公演

日本が豊かになるにつれ、人形劇団・人形劇フェスティヴァルが、パンチ上演者を招聘し、各地で上演機会を得てきた。活動歴の長い現代人形劇団プークは、さまざまな事業・活動のなかで、〈世界の人形劇シリーズ〉を続けており、中には本書でもふれているパンチ上演者もふくまれてきた。まず第一回がパンチ＆ジュディで、パーシー・プレスを招き、リーフレットの三橋雄一「パンチものがたり」（一九七三年）は、簡潔にパンチの歴史・意義を紹介している。また、一九八四年にはバリー・スミスを招聘し、英文学者井村君江がインタビューを残した。パーシー・プレス・ジュニアは、現代人形劇センターによって一九八八年、プークに一九九〇年に招聘された。現代人形劇センターは、ダン・ビショップを一九九三年に、グリン・エドワーズを二〇〇二年に招いている。

ミネルヴァ名古屋は、二〇〇七年と二〇〇九年にロバート・スタイルズを招聘し、巡業した。二〇〇九年は人形劇団プーク創立八〇周年にあたり、プークの海外人形劇シリーズの特別企画とジョイントし、ワークショップも開かれた。その一つが、観客に背中を向けて演じる試みだった。これがいかにそそるテーマであるかは、図像に明らかだ（図3(d)、xi頁）、（2図、3頁）。箱舞台の中でどれほど忙しく人形を扱っていくかを目の当たりにした観客の拍手は、驚きと感動でしばらく鳴りやまなかった。

あの時プーク人形劇場にとどろいた喝采は、もちろんまずロバートへのものだが、彼へと至る、直接芸を伝えた父のジョン・スタイルズ、その師匠のオスカー・オズワルド、さらには連綿とつづく上演者たちすべてに捧げられた日本からのオマージュだったと思う。

参考文献

有坂與太郎訳「操人形、パンチとジュディ、踊り人形」『世界玩具史篇』玩具叢書第五、第十一章　雄山閣、一九三五年。

伊藤熹朔「人形劇の回顧」『人形劇運動』中川書房、一九四三年。

――「目算見事にはずれた軽井沢の人形公演」『東京新聞』一九五九年九月七日夕刊。

井村君江「人形の世界への誘い――バリースミス氏に聞く」世界の人形劇シリーズNo.12、プーク人形劇場、一九八四年。

岩田託子「パンチ&ジュディの文化史」『民衆の文化誌』研究社、一九九六年。

――「パンチ&ジュディー――紹介にかえて」『中京英文学』第十二号、一九九二年。

――「メディアのなかのパンチ（一）パンチ&ジュディーから雑誌『パンチ』へ」『文学部紀要』中京大学文学部第二八巻第一号、一九九三年。

――「メディアのなかのパンチ（二）雑誌『パンチ』のなかのパンチ&ジュディー」『文学部紀要』中京大学文学部第二八巻第二号、一九九三年。

――「メディアのなかのパンチ(三)日本における『パンチ』誌とパンチ&ジュディー」『文学部紀要』中京大学文学部第二八巻第三・四号、一九九四年。

――「プッペンハウス・ヨシノ所蔵のパンチ&ジュディー――ブース（箱型舞台）について」『プッペンハウス　ニュース』No.9、一九九四年。

――「伝わるにともなう誤謬について――パンチの場合」『八事』（中京大学評論誌）第十一号、一九九五年。

――「パンチ&ジュディ」『I・Feel』No.21、紀伊国屋書店、一九九六年。

――「『パンチ』復刊第一号表紙　諷刺画私の一枚（二）」『諷刺画研究』第二四号、一九九七年。

――「『パンチ』の一五〇年」『諷刺画研究』第二六号、一九九八年。

――「『パンチ』誌はどこへゆく」『月刊百科』平凡社、一九九八年六月号。

――「『パンチ』ライブラリー紹介」『中京大学図書館学紀要』第二〇号、一九九九年。

――「パンチ&ジュディ三五〇年と英文学」『IVY』名古屋大学英文学会、第四六巻、二〇一三年。

――「報告　パンチ生誕三五〇年祭」『人形劇のひろば』一二〇号折込付録、日本ウニマ、二〇一六年。

――「パンチをめぐる随想　一〜三一」『パペット・マーケット』五九号〜九五号、一九九四年四月〜一九九九年一月。

内田市五郎「Books on Books　ジョン・コリアー編『パンチとジュディ』」『日本古書通信』第七三四号、一九九〇年九月号。

大江健三郎『キルプの軍団』岩波書店、一九八八年。

岡本弘毅「藤田金之助『ロシナンテとダップルの合唱』解説、『一九四五年±五年』兵庫県立美術館、二〇一六年。

小澤愛圀訳「パンチとジュディの悲劇」『世界各国の人形劇』一九四三年。

潟見英明監修『人形劇図書資料目録』飯田市人形劇資料調査活用実行委員会、二〇一三年。

加藤暁子『日本の人形劇　一八六七―二〇〇七』法政大学出版局、二〇〇七年。

川島昭夫「パンチ・アンド・ジュディ　復活した暴れんぼう――趣向を凝らす　イギリスで見つけたモノ」十五回、『京都新聞』二〇〇三年六月六日夕刊。

川尻泰司『日本人形劇発達史・考』晩成書房、一九八六年。

くすのき燕「わかる人形劇用語『パンチ&ジュディ』」『DOGUSHI』Vol.12、いいだ人形劇センター、二〇一六年。

久能龍太郎『紙芝居の作り方』春陽堂少年文庫三〇九、一九三三年。

桑原文子「人形劇『パンチとジュディ』毒の魅力」『毎日新聞』一九九九年九月七日夕刊。

小池滋『ヴィクトリアン・パンチ』全七巻、柏書房、一九九五年。

——『鏡よ、鏡よ——イギリス文学人物事典』筑摩書房、一九九五年。

指昭博「パンチ氏の変貌」『生活文化のイギリス史』同文館出版、一九九六年。

清水勲監修『漫画雑誌博物館』明治時代篇全五冊、国書刊行会、一九八六年。

——編『ビゴー日本素描集』岩波文庫、一九八六年。

——編『ワーグマン日本素描集』岩波文庫、一九八七年。

——『漫画の歴史』岩波新書、一九九一年。

——編『続ビゴー日本素描集』岩波文庫、一九九二年。

須山計一「『ジャパン・パンチ』とその影響」『復刻版 THE JAPAN PUNCH 解説』雄松堂書店、一九七五年。

スレイター、マイケル『挿絵で読む初期の「パンチ」』佐々木徹訳、柏書房、一九九五年。

千田是也『もうひとつの新劇史——千田是也自伝』筑摩書房、一九七五年。

千田靖子「愛しの英国伝統人形劇『パンチとジュディ』西日本公演」『人形玩具研究』日本人形玩具学会、十八巻、二〇〇七年。

——『パンチとジュディ入門』プーク人形劇場、二〇〇九年。

——「ロンドンでパンチ三五〇年」『人形玩具研究』二三巻、日本人形玩具学会、二〇一二年。

十川文「小野忠重日記(上)——一九二七年一月〜六月」『現代芸術研究』二〇〇一年。

高畠ルミ「Mr.パンチ三五〇歳おめでとう!」『みんなとプーク』第二四〇号、二〇一二年。

滝沢恭司「「美術」の進出——人形座にみる大正期新興美術運動の様態」『立命館言語文化研究』二三巻三号、二〇一一年。

田島義雄「〈世界の人形劇〉①人形劇の人気ものたち」『子どもと家庭』日本児童問題調査会、二五巻、十二号、一九八九年。

伊達兼三郎「『俳優座こどもの劇場』第一回公演を見て」『児童演劇』復刊五号、一九四八年。

谷田博幸『ヴィクトリア朝挿絵画家列伝――ディケンズと「パンチ」誌の周辺』図書出版社、一九九三年。

鶴見俊輔「パンチとジュディ」『太夫才蔵伝』平凡社、一九七九年。

鶴見良次「妻を殴る、子供を投げる」『マザー・グースとイギリス近代』岩波書店、二〇〇五年。

富田博之『日本児童演劇史』東京書籍、一九七六年。

富山太佳夫「『パンチ』を読む」一～八『リベルス』柏書房、九～十三、十五～十七号、一九九三～一九九四年。

中井郁「パンチとジュディ・メイフェア・フェスティバルへ行きました！」『人形劇のひろば』七五号、日本ウニマ、二〇〇一年。

――「パンチは面白いから愛されてきたんだよ」『人形劇のひろば』八〇号、日本ウニマ、二〇〇二年。

――『The Big Grin（パンチの高笑い）』パンチ生誕三五〇周年記念」『人形劇のひろば』一〇九号、日本ウニマ、二〇一二年。

中川モモコ『ベルリン　あなたは私を思う――父・千田是也とわたし』モーニングデスク、二〇〇八年。

南江治郎『ファウストとパンチ』いかだ社、一九七二年。

俳優座『俳優座史　一九四四～一九六四』一九六五年。

平野惟「『パンチ&ジュディ』の形成――パンチの役割の変容と定着」『国際文化学』神戸大学国際文化学研究科、第三〇号、二〇一七年。

――「パンチ&ジュディ演者の歴史と活動――『不変の遺産』か『生ける伝統』か」『国際文化学』神戸大学国際文化学研究科、第三一号、二〇一八年。

フジタキンノスケ「パンチとジュディ」『王様と乞食　人形劇児童劇脚本集第一集』教育図書研究会、一九四九年。

堀田穣「成立史上における『紙芝居の作り方』の位置――紙芝居に関する最初の単行本、その意義と著者久能龍太郎のこと」『比較日本文化研究』第十一号、二〇〇七年。

本田満津二訳・解説「パンチとヂュディ」『MARIONNETTE』第二巻、第二号、一九三一年五月。

松村昌家『「パンチ」素描集――十九世紀のロンドン』岩波文庫、一九九四年。

三橋雄一「パンチものがたり」『日本の人形劇人』第五巻第一・二号～第六巻第三号、一九六五～一九六六年、のち世界の人形劇シリーズ No.1 収録、プーク人形劇場、一九七三年。

――「シェイクスピア時代の人形劇」世界の人形劇シリーズ No.12、プーク人形劇場、一九八四年。

――「Q&Aパンチのすべて」世界の人形劇特別公演、プーク人形劇場、一九九〇年。

――「世界人形劇スクラップ」『みんなとプーク』第一六三号、一九九五年～連載に散見。

三宅興子『もうひとつのイギリス児童文学史――「パンチ」誌とかかわった作家・画家を中心に』翰林書房、二〇〇四年。

山口昌男「人形劇の宇宙的活力」（一九七二年）『道化的世界』一九七五年。

山藤章二「世相あぶり出し 六三　珍釈マザー・グースのうた　輪島功一」谷川俊太郎訳　平野敬一編『マザー・グース――その世界』すばる書房、一九七六年。

湯本豪一編『明治ポンチ本一覧』美術同人社、一九九三年。

鷲津名都江『マザー・グースをくちずさんで――英国童謡散歩』求龍堂、一九九五年。

――『マザー・グースをたずねて――英国への招待』筑摩書房、一九九六年。

――編、谷川俊太郎訳『よりぬきマザーグース』岩波少年文庫、二〇〇〇年。

参考英語文献　日本におけるパンチ&ジュディに関するもの限定

Collier, J. P., *The Tragical Comedy or Comical Tragedy of Punch and Judy*, Prowett, 1828.
Iwata, Yoriko. Ed. *From Japan to Celebrate Mr. Punch's 350th Birthday: May Fayre*. Isseisha, 2012.
―――. "The Transfiguration of Mr. Punch." *Animations: A Review of Puppets and Related Theatre*, Year 18 No 2 Puppet Centre Trust, 1995.
―――. *Around the World with Mr. Punch: The Journal of the World Wide Friends of Punch and Judy*, Vol.1, No.1, (Spring 1996) -- Vol.4 No.1, (Spring 1999). 日本におけるパンチ&ジュディ関連ニュース紹介連載。
Jackson, Mrs. F. Nevill. *Toys of Other Days*. Country Life, 1908.
Matthews, Brander. "The Lamentable Tragedy of Punch and Judy." *A Book About the Theater*. Charles Scribner's Sons, 1916.
Moses, Montrose J. *A Treasury of Plays for Children*. Little, Brown and Company, 1921.
That's the way to do it! : 30 years of the Punch and Judy Fellowship. Compiled and edited by Mark Andrews and David Wilde. 2010.
Celebrating Mr.Punch: The Big Grin Book. 2012.
Puppet Notebook: Punch's 350th birthday issue. Issue 21. British UNIMA, 2012.

第一章　悲劇的喜劇あるいは喜劇的悲劇

The Tragical Comedy or Comical Tragedy

［現在も版を重ね続ける、最初の上演台本について、イタリア人実演者ピッチーニへの一八二七年取材・記録の状況を再現し、出版に至る経緯を描き出す］

一八二七年のある日のこと、とあるパンチ上演者を男三人が訪れた。こよなく民衆に愛される人形劇「パンチ&ジュディ」の本をつくろうというのだ。三人の男とは、文筆家のジョン・ペイン・コリアー、美術家のジョージ・クルクシャンク、そして出版者のエドワード・プラウィットである。パンチ上演者の名はジョヴァンニ・ピッチーニといった。できあがった本は『パンチ&ジュディの悲劇的喜劇もしくは喜劇的悲劇』。史上初めて台本が記録されたのだ。(1)

ピッチーニが「ロンドンおよび各地で上演を(2)」始めてすでに四、五〇年の月日が経っていた。クルクシャンクは、この「年配のイタリア人」を次のように描写している。

ピッチーニはドルーリー・レーンのコールヤードにある、キングズ・アームズと看板のかかった安パブに居を定めていた。朝に上演することになり、二階の窓枠の一つが取り外され、パンチ劇場となる箱舞台が集会室に運び入れられた。

上演中クルクシャンクは「何度か見せ場で止めて人形をスケッチした（1図）。コリアーのほうはセリフを書きとっていた。(3)」登場すると、パンチ氏はまず観客にむかってお辞儀をし、短い口上を述べ上演が始まる。

紳士淑女のみなさま、いかがお過ごしでございましょうか。
みなさまご機嫌うるわしければ、手前どももまたご機嫌。
さてさてお立合い。手前どもがささやかなる芝居。
お笑いいただければ、お代も結構。

ピッチーニのアクセントを写すために工夫したのか、台本全体にかすかなイタリア語調がある。「マルブルークは戦争に征く」「フランスの俗謡。替え唄も多数あり英国でもなじみぶかい」の節まわしで歌いながら、うやうやしく登場する。

パンチ氏は　大いに気のいい輩、
赤と黄の衣装をつけて、
たまに浮かない気分のときも、
　素敵な友に囲まれているさ、
気前いいこと　この上なしで、

楽しく　たらふく　食いたいだけで
娘っ子相手に　めかすは、すかすは
できるかぎりは贅沢ざんまい
死んじまえば——それまでさ
その時パンチの喜劇もおしまい

あとに続く上演は、この唄を人生哲学として実際に展開したものである（2図）。

パンチはジュディを呼ぶが、トービーという名の犬が登場してパンチに咬みつく。パンチが反撃すると、犬はパンチの鼻にくらいついてくる。滑稽なやりとりがしばらく続いた後で、ようやく犬は逃げていく。「可哀想な鼻」を撫でながら、パンチはトービー犬の飼い主スカラムーシュ［十六世紀末のナポリに生まれたコメディア・デラルテの道化］を呼びだす。棍棒を持ったスカラムーシュは、「やいパンチ、俺さまの愛犬に何しやがった」と問いただす。パンチは舞台袖に引っこんで、スカラムーシュが手に持つものに探りをいれる。

スカラムーシュ：ヴァイオリンさ

1図　ジョージ・クルクシャンク「ピッチーニのパンチ」

2図　パンチ＆ジュディを上演するピッチーニ

パンチ：ヴァイオリン？　ヴァイオリンとは素敵じゃないか。ちょっと弾いてみておくれ。
スカラムーシュ：こっちにおいで。そしたら弾いてやるからさ。

パンチは自分が弾いてみようと云い出して、「マルセイエーズ」「フランス国歌」をハミングしながら、スカラムーシュの帽子の高いてっぺんを棍棒で殴りつける。スカラムーシュは棍棒を奪い返し、同じく「マルセイエーズ」をハミングしながらパンチの後頭部にガツンと一発お見舞いする。お次はまたパンチの番で、今度は「踊りながらスカラムーシュの背後に忍びより、一撃のもとに首をぶっとばす。」大はしゃぎでパンチは勝鬨《かちどき》をあげる。

さてさて、この唄はお気にめしましたかな？　調べは甘いか酸っぱいか、ええっ？　へっ、へっ、へっ！

棍棒を放り投げ、パンチは勝ち誇って踊りだす。
あまりにしつこくパンチが呼ぶので、ついにジュディが登場する。

ジュディ：はいはい、ただいま。どうしたの？　ここですよ。

まずパンチがせがんで「キッス！　とろけるようなキッス！」をジュディにするが、ジュディはパンチの顔をはたく。次にパンチは赤ん坊を連れてくるように云う。ジュディは云われたとおりにする。赤ん坊とパンチが二人きりになると、パンチは唄を口ずさみながら「つかまった！　つかまった！」をして遊ぶ。ところが赤ん坊は泣きだしてしまう。どうやら、おもらしをしたようだ。パンチは怒り狂って赤ん坊の頭を舞台の枠板に何度も叩きつけ、あげくのはてに観客めがけて赤ん坊を放り投げてしまう（38図、78頁）。「へっ、へっ、へっ！」の高笑いもやまず、パンチは踊り歌う。
再登場したジュディは、パンチの云い逃れにもかかわらず、何が起こったかを察知してすすり泣くが、パンチはいっこう気にかけない。

またすぐに次の子をこしらえてやるからな、ジュディ。ここからもっとな。

飛び出していったジュディは、棍棒を手に戻りパンチをしたたか打ちつける。もみあいの末にパンチが棍棒を奪い、今度はジュディをしたたか打って、ついにはジュディを死に至らしめてしまう。パンチは「棍棒の先で死体をすくって放りだし」哄笑する。

へっ、へっ、へっ！　女房なくすは大儲け。
（歌って）女房なんて、まっぴらさ
　　逃げるが勝ちよ
　縄ございい刃物ございい
棍棒ございの俺さまさ。

この時、麗しのポリーが登場し、ちょっとした踊りを始めるが、それにあわせてパンチが歌う（『乞食オペラ』より）。

男の心が不安で掻き乱されても、
女が現われると雲は晴れる……ふん、ふん。

麗しのポリーはパンチの周りをぐるぐる踊り（137図、254頁）、パンチも一緒に踊り始めるが、音楽はますます速くなり、ついにはパンチは「その腕に麗しのポリーをかかえ、あらん限りの音をたててキスをする。麗しのポリーのほうは『満更でもない』様子。」踊りながら二人は退場するが、パンチの唄が聞こえてくる。

ソロモン賢王のお妃さまをみんな頂戴しても、
麗しのポリーのためには皆殺しさ。

ここで「廷臣のような人形」が登場し、ゆったりとした節まわしで歌い、おごそかに踊り、帽子を片手で取る（これは「他の人形遣いたちの追随を許さない」ピッチーニの見せ場らしい[4]）。するとみるみるうちに人形の首がずるずる伸びて、ついには頭が沈みこみ、人形は隠れてしまう。

パンチ再び登場。麗しのポリーに会いに行くために、持ち馬ヘクターを連れてくる。すったもんだの末に、馬がパンチを放りだす。自分が瀕死と思ったパンチが医者を呼ぶ。「どこが悪いか」と尋ねる医者。「（頭を診ながら）この辺かな？」

パンチ：いや、もっと下。
医　者：ここですかな？（胸を診ながら）

パンチ：いや。もっともっと下。
医　者：ではこのあたりですかな。（下へと診ていく）
パンチ：いや、まだまだ下。
医　者：えっ、なに？　恰好いい脚でも折れましたか？
パンチ：いや、もうちょっと上。
（医者がパンチの脚にかがみこみ診察しようとするやいなや、パンチは医者の眼に蹴りを入れる。）

医者は一旦退場し、棍棒を手に再登場。「そこに何を持ってるんだ？」と聞くパンチに「お見舞いだ、パンチ君」と殴りかかる。そこで棍棒の丁々発止。お互い「お見舞い」しあうが、医者がついに倒れて死に至る。パンチは「またもや棍棒の先で死体をすくいあげ放りだす。」「へっ、へっ、へっ！」と哄笑するパンチ。「さてさてお医者さま、できるものならご自分をお見舞いなさるがいいさ。」パンチは踊り歌いつづける。

次にはパンチは羊用の大きな鐘を持ってきて鳴らすが、お仕着せ姿の黒人召使に制止される。その召使のご主人さまが騒音にたまりかねて、余所でやるようにとパンチにおっしゃるのだ。「さっ、その鐘ともども消えちまってくれ。」「どの鐘かね？」これは鐘ではなくオルガンだとパンチは云う。それではと召使がオルガンと呼ぶと、「オルガンだって」とパンチ。「これはヴァイオリンというものだ。見えんかね。」召使がそれではヴァイオリン、と云う。パンチは今度は太鼓だと云う。召使が合わせると、パンチは喇叭《ラッパ》と云う。「鐘でもオルガンでもヴァイオリンでも太鼓でも喇叭でも、なんであれともかく、うちのご主人さまがお気に召さないのだ。」くたびれはてて召使は云い捨てる。「鐘でもオルガンでもヴァイオリンでも太鼓でも喇叭でも、なんであれともかく、このパンチさまが貴様のご主人さまは馬鹿だというのさ。」とパンチは云い返す。これをきっかけに、くんずほぐれつの取っ組み合いとなるが、最後に勝利をおさめるのはパンチである。「この音のほうがいいか?」と召使を殴りながら尋ねる。

これは俺さまの鐘（一発）、これは俺さまのオルガン（一発）、これは俺さまのヴァイオリン（一発）、これは俺さまの太鼓（一発）、そしてこれは俺さまの喇叭とくりゃあ（一発）。ほうら、貴様のための大合奏だ。

そこによたよたの盲人が、お恵みを乞いに登場する。パンチの家の扉を叩いているうちに、はからずもパンチの頭を叩いていた。恵むものなど何もありはしない、とパンチはそっけない。「せめて半ペニーでも」と盲人は哀れっぽくせがみながら、咳きこんでしまい、痰を吐いたところがパンチの顔だった。「俺さまの顔は痰壺なみに汚いってわけ?」パンチは喧嘩腰で乞食を追い出してしまう。

そしてまたもやパンチが歌い踊りしていると、おまわりさんがスカラムーシュ殺し容疑で令状を持参してくる。パンチはそのおまわりさんもぶちのめし、また歌に踊りとなる。そこに登場した官吏は「妻と子を殺したかどで連行するぞ!」と告げる。「貴様こそぶちのめしてやる」とパンチはこたえ、やっつけてしまう。またまたパンチは踊り歌いを続けるが、今度はそこに、絞首刑執行吏ジャック・ケッチ［?―一六八六年　ジョン・ケッチともキャッチとも呼ばれる。死刑執行のやり方が拙劣で悪名高く、死刑執行人の異名となった」が現われ、パンチを医者殺しで告発する。「さあ牢獄まで来い。吾輩の名はケッチ。」「ケッチだと? けっ! ちっ! これでもくらえ」と叫びながらパンチはケッチをぶちのめす。ところが、おまわりさんと官吏とジャック・ケッチが三者三様パンチをなんとか取りおさえ連行できた。

場面はかわって獄中のパンチだが、「鼻を鉄格子に擦りつけたり、のぞかせたりしている」（122図、230頁）。ジャック・ケッチが絞首台を持ってくる。パンチはケッチを木を植える庭師に見立てようとする。おまわりさんが絞首台に梯子をかけるのを、パンチはリンゴ泥棒と誤解したかのように「こら泥棒！」と叫ぶ。二人の男が棺桶を運びこむが、パンチはそれを果物籠ででもあるようにふるまう。ジャック・ケッチはパンチに、死刑執行につき、出てくるようにと説得にかかる。「そんな慈悲もないなんて」とパンチ。「慈悲なく多くの人間を殺したのは一体どいつだ」とケッチ。「でも、だからといって、あなた様まで慈悲もなく、手前どもの命を奪うこともないでしょう」とパンチは屁理屈で云い返す。ついにパンチは牢獄から引きずり出される。いよいよ首吊り縄に頭を入れるようにと命じられる。「こうかな？」と首吊り縄のこちら側に頭をつける。「いやいや、ここだ」とケッチ。「では、こうかな」とあちら側に頭をつけて尋ねるパンチ。とうとう腹を立てた絞首刑執行吏がパンチにお手本を示すべく自分の頭を首吊り縄に入れると、すかさずパンチは縄を思いきり引く。首を吊られたのは、ジャック・ケッチというわけだ。パンチはケッチの死体を棺桶に納めて自分は下がっている。すると男が二人現われ、棺桶を担いで運び出す。

パンチは歌う。

いっちまった！　いっちまった！　ひっかけちまった！
ジャック・ケッチは死んじまった――俺さまは自由の身。
もう怖かないさ、老いぼれ悪魔ニックがたとえ
俺さまのところに現われても。

まさしくこの時、なんと悪魔が舞台を覗きこみ（3図）、パンチは急に落ち着きをなくす。

おはようございます。――どうもお待たせしましたようで。ロンドンにいらっしゃる時には、たくさんご用をおかかえで。

（悪魔が近づいてくる。）おやおや手前どもに何か？（悪魔はパンチに向かって突進するが、それをかわしたパンチが一撃お見舞いしようとする。悪魔もまた舞台に寝ころび、頭を前に後ろに素早く動かし身を守るので、パンチは悪魔のかわりに舞台床をくりかえし打ちつけるのみ。）

ついに悪魔は棍棒を持ち出し「凄まじい果たし合い」が起こるが、結局またまたパンチが勝利をおさめる。パンチは「悪魔の黒装束を棍棒ですくいあげ空中で振り回し、『万歳！　万歳！　悪魔が死んだ！』と叫んだ。」（145図、263頁）ここで上演は終わる。

　この朝の上演の成果として出版された書物は、クルクシャンクの挿画が魅力となっている。クルクシャンクの挿画は、人形の潜在力を正確にとらえている。木偶《でく》がまねる人間の本性、荒唐無稽でありながらそれとわかる人間の模倣こそ、劇人形の真骨頂である。対してコリアーのテクストについては、慎重に扱わねばならないだろう。英国の学界では、コリアーは知的誠実さに欠ける文筆家として悪名高い。コリアーは一七八九年生まれだが、その家庭はワーズワース、コールリッジ、ラム、ハズリットなどの文人と親交を結ぶ知的な雰囲気であった。学校教育は受けず、本人の弁によれば、十六歳になる前に「ものを書き始めていた。」一八〇九年から一八二一年まで『タイムズ』紙に記事を書いたが、一八一九年には誤報道の廉で下院に召喚されている。おそらくこの一件は、暗雲たちこめる将来の前兆であった。「パンチ＆ジュディ」と束の間の接点をもった一八二七年当時、コリアーは『ドズリーの古演劇』十二巻を編集しおえたばかりであった。また一八三一年には『英国劇詩史と上演年鑑』三巻を上梓した。後にこれらには文学上の誤謬が多々指摘されることになった。文名が上がるにつれ、捏造も増えていった。とうとう一八五二年には、シェイクスピアのセカンド・フォリオ版（一六三二年）につけられていたというふれこみの注釈をつけて出版した。出版直後から正統性は疑問視された。一八五六年に、ある人物をコリアーが名誉棄損で訴えた

3図　覗き見する悪魔

が、未決に終わった。しかし、注釈はごく最近につけられたものであり、鉛筆書きを消してからインクでなぞった箇所もあるとの鑑定が、一八五九年に大英博物館手稿部門によって下された。以来、コリアーの評判は失墜し、でっちあげが次々と著作に指摘され、見解であれ引用であれ、コリアーのものならば、まずは疑ってかかられることになった。

『パンチ&ジュディの悲劇的喜劇もしくは喜劇的悲劇』を読む際には、著者について以上のようなことを知っておいても無駄ではあるまい。パンチの声を作り出すスワッズルという口中器具をつけていては、この脚本のとおりに手遣い人形を上演することは不可能だと指摘するパンチ上演者は多い。たしかに年老いたイタリアの旅芸人が街頭の上演ではしそうにない、色々が見受けられる。コリアー自身は「本文中最も素晴らしいのは……『パンチの戯れ』と題する戯唄《ざれうた》である」[5]と主張し、この唄の起源を十八世紀末にまで遡ってみせている。真相はといえば、どうもこれはコリアー自らの作らしい。コリアーがこのことを打ち明けておりさえすれば、我々も面白いパスティーシュ文学を楽しめるところだ。この戯唄《ざれうた》は、愛人を持つことでジュディの嫉妬を掻きたてるパンチについて物語る。ジュディはパンチの鼻をひっつかみ、それに怒ったパンチがジュディを殺めてしまう。パンチは赤ん坊を窓から放りなげ、身内の子もぶちのめし、そしてヨーロッパへと高飛びだ。かの地のご婦人たちを誘惑し、男どもとは大乱闘を引きおこす。パンチの成功は悪魔との契約に基づくもので、英国に帰ると逮捕され死刑を云い渡される。パンチは絞首刑執行吏を欺けたが、悪魔が「命を頂戴しに」やってくる。しかしパンチが悪魔も追い払ってしまうという結末は、ピッチーニの上演と同じである。この本にはたいして印象的ではないソネットがもう一つあって、コリアーはバイロン作だとほのめかしているが、これもまた多分コリアーの創作だろう。

出版された『パンチ&ジュディの悲劇的喜劇もしくは喜劇的悲劇』の信憑性については、議論百出となった。信じがたいほど素晴らしく、また、まとまりすぎているといえる。中盤少し中だるみにしても、全体として、戸外の旅芸人の上演にいだく期待を上回る演劇を呈している。「ある種の下品な所作」(6)を削除し、実在したかどうかを確認できない「さる紳士の……手になる原稿から」(7)唄を挿入したということはコリアーも認めている。取材の日に何が起こったかについても、証言の相違が見られる。クルクシャンクによると、スケッチをするために何度か上演を途中で止めたということだ。コリアーに云わせると、前もって「クルクシャンクのエッチングは用意されていた。」「コリアーは上演の最中にペンを走らせ台詞を書きとめていた」とクルクシャンクは語っているが、本文は一八〇四年頃にブライトンで「パンチ&ジュディ」を観た時のノートから「構成」し、ピッチーニの上演に基づき修正した、とコリアーは語っている。コリアーの陳述は、ますますもって疑わしい。というのは贋作行為が露呈してからずいぶん経って私家版として出版された(一八七二年)コリアーの日記から引いたものだが、日記の執筆はコリアーによると一八三二年から翌年にかけてのことである。あまりにも自己弁護や自己満足が目立ち、いくら好意的に見ても、書いたものに加筆したという域を超えている。それにもかかわらず腹立たしいことに、コリアーによくあることだが、取材当日の日記につけた後日のコリアーの短い描写が、その朝の様子を彷彿とさせている。

> あんなに愉快な朝はなかった。というのはピッチーニ自身が一風変わった人物だったからだ。住まいは汚く、暗く、うらさびれていた。加えてピッチーニ夫人の人を寄せつけない雰囲気。私は決して忘れないだろう。夫人はアイルランド人で主人はイタリア人であるので、二人の会話に行きかう言葉のちゃんぽんが、たまらなくおかしかった。(8)

その朝起こったことについて、仮にクルクシャンクの記憶のほうがコリアーのものより真相に近いとしても、このこと自体は出版されたテクストの価値を損なうわけではない。台詞が何箇所か不正に変更されていたとしてもなお、これは上演のかなり正確な記録であろう。その証拠を二点あげておきたい。まず第一に、ところどころのある種の冗漫さは、調子に乗る語り芸人を横から止めた結果かもしれない。この点については本書第十一章で子細に検討するが、ピッチーニを何度も中断させることで、コリアーとクルクシャンクがいたって不自然な上演に接したのだ、とここでは述べておこう。その結果、ピッチーニの通常の上演よりは何がしか優れているかもしれないが、このテクストを味わうためには、たしかに特別な努力を強いられるようだ。コリアーが観たのは街頭上演ではなく、たいへん特殊な、極めてユニークな状況のもとでの上演であったのだ。第二に、所作はすべて典型的な手遣い人形の所作であって、手遣い人形師ではないコリアーには、なかなか再現しにくいものであったと云えよう。ドラマが説得力を持つようにと、台詞が所作に合わせている箇所もある。たとえば、スカラムーシュの棍棒をコリアーはヴァイオリンと呼ばせ、これをパンチが扱う際には「ご同輩、調べはいかがいたしましょう。甘いがいいか、酸いがいいか?」と語らせるという具合だ。また、乱闘シーンも手遣い人形の所作を厳密に守ったものらしく、ある人がコリアーに先立ち述べたところでは、ピッチーニの上演は「追随を許さないイタリア風(9)」で、我々の期待どおりのものだ。コリアーの信憑性について疑惑はあろうとも、このささやかな書物は、その朝ドルーリー・レーンにある安パブ、キングズ・アームズという特殊な状況で取材したピッチーニの上演をかなり正確に描き出していることは否めない。

「すべては、このイタリア人が上演したさまざまな場面を忠実に再現し描写している。このイタリア人による『パンチ』上演は、今日観ることのできるこの種のもののなかでは、際だって素晴らしいものだ(10)」とクルクシャンクも証言している。事実ピッチーニは、当時もっともよく知られたパンチ上演者であったようで、クルクシャンクも「少年時代からピッチーニを知っていた」と云う。実際はピッチーニの上演は、当時の典型とは少し違っていたかもしれない。ある人物が、二〇年前を思い出しながら、一八二一年に以下のように述べていた。

ピッチーニはイタリアに生まれた。ずんぐりむっくりで赤ら顔に茶目っ気があった。片目を失っていたが、もう一方の目は抜け目なく、両目の働きを立派に果たし、欠けた片方を補っていた。いつも防水加工をした帽子をかぶり、ざっくりした大きなコートを着ていた。背中には厚板製の箱をしょっていた。中には自分の小劇場の出演者が収まっていた。そして手には喇叭を持っていた。……箱舞台自体は背の高い男が担いでいた。その男は影のうすい相棒というか、相方の仕事のための単なる運び屋のように見受けられた(11)。

「単なる運び屋」とは実のところ「影のうすい相棒」に他ならない。観客から金を集める「ボトリング」が主な任務である（4図）。人形は明らかにピッチーニがイタリアから運びこんだもので、英国のどんな彫師にも真似ができない逸品だった、とはピッチーニの弁である。コリアーによると、そのパンチ人形はやぶにらみだったということだが、クルクシャンクはこれをうまく描き出している（1図）。人形は十八世紀末風の衣装をつけていた。ジュディはモブ・キャップをかぶり、医者は鬘をつけ、官吏は軍人用の三角帽をかぶり、ポリーはそれらしく摂政時代風のガウンをはおっていた。ピッチーニが一式携えて英国にやってきたのは、一七八〇年より少し前ぐらいのことだったようで、人形も舞台もその当時の雰囲気を濃厚にとどめている。

ピッチーニが一八三〇年頃に道具一式を売却した相手が、一八四〇年代にヘンリー・メイヒューからインタビューを受けている。彼が「ポーシーニ」と呼ぶピッチーニこそ「パンチ&ジュディ」の街頭上演の草分けということだ(2図)。「ポーシーニのことは俺たちの本当のご先祖さまと思ってるよ。おもしろい利口な老人だったな。……ロンドンでは誰もが知っていた。お偉方も身分の高い方も、坊ちゃん連中も旦那衆もごろつきも。誰もが立ち止まってポーシーニの上演を観て、笑いころげたものさ。[12]」あいにくピッチーニは、いわゆる偏屈だったようだ。「上演に呼ばれても、自分の都合のいい時間にやってくる。約束の時間じゃない。」「いつもポケットにラム酒の瓶を忍ばせて……幕の陰でこっそりやる。」そのうえ「嗅ぎ煙草も大好物」だった。というわけで、まぎれもなく

あの人は宵越しの金は持たない。……わしがこの道具一式買い取った時にはもう、自分では上演できなくなっていて、ひどい貧乏をしていた。ドルーリー・レーンのコールヤードにいたが、食うにこと欠く始末だった。稼いだ金は全部飲んじまったんだな。よく人に奢ってたしな——そう、誰かれの見さかいなしにだ。世間知らずの身の程知らずってとこかな。金が入れば全部使っちまうし。なくなりゃまた働いて稼ぐってわけだった。……最後にゃ首が回らなくなってセント・ジャイルズの救貧院で死んじまった。ああ気の毒だ。あんなところで死ぬたぁな。あんなに永い間、人を楽しませてきたっていうのにさ。死んだのは本当に年くってからで、もう目も見えんかった。

事実ピッチーニは九〇歳の長寿をまっとうし、一八三五年八月四日に「ジョン・ポッシーニ」として葬られた。[13]

4図　旅の見世物師たち

しかしプラウィットが一八二八年に出版した本によって、ピッチーニはいわば不滅の生命を得た。この本は数えきれないほど版を重ね、脚色され、版を改め、歪曲され、ふくらまされた。現在もまだ、新版がぞくぞくと出てくる。原版の編者についてどのような見解を持とうとも、「パンチ＆ジュディ」について研究をするならば、この上演記録こそが出発点である。

第二章 祖先

Ancestry

［「パンチ＆ジュディ」のルーツをイタリアの古典喜劇コメディア・デラルテに辿るとともに、英国渡来時十七世紀半ばの民俗芸能や伝統芝居との関連性を見出していく］

パンチという名は、フランスのマリオネットのポリシネルやイタリアのプルチネッラに相当する英国のパンチネッロの短縮形だ、というのが通説である。イタリアのプルチネッラはコメディア・デラルテ劇、手遣い人形、マリオネットの一つの役柄であり、ポリシネルやパンチの先駆者である。プルチネッラ、ポリシネル、パンチネッロの三者が、昔も今も役柄として互いにどの程度似ているか、また似ていないかは議論の的である[1]。プルチネッラはだぶだぶの白い貫頭衣を着て円錐形の帽子をかぶり、黒い半面をつけているのが普通だ（5図）。人形の場合はパンチを思わせる高音の裏声《ファルセット》で喋る。興味深いことに、手遣い人形としてのプルチネッラも、マリオネットや役者のプルチネッラと同様に、単一・定型の演目に現れるのではなくて、さまざまなレパートリーに現れる。

この喜劇には策謀も踊りもござれ

口論にいかさま、それに恋のはかりごと。(2)

ふつうの史家はまだ注目していないようだが、英国で手遣い人形として出発した時には、パンチもこのぐらい守備範囲が広かったかもしれない。

しかしながら英国では、プルチネッラ以前にすでに、手遣い人形には独自の根強い伝統が確立されていた。(3)「パンチ&ジュディ」理解を助けるために、手遣い人形とマリオネットの違いについて、ここでふれておく。上方から糸で操られるマリオネットは、基本的に優美で魅惑的である。それに対して手遣い人形は腰より上が動くだけで、粗暴でぎこちない。手遣い人形の方が秀でているのは乱闘や闘争の場面で、人形遣いの二本の手が正確無比に見せる立回りは、一見に値する。したがって、手遣い人形は乱暴で粗野な場面に向き、マリオネットは端正で装飾的な舞台を作りだす。

十四世紀の『アレグザンダーのロマンス』は、手遣い人形のおそらく最も初期を描いた絵を掲載しているが(6図)、それは後世の「パンチ&ジュディ」にたいそうよく似ている。その後しばらくしてW・ランバードが、宗教改革以前のオックスフォード州ホイットニーの聖職者たちについて、次のような描写をしている。

ニスをかけて小さな人形をつくり、キリストや夜番やマリアなどに仕立てた。その中で不寝番の(キリストの復活を目撃した)夜番がひっきりなしに音をたてた。二本の棒を打つ音にあわせるようで、そこからホイットニーのジャック・スナッカーと通常呼ばれる。(4)

このスラップスティックがたてる音からジャック・スナッカーも、遠いとはいえパンチの先祖とみなせるかもしれない。

チューダー朝やスチュアート朝の文学には、人形劇への言及がしばしば見受けられることから、人形劇が人気のある演芸であったことがわかる。たとえばハムレットはオフィーリアに「いちゃつく場面を人形劇で観ることができれば、お前と恋人との関係を解説してやるのに」[5]と、人形の所作はもとより台詞までも、箱舞台の外で観客のために「解説」する人物を引き合いに出している。これは、ジョンソンの『バーソロミュー・フェア』でランターン・レザーヘッドがしていることだ。フィルチャーとシャークウェルとともに、芝居小屋を設営しながら、ランターン・レザーヘッドは手持ちの十八番《おはこ》について長口舌をふるう。

5図　プルチネッラ

6図　14世紀の手遣い人形『アレグザンダーのロマンス』より

ようし、まじで新作の看板をおったてようぜ。客寄せの太鼓も頼んだぜ。下手な芝居を出してみな、お客はさっそくスミスフィールドじゅうの汚穢や泥饅頭を看板に投げつけるぜ。……ポッド親方が亡くなり、不肖わたくしランターン・レザーヘッドの代になってから、ずいぶんいいものを出してきた。『エルサレム』なんてのは堂々たるものだった。『ニネヴェ』も『ノリッジ市』も『ソドムとゴモラ』も。懺悔火曜日には若い徒弟連中が大暴れ、女郎屋をぶち毀すなんてのもあった。けど『火薬爆破陰謀事件』、あれが大当たりだ。十八ペンス、二〇ペンスの木戸銭で、午後に九回も打ったんだからな。なんてったって自分の国のお話がいちばん。めんどうがない。なじんでいる。今のは学問をひけらかしすぎだ。せっかくの芝居が台なしだ。(6)

ランターン・レザーヘッドの声は、「パンチ&ジュディ」史のかなたにまで届くだろう。その調子や身振りは、のちのパンチ上演者に通じるところが多い。過干渉のピューリタン、ズィール・オブ・ザ・ランド・ビジーが、パンチのキーキー声に似た人形劇の「かん高いキーキー声」を「悪魔の馬車の車輪」に譬えて非難したのみならず、道徳性そのものに否を唱えてレザーヘッドの上演を中断させたことも、また、「パンチ&ジュディ」の歴史とぴったり重なっている。

キャロライン時代にダヴナント［一六〇六―一六六八年、一六三八年から桂冠詩人］が旅の人形芝居を描写している。

さてさて町からてくてく歩きたりて、
可哀想に単純なお道化をだます。(7)

この人形芝居がマリオネットではなく手遣い人形であったことも、次に引用した箇所からわかる。ここでは箱舞台は「チムニー」と呼ばれている。

チムニーの男は衣装に着替えるために隠れ、
人形は我らがいにしえのベス女王さま役をし、
そして男は芝居のあいだ
鼻から人形の声を出す。

最終行は、パンチのキーキー声に、またもやふれている。このような人形遣いの旅の生活は必ずしも楽なものではなかった。一六三〇年には、ドーセットのベミンスターで、ピューリタンの説教師が壇上から人形遣い一家を痛罵した。一家は説教師を自宅までつけて行って恐喝したということだ。一般の人々は芸人たちを大事にしたようだが、地方行政当局は、撤去命令を出すにいたった。

このような迫害にもかかわらず、人形遣いたちは「モーションズ」と呼ぶ人形劇で大いに人々を楽しませてきた。一六四一年のバーソロミュー・フェアでの記録によると、「こちらは道化の衣装をつけた悪漢が、喇叭を吹きながら太鼓も打って、人形をご覧と誘いかけ、はたまたあちらは野育ちの木こり、またまた夢魔のごときおどけ者が『モーションズ』人形劇を観るようにと熱心に呼びこんでいる。(8)」共和政時代には、劇場は公的には閉鎖されていたが、人形遣いたちは上演を続けていた。一六五五年のバーソロミュー・フェアでは「一ペニーにて素晴らしい人形劇がご覧になれます(9)」とのことだった。また一六五九年には、父クロムウェルを英雄として記憶に残そうと願ったヘンリー・クロムウェルが、次のような印象的な言葉で国会演説を行った。

人は父の赤鼻を云うが……その名は今も不滅です。三〇年もたてばバーソロミュー・フェアで「かの勇敢なクロムウェルの生きざま死にざまを見てらっしゃい。お立合い、お立合い」と叫ぶ声が聞こえるようです。わたしには瞼にうかぶようです。肩にベルヴェットのケープをまとい、頭には紙成型の帽子をかぶり、議事堂へと疾走していく父の姿が。そして、口に月桂樹の葉をくわえた男が、クロムウェルに代わって叫ぶのです。「必ずやきっと解散するのだ」と。それを聞いて守衛たちは叫ぶのです。「ああ勇敢なる英国人よ」と。その時、子守女は悲鳴を上げ、子どもたちは泣き叫ぶ。騒ぎに乗じて悪魔がクロムウェルを連れ去ってしまうのです。(10)

ちょうどパンチの鼻がそうであるように、クロムウェルの鼻も人形劇の主人公にふさわしいものであったようだ。クロムウェルの襞襟やベルヴェットのケープ、帽子もまたパンチを思わせる。声は「月桂樹の葉」を用いて出されるが、これもスワッズルのような口内器具の一種だろう。そしてクロムウェルが最後に戦う相手は悪魔である。というように、一連の描写は奇妙なほど、パンチの英国登場を先取りしている。

三年後、サミュエル・ピープスが「イタリアの人形劇を観たが、今まで観たなかで最上のもので、たいへん良かった」と日記に記している。(11) コヴェント・ガーデン広場で「ボローニャ氏、またの名をポリチネッラ」によって上演されたもので、前年ボローニャを出て、本名はピエトロ・ギモンデという者で、王の面前で上演したこともあった。その後を追って、続々とイタリアの人形遣いが英国に渡り、マリオネットの「ポリチネッラ」、すぐにパンチネッロと呼ばれるようになったのだが、その人気は間もなく確立した。彼は何度かピープスを「すこぶる」喜ばせた。また、一六六七年には新装のヴォクスホール・ガーデンズ遊園地の集会室の外に、木像が建てられた。六年後トマス・アイシャムは、ノーサンプトン州のブリクスワース・フェアで、人形劇のパンチネッロを観たとの記録を残している。ドライデン、シャドウェル、ウィチャリー、オトウェイなどが、みんなパンチネッロについて一言残

している。[12] また当時のバラッドにも登場している。恋人は

キスをするにもパンチャネッロのようにか
はたまた乳吸う豚のようか。[13]

ロチェスター子爵ジョン・ウィルモットが描き出すのは、実に厄介なパンチネッロ像だ。

赤鼻ガニ股、目はぎょろり、
とんまの百姓みたいな歪んだ顔から
臭い息、嫌われるものはみんなある、
なのにパンチネッロは色男をきどる。[14]

一六八二年のことだが、トマス・ブラウンの孫が持っていた人形劇玩具一式には、パンチとパンチ夫人もあった。八〇年代とはウィリアム・フィリップスがバーソロミュー・フェアで、人形のパンチと卑猥な掛け合い問答を繰り返す悪名高い上演を行った時代であった。一六九八年にはアディソンが、パンチを数行にわたって描写するラテン語の疑似英雄詩まで書いている。というふうにパンチはいともたやすく英国固有の伝統にとけこんだ。

王政復古期からしばらくは、人形芝居は非常に凝ったものだったと推測できる。

作者パンチは奇妙な見なれぬ道具を用意した

バーソロミュー・フェアで新作オペラをするために[15]

しかし、パンチは中心人物というわけではなかった。人形遣いがここぞと見せ場をくり広げるなかで、「下卑たわいせつな台詞のかけあい」にしろ、卑猥で下品な身振りにしろ、コミック・リリーフを提供することがパンチの役割であった。このことは、「バーソロミュー・フェア期間中スミスフィールドの居酒屋『王冠』前のクローリーの芝居小屋」の宣伝（一七〇三年）を見ればわかる。演目は『創世記昔話』であった。

上から二重、三重に道具が降りてきて、また金持ち連中が奈落からせり上がってきて、ラザロはアブラハムの腕に抱かれている［ルカ16：19—31］。傍らでは何人かが、ジグやサラバンドやカントリー・ダンスを踊り、観客をすっかり魅了している。そこにパンチ氏とジョン・スペンドオール卿の楽しい趣向が入る。[16]

スティールは、流行先端の地バースの一七〇九年社交シーズンに、マリオネットのパンチを観たと記している。その時の人形遣いは、コヴェント・ガーデンでもパンチ芝居を始めたマーティン・ポウエルであった。ポウエルのパンチは太鼓腹と襟飾りに高い帽子が特徴的に描かれている（7図）。相方の女役はおそらくパンチ夫人だろう。舞台の前に立っているのはポウエル自身だ。せむしの小人で、自作の芝居の主人公に似ているのは奇縁である。

その頃までに、パンチはすっかり英国に帰化しており、粗野で不作法な皮肉屋として、婦人たちの集まるところに首ならぬ背中の瘤をつっこむので攻撃の的となっていた。

不肖わたくし

パンチネッロと呼ばれ、
その美貌が自慢。
お茶目で可愛く、
皆さまのお楽しみに
わたしがいなくちゃ楽しくない。
わたしの帽子はとんがりで
首には襟飾り、
一脱ぎして素肌を見せたいところだが、
ご婦人方が眉をしかめるのはかなわない。
この盛り上がった背中と、たるんだ胸は、
お見せすれば、必ずや笑いぐさ、
まったく、わたしこそ極めつけの一人、
というわけで、誰もわたしを疑わない。[17]

スウィフトはパンチの道化ぶりと観客に与える効果を以下のように記している。

さてさて、悲嘆にくれるは観客
パンチは舞台から引っこんだまま

7図　マーティン・ポウエルとパンチとパンチ夫人　1715年頃

だけどパンチのしゃがれ声を聞きつけて
待ちきれない観客は大はしゃぎ！
もう芝居のことなどかまわない、
どちらが実母で、偽はどちらか、
申し立てをソロモンがどう裁こうと、
またエンドルの口寄せ女にも、耳を貸さない。
たとえファウスタスが、悪魔を随え
舞台に現れても、気に留めはしない。
もしパンチが客の気を引くために、
舞台袖から化け物のようなあの鼻を覗かせて、
そしてまたすっと引っこめれば、
ああ喜びが悲嘆となることか。
一瞬も一生の長さに思える
パンチが舞台に現れるまでは。
目にする最初の悪戯はパンチ
シバの女王の膝上にさっと乗る。
ロレーヌ公爵は短剣を抜く。
パンチは喚きながら駆け回り、駆け回りながら喚き続ける。
悪態はつき放題。

スペイン王には云いがかりをつける。
セント・ジョージにも悪戯しかけ、
龍にまたがって行ってしまう。
さんざんぶたれて蹴られても、
悪ふざけはやめはしない。
何事にも鼻を突っこむ。
そのわけは人間どもにはわからない。
心痛む悲しい場面に
皆さまとともにパンチもやってきて、一発屁をひる。
木でできた人形のうちで、できるなら、
パンチの首を吊りたくないものはない。
皆をからかい、皆にからかわれながら、
観客がどれほど喜んでいることか。
芝居進行には無頓着、
ただ聞き耳を立てて目を凝らすだけ。
これっぽっちも気になさらぬように、おおサーブラ［土着イスラエル人］
聖人と蛇ではどちらが実入りがいいか、などと
もしパンチが（また茶化す）
したたかにやりこめられて、また皆のものを困らせるならば。[18]

パンチの「しゃがれ声」「化け物のような鼻」、そしてパンチの首を吊ってやりたいと願う他の人形たちが、ここではとりわけ注目に値する。

スウィフトがここで描写しているのは、多分、ダブリンの人形師ストリッチの上演であろう。一七三〇年に、ストリッチの上演はアイルランド祝宴担当によって法外な税をかけられたが、ありとあらゆる社会階層の人々からの支持を得て、抗議の行列がダブリンの街路を練り歩き、ついに課税は撤回された。ストリッチの上演がいかに人気だったかが、舞台俳優たちの愚痴からうかがえる。一七三一年にスターリング夫人とやらが詩にしている。

我らが劇場から急いで出でよ、ここは廃れた、
心得違いにも説教して楽しませる肚だ!
気のきく輩は道理からもシェイクスピアからも逃げ、
スカラムーシュとパンチネッロのもとへと急ぐ!
木製の兄弟のもとへ、ああ神さま!
付け前髪の洒落者たちよ、おつむの出来は君らと同じさ。[19]

すでにマリオネットのパンチネッロは妻を娶っていたが、パンチ夫人はこの世紀を通じてジョーンと呼ばれていた。一七二〇年代には、手品師フォークスが「パンチとその妻ジョーンによる滑稽喜劇[20]」を上演していた。フィールディングはトム・ジョーンズに「パンチとその妻ジョーンをなおざりにして人形芝居を駄目にしてしまった[21]」と、人形遣い相手に不平を云わせていた(一七四九年)。その二〇年前には、フィールディング自身『作家の笑劇』にお

8図　「フェアで最高の舞台」で役者によって演じられるパンチ　前景は道化師の楽隊

9図　ウィリアム・ホーガース
「サザック・フェア」1733年　細部
右手には手遣い人形の舞台、中央には車を押すパンチ、そして階上ベランダには馬上のパンチいて、ジョーンの造型に一役かっていた。次に紹介するのは、この小品中のデュエットである。

パンチ　：ジョーン、ジョーン、ジョーンは口やかましくて、そして
　　　　　ジョーン、ジョーン、ジョーンは怖ろしい。
　　　　　　運がいいなあ、
　　　　　結婚解消できる男は、
　　　　　叱るばかりの女房なんぞいるもんか。
ジョーン：パンチ、パンチ、パンチ、背中の瘤を考えてもごらん。
　　　　　突き出た太鼓腹を見てごらん。
　　　　　　へへん、あたしと
　　　　　やりあう気なら
　　　　　その太鼓腹をぶんなぐってやる。（二人は踊る。）
パンチ　：ジョーン、お前は俺さまの人生の邪魔
　　　　　こんな女房なら首くくり縄のほうがましさ。
ジョーン：パンチ、首がもう半ヤードも長かったら
　　　　　お前さんにもいいところがあったろうに。
パンチ　：　このぶさいく女。
ジョーン：　ろくでなし。
二人で　：お前なんか絞首刑だ。のたれ死にしちまえ。（また踊る。[22]）

ここでもまた、絞首刑が話題となっている。
十八世紀前半の特質は、パンチが多彩な姿を現したことであろう。フィールディングは『コヴェント・ガーデンの悲劇』(一七三二年)において、パントマイムの下品で滑稽な女形パンチ、マザー・パンチボールを登場させた。その六年後に一匹の犬が攻撃したのは、スペイン人に扮したパンチであった。

スペイン風に装い気取ったパンチが、
小さな舞台をぎくしゃく大股でのし歩けば、
このまがいの英雄にポーター犬が武者ぶりつく、
まるで本能的に英国の敵を知っているかのように。(23)

一七四八年にフィールディングは、「信用できるポン引きパンチ卿、軍楽隊鼓手長ジョーン・パンチ令夫人、女官パンチ嬢、そして批評家マスター・ジャッキー・パンチ(24)」を描きだした。ホーガースはパンチが手押し車を押しているところを一度ならず描いている(9図)。それは、ティディー・ドール(有名な露天の砂糖菓子売り)で、ホーガース「タイバーン処刑場に行く怠け者の丁稚」に登場している)が買ってくれそうな客に向かってふるう長口舌に出てくる。「さあさあ、おいしい生姜入りクッキーだよ。スパイスの効いた生姜入りクッキーだよ。焼きたての煉瓦のように口で融けて、腹の中でパンチと手押し車のようにがらがら転がるよ。(25)」ギルレイの漫画「国家的ペテン師」(一七八八年)(10図)では、パンチは何とジョージ三世、夫人はシャーロット妃として登場するが、ピット、ヘイスティングズ、サーロウなど忌まわしい偽善者大臣たちが、勲章や金貨や何やらわからぬ大法螺で人民をたぶらかそうとする。

十八世紀のパンチについては、さらに二つの特徴をあげておく。第一には、駄洒落との関係であり、それは以来ずっと続いている。「下らない駄洒落に陳腐な謎かけ(26)」におぼれすぎる、というポウエル上演マリオネットに対する批判は、手遣い人形のパンチが「下品な冗談につまらない駄洒落(27)」を披露しすぎという一八二〇年代の寸感に不思議と通じるものがある。しかしながら、その後出版されたバーナード・ブラックマントルの『駄洒落屋の手引き』は、この種のユーモアに対する通常の英国人の態度をより敏感に反映しているように思える。シェイクスピアから酒場の駄洒落屋まで、駄洒落は一般人には大いに受け、識者には眉をひそめられてきた。しらける場合も当然あっただろうし、パンチも時にはおもしろくない駄洒落を飛ばすこともあっただろう。しかし駄洒落の根本的な魅力は、言語がダイナミックに使われうることを示す点にある。理性の枠を破り、自立した意味を復権するために、駄洒落は重要な手段であった。仮に「正しい」用法が抑圧の手段であるならば、駄洒落は解放に向けての企てである。したがって、パンチがその紆余曲折の歴史のなかでずっと駄洒落を飛ばし続けようとしてきたことには、何の不思議もない。

十八世紀パンチの注目に値する二番目の特徴は、パンチの悪魔との格闘である。多くの民話とバラッドが悪魔との格闘を扱っている。たとえば次に引く「リトル・マイク」の結びのように、

次の日悪魔は死んだ、
何て素晴らしい報せだろう。
奴に何が起こったか見てごらん。
悪魔はバートロミー《〔ママ〕》・フェアに葬られたのだ。(28)

おまけに悪魔との格闘は、伝統的な人形芝居にはつきものの場面であった。クロムウェルが思い描いた父親につい

10図　ジェイムズ・ギルレイ「国家的ペテン師」1788年

ての人形芝居も、悪魔との格闘で幕引きとなった。一六九九年の五月祭でウォードは、「パンチネッロと悪魔の間の意味不明なやりとりが……ブリキのように軋る声で野次馬の聴衆連中の耳に届くのを[29]」聞いた。また『トム・ジョーンズ』では宿の女主人が「昔は人形芝居には『エフタの軽率な誓い』やなんかのように聖書から教訓的な話が採られて、悪人は悪魔に連れていかれた[30]」ことを懐かしんでいる。

このような背景が、パンチの格闘と呼応する。軍配は不明である。ある文筆家は「人形劇の掟では最後には悪魔が」パンチを「連れ去る[31]」と、一七四一年に述べている。しかし、ジョンソン博士は「田舎風の人形芝居では悪魔がパンチにどんなにこっぴどくぶん殴られたか[32]」を回想している（一七六五年）。さらに博士が云うには、「今どきの人形芝居では……時にパンチは悪魔と戦うが、いつも勝ちをおさめている。」同じくエドワード・ポパムも、悪魔をぶちのめすのに、どのようにパンチの妻が夫に加担するかを描いている。悪魔は、「この二人の支配から逃げ出し、力なく叫びながら空に消える[33]」のだ。また、チャールズ・ディブディンの『滑稽鏡』（一七七五年）でも、パンチが勝利をおさめたようだ。

あの陽気な輩、
パンチネッロ、
何とここで踊りますので、
その浮かれぶりは地獄でも
鎮めることができぬよう、
ずっとはしゃぎつづけていますので。
……

陽気なやつなら誰でもが
パンチネッロにむかって
（お碗片手に）大笑い、
わめいて、どんちゃん騒ぎといこう
そして悪魔と戦おう
地獄じゅうの大騒ぎさ。(34)

どのような上演で、勝者がどちらであっても、パンチと悪魔の格闘場面は十八世紀後半の人形芝居ではクライマックスであったのだ。

しかしながらその頃までに、階級によって文化は分裂しつつあった。フィールディングがマダム・ド・ラ・ナッシュの名で次のような広告を出したのは、一七四八年のことであった。

昼の十二時と夜七時に、マダム・ド・ラ・ナッシュはヘイマーケットのパントン街の大きな朝食堂で、高貴な方々また良家の方々のために、最高級の紅茶や珈琲、チョコレートやジェリーを提供します。また同時に、皆さまのために無料にて、素晴らしい英国古来の演芸をお見せします。それは

人形芝居

で嘆かわしい悲劇が演じられます

ベイトマン、愛に死んだ男

パンチとその妻ジョーンの滑稽劇もあります。駄洒落は新ネタ、お○らはブーブー、唄に、踊りに、格闘に蹴りあい、

他にも色々ございます。ボックス席は三シリング、平土間は二シリング、天井桟敷一シリング。お茶は十一時から。パンチ氏は十二時丁度にお目みえ。夕方のお茶は六時から。パンチ氏は七時丁度にもう一度お目みえでございます。[35]

十八世紀後半の上流階級は次第に人形芝居をエクセター・チェンジ［一七七三—一八二九年、ストランド街にあった大規模な動物見世物小屋］の大広間のような高級感のある場所で楽しむようになってきた。ディブディンの『滑稽鏡』もここで上演された。ここには野次馬も侵入しないし、流行の影絵芝居（11図）やマリオネット（いくぶんか洗練され、ファントッチーニと名前も替わった）には、パンチが登場しないこともしばしばあった。一七七三年にサミュエル・フット（12図）は宣言している。

さて皆さま、本日光栄にも上演の、この種のお芝居は、本来の型から逸脱し、また後の興行師がわけのわからぬことを云ったので、すっかり人気は地に堕ちてしまいました。……。子ども部屋を去りし以来、ほとんどの方がご覧になってはいない見世物です。そして、その地位はひどく貶められたので、ちょうどテスピスの喜劇のように、収穫の祝宴をもよおす家や、通夜や田舎の縁日へ荷車に乗せて運ばれました。たとえ町にやってきても、うらさびれた屋根裏や町はずれの崩れそうな厩のようなみすぼらしい所にしか現れなかったのです。[36]

これは、かつての英国にはなかった階級差に基づく非難である。しかし縁日や街頭の人形師は、上流階級の支持を失っても予期せざる財源を獲得することになった（13図）。貧しく搾取される聴衆のために、人形師は上演を変えた。自分たちの上演を下層階級の生活体験に結びつけ、他ならぬ「パンチ&ジュディ」を創り上げたのである。

11図　影絵芝居

12図
サミュエル・フットの
マリオネットと役者の
共演舞台　1773年
ヘイマーケット劇場

13図　トマス・ローランドソン「街頭のパンチ＆ジュディ」1798年頃

第三章　上演の成り立ち

The Making of the Show

［十八世紀後半から十九世紀初頭の英国社会の状況から、妻子への暴力行為や、絞首刑執行吏の役割など、パンチ芝居独自の要素を歴史的文脈においてとらえていく］

妻殺し、絞首刑と悪魔がつきものの「パンチ&ジュディ」の型ができたのは、一七六〇年から一八二〇年の社会的大変動期のことである。要は旧経済の破綻するなかで、慣習と共同体意識に支えられていた旧文化が、ゆさぶりをかけられ崩壊したのである。思いがけないことだが、労働者階級の文化と呼びうるものが、ぎこちないながらそこに生まれでてきた。「パンチ&ジュディ」は、その一つの例である。

一六八八年の名誉革命は、「土地を所有する者、財を有する者による寡頭政治[1]」を確立し、それはその後およそ一世紀続くことになった。秘密の儀式におけるがごとく、緋の衣をまとい見るからに情け容赦のない表情で、長髪の鬘を被った法の執行者が巡回裁判で地方をまわり、秩序は保たれた。その見せしめの最たるものは公開処刑であり、民衆に複雑な反応を呼びさました。一つの例を記す。聖セパルカー［監獄のあったニューゲートの外の教会］で鐘が鳴り響くなか、荘重な行列が進む。「すべての善良なる人々よ、今、死に赴かんとするこの罪人のために、心

14図　タイバーンの絞首刑台

からのお祈りを神に捧げ給え」と教区吏が唱え、絞首刑執行吏は死刑台で待っている。荷車が到着し、絞首刑執行吏が罪人に縄を掛ける。そしてそれから罪人がハンカチを落とすと、荷車がはずされて死体がぶら下がる。また、「タイバーン・フェア」もあった（14図）。おびただしい群衆が、はやり唄を口ずさみ、木の実や生姜入りクッキー、オレンジを食べた。このフェアは独自の起爆力を持ち、サブ・カルチャーを生みだした。グロウス『俗語辞典』によると、「絞首刑」には一〇〇語以上の隠語があり、これより隠語が多いのは「銭」だけだという。処刑は「吊るし試合」であり、これを目当てに人々が何千となく群れをなして集まった。絞首刑は「パディントン・ダンスを踊ること」だとか「シェリフの額縁の中でぶらさがること」だとか云われた。謎々も盛んだった。どんぐりの子馬を生んだ馬に乗っているのはだーれ？　絞首刑者。その心は、樫の木がその馬。しかめっ面に小便ちびったズボンの男はだーれ？　仲間に舌を出しているのはだーれ？　口笛は吹けないのに小便するのはだーれ[2]？

　権力と法の尊厳の究極的な誇示として、支配者層が絞首刑を用いる。それに対する民衆の反発が、このような隠語や謎々には現れている。絞首刑が存在することが常に脅かしであったのだ。し

15 図　縁日での芝居がかりの説教師　1800 年頃

かし十七世紀も進むにつれて、支配者層にとっては、タイバーンやその他の縁日で噴出する下層階級の活力が脅威となった。そして下級労働者をもっと効率よく管理するべきだという信念を強めることになった。そのためには法だけでは充分ではなかった。だが当時浸透しつつあった支配的でピューリタン的な宗教が、これを補うことになった。勤労の倫理をたゆまず促進し、カーニヴァル的な乱痴気騒ぎに対抗したのだ。もともと労働は「純然たる徳行[3]」であるのみならず、「誘惑の熾烈さ激しさ[4]」を鎮めるべく身につけうる、規則的で規律正しく信頼に足る、ほぼ唯一の手段であった。祝祭にはつきものの性的交渉は、婚姻においてのみ考慮される対象となり、それも抑制のためであって、解放のためではなかった。

> 「栄えよ、増えよ」という戒命にのっとり、神が自らの栄光を増すために望まれた手段である。適切な菜食と冷水浴とともに、ありとあらゆる性的な誘惑に対しては同じ処方箋が与えられた……。「天職に励み全うせよ[5]。」

云い方を換えると、婚姻制度は社会統制の手段であった。

サミュエル・ロジャーズは理想を詩にしたが、自らが用いた象徴体系には無頓着でしかなかった。

……ルーシーには持ち場で唄わせよう
赤い洋服に青のエプロンをつけて。
木の間に見える村の教会は、
我らの結婚の誓いが初めて成されたところ、
陽気な鐘の音をそよ風いっぱいに鳴り響かせよう
尖塔は天国を指すだろう。(6)

アイザック・ワッツもまた無造作に、逆の状況を描きだしている。

……あんぐりと口をあけた穴に悪魔がそいつら（罪人たち）を突き落とし、
背筋が寒くなるぞっとすることだが、まっさかさまに堕ちてきたそいつらを
地底の真ん中で受けとめるのだ。(7)

当時の芝居がかった説教師たち（15図）には、悪魔は現実であったのだ。悪魔は世俗・肉・悪魔という反キリストの三位一体の第三の地位にある。男も女も、法や神聖なる結婚や地獄の脅威に援護されて、悪魔に抗ったのだ。反キリストの三位一体が危険なまでに蔓延している場所は「競馬場、通夜、踊る機会、縁日……芝居小屋」であった。こういうところでは、罪人たちが「街娼とおぼしき女」を連れて、「卑猥な唄を口ずさみ、冗談をとばし、下品で

馬鹿げたことを云っている」[8]のを目にするかもしれない。云うまでもなく、このような場所で民衆文化が新しく労働者階級向けにつくりなおされ、活力を入れられた。たとえば、「芝居小屋」は富裕層が出向かなくなったので衰退するかと思われたが、実際は十九世紀初頭に急増し、メロドラマのような新しいジャンルの芝居を発達させたり、パントマイムのように古くからあるものを刷新した。中心としてハーレクインにクラウンが取ってかわり、残虐でグロテスクで諷刺にとみ挑発的な様相をおびるようになった。同様に、十八世紀後半には廃れてしまうように見えた縁日も、また新しい生命力を得たようになった。ある行政長官が、バーソロミュー・フェアでは「ここ数年間に不法で好ましくない拡張が起こっている」[9]と一八一五年に訴えたが、実際に指定区域を軽く越えて、縁日は進出していった。次の例は典型的である。

各種縁日が首都から周辺へと拡がっていくことは、この時代の悪弊の一つである。ボウやキャンバウェルやペッカムがその例である。トットヒル・フィールズ・フェアは、およそ一世紀にわたって振るわなかったのに、最近また持ち直した。そしてエドモントンは今や全盛期を迎え、ショアディッチまで及び、筆舌尽くしがたい喧騒と混乱を産みだしている。[10]

これが下層階級勃興の証であるとは、まったく途轍もないことだ。

バーソロミュー・フェア、シティーのカーニヴァル——徒弟には愉快で親方には不快。女中には慰み、かみさん連中には脅威で、泥棒には好機でおまわりさんにはテロだ。[11]

このようなディオニソス的「カーニヴァル」は、フロックトンのような新しいタイプの見世物師に活躍の場を与えた（17図）。彼は人形遣いとしてよく知られているが、人形は中心を占めながらも演目はヴァラエティー上演に近かった。たとえば、他にも芸人を雇うのみならず自ら手品師に扮し、九百体の人形を備えつけた「天下無類の大音楽時計……世にも珍しいオルガン」[12]を見世物にした。彼は一財産つくったと噂されたが、一七九四年に亡くなった時には五千ポンド残していた。フロックトンの娘はスターマーという人形遣いと結婚したが、道具一式は一座の「未亡人フリントとギンジャル」[13]の二人に譲っている。未亡人フリントはバーソロミュー・フェアで十年にわたって上演を続けた。ダニエル・ギンジャルのほうは、自分の家族を中心俳優にして、フロックトンのものより感動的な「グランド・メドレー」を創りあげ、一八三六年に死去した。ギンジャル一座は縁日から競馬場、遊園地へと巡回した。笑劇、パントマイム、メロドラマやシェイクスピアまでレパートリーにふくむリチャードソンのような旅の巡回劇場や、動物の珍芸、アクロバット、道化芝居や時には人形芝居も演目にあったソーンダーズのようなサーカス団（18図）、後の有名なウムウェルのもののように、単なる珍獣の見世物ではなく、自前の楽団の奏でる音楽にあわせて動物に芸をさせる巡業動物園と肩を並べていた。これらの見世物の相互関係は明らかである。「縁日」と題された十八世紀末の大判刷物（16図）の一二三の木版図には、芸をする動物や曲馬、手品、芝居などと並び、「パンチとその妻」の図もある。同じ時期の「英国じゅうの縁日の紹介」というバラッドも「人形芝居におけるパンチとその妻」[14]に言及している。

産業革命以前にパンチは、手遣い人形として知られるようになった。王政復古以来、手遣い人形は大規模なマリオネット劇場に附属的に設けられることが多く、縁日での軽い余興として続いていた。サザック・フェアで「パンチのオペラ」を宣伝する小屋外での実演をホーガースが一七三三年に描いている（9図、29頁）。パンチ・その妻・悪魔などのおなじみのキャラクターを大掛かりな芝居から借りる、このようなささやかな見世物は、小屋内で上演する主演目の「予告編」もしくは「縮小版」の役目を果たした。たしかに初期の「パンチ&ジュディ」上演には、マリオネットに起源を持つ場面が取り入れられていた。しかし、仮に「パンチ&ジュディ」がこのような旧い形態から発展したものでも、パントマイムと同様に、まったく新しいものに生まれかわるような発展を遂げたのだ。というのは、当時の明らかに矛盾する二つの願望――共同体主義と個人主義――をおそらく独自の方法で融合する試みに見えるからだ。外からの権威の強制的受け入れを拒んだことで、必然的にパンチは労働者・被支配者層と同列になった。当時の大判刷物によると、

もし時代がちっとも良くならないなら、女主人たち自ら糸を紡ぐだろう
お仲間と同じく、鼻も顎もパンチのように、痩せ尖るだろう。[15]

同時に、パンチの完璧なまでのエゴイズムは、ご先祖さまの間抜けぶりとは一線を画しており、産業資本主義にともない台頭した個人主義という新しい「時代精神」にふさわしい。一八五四年に『パンチ』誌の記者は、一人の浮浪児が歩道で仲間を次々と突きとばす姿に、パンチ芝居の反映を読みとっている。浮浪児の自己中心主義はパンチから学んだに違いなく、突きとばされたほうは、「教区吏や外人や警官などのパンチ芝居の犠牲者たち」のようだと述べている。[16]

このようなアンビヴァレンスは時代の反映である。一七七四年には、ジャック・ランが処刑のために運搬車に乗せられていくのを、当時著名な彫刻家ジョゼフ・ノレケンズでさえ幼い少年を連れて見物に出かけた。しかも、治安判事の舅が治安官ではないのを残念がっていた。なぜならコネがあれば、二人は車の脇を「タイバーンまでずっと」[17]練り歩くこともできたからである。このことは注目に値する。なぜならば、ノレケンズはまた「パンチ&ジュディ」の大ファンで、「パンチとその妻の街頭上演にあられもなく大はしゃぎし」[18]、シェイクスピア劇よりもずっと

16図　縁日［上から2段目、右から2列目にパンチとその妻］

気にいっていたからだ。

ノレケンズの伝記作者の記述から、今日に通ずるような「パンチ&ジュディ」の上演が始まった時期を、おぼろげながらつかむことができる。「パンチ氏が人気者になる前には」(傍点は著者)五月祭に乳搾り女が踊るのが、ノレケンズのお気に入りの「旅回り芝居」であったということだ。[19] バーソロミュー・フェアについての『モーニング・クロニクル』誌の記事(一七八四年)は、もっとはっきりしている。

フロックトン氏は……小屋外でも小屋内でも沢山の余興を提供した。ポケットに押しこんだ以上に多くの金を取りだして見せた……手品師には、長髪の紳士連中も頭を掻いた。旅回りのフランス人形芝居も一画に足場を組み、上演者も増強した。パンチと悪魔も移動小劇場を用いて屋外で上演され、人々を小屋の中へと誘いこんだ。[20]

フランス人形芝居とはマリオネットのことで、移動小劇場は手遣い人形のパンチ用であった。

上演の起源をめぐる論争を辿ると、最も古い文献は、縁日でのフロックトンの「パンチと悪魔」上演についての記述である。フロックトンが創始者というわけではないが、草創期においては「パンチ&ジュディ」は、新しく急成長を遂げていた労働者文化の他の娯楽と密接に関連していたことが、はっきりする。「パンチと悪魔」をフロックトン自身がその「移動小劇場」で演じたかどうかは定かではない。しかし、パンチを登場させたマリオネットの簡略化は呆れるほどだが、チャップブック『パンチ人形芝居』(一七七二年)に描かれている[21](17図)。これはフロックトンの小屋外の一連の様子を描きだしている。手品師(フロックトンとおぼしき人物)、戴冠したフランス王と王妃の傍らを手押し車に妻を乗せて通りすぎていくパンチ。パンチとその妻はスカラムーシュとハーレクインとともに、船乗りベンがホーン・パイプを演奏するのを見物している。パン屋が悪魔と出くわし、集金袋の奪い合いになる。ついにパンチとジョーンは口論を始め、悪魔はジョーンを助けにやってくるが、ついにはジョーンともどもパンチを連れ去ってしまう。この魅惑的な一続きの絵は、新しい人形芝居の草創期を写している。

一八〇一年に、ストラットは人形芝居が「過去の栄光をほとんど受けついでいない[22]」と述べていた。ストラットが懐かしむ古風な動きのない見世物人形芝居は、もっと活力に満ちて独創的な、フロックトンの人形芝居のようなものに代わられたのである。（ヨーロッパ大陸でも、産業革命が社会に及ぼす変化がおぼろげにも感じられるようになった時に、同様だがもっと顕著な変化が起こっていた。フランスではギニョールがポリシネルの人気を奪うようになっていたし、ドイツではカスパールがハンスヴルストにとって代わっていた。）ストラットには嘆かわしいことだが、縁日につきものの裁判所記録によると、一七九〇年のバーソロミュー・フェアには人形芝居八種と「メドレー」三種（フロックトン、バニスター、オールドリッジによるもの）が出ていたことから、その人気がわかる。その後十年にわたって、登録された演芸の高い割合を人形芝居が占めた。とはいっても、手遣いかマリオネットかは詳らかではない。一七九二年には十の人形師が登録され、一七九〇年、一七九四年、一七九九年には八の人形師が登録された。これだけではごく一部であり、リストも完備されているとは云いがたい。しかし、人形芝居は非常に人気があったということは明白である。

17 図　縁日でのフロックトンの小屋
階上にはパンチとジョーン　1772 年

一八一一年にはパンチは「人形の王子さま[23]」となっていた。その年のバーソロミュー・フェアに突進してきた雄牛を描いた版画（18図）には、溢れかえるものの中に「パンチ&ジュディ」が見える。口上では「さてさて、かのロスキウス［ローマ最高の喜劇俳優］のごとき素ー晴らしい木製の名優パンチ氏に、驚きのたった一ペニーでお目見えできる時間だよ。[24]」また数年

18図　雄牛がバーソロミュー・フェアに突入する　1811年
［上部まん中にソーンダーズとある］

後にピアス・イーガンが、フロックトンの後継者ギンジャルとその一族の遊園地での様子を記している。

……ギンジャルの息子は、緩く張ったワイヤーの上で、命がけの素晴らしい演技を見せていた。細長い舞踏場では、カドリールを踊るグループが幾つもでき、名高いファントッチーニあやつり人形芝居が活気を与えていた。こちらの道にはギンジャル氏の芸術劇場が建てられ、軽業、影絵芝居（中国影絵）、曲芸、その他もろもろの芸当をしていて、ギンジャル氏はグラス楽器で曲を幾つか演奏していた。また、あちらの道ではパンチネッロがおどけて観客を楽しませていた。また別のところでは、手品師がたいへん手際よく巧みにトリックや奇術を色々見せたり、イタリアの旅芸人が数人で音楽つき機械仕掛けの箱舞台を見せていた。[25]

そこには楽隊も熊の芸当もあり、大衆娯楽の百花繚乱であった。そして、その渦中に手遣い人形のパンチ

19図　トマス・ローランドソン「デットフォードに向かう王と王妃」1785年　部分

ネッロがいたのである。初期のパンチ上演者は、ほとんど例外なくこのような環境で上演したのだ。たとえばジョー・オーディーは、縁日の「道化役者」でもあったし、ジョブソンは、メドレー『ジュリアス・シーザー、もしくはパンチがローマの皇帝になると』（一七七八年）やホーン・パイプを踊る船乗りリトル・ベンやパンチとジョーンの情景を取り入れた。一七九〇年には、ジョブソンの「古風な人形芝居」のクライマックスは「評判の拳闘家スワッチェル氏（またの名をパンチ）とその妻ジョーニーの火花散る戦い」[26]であった。というわけで、最初期の例から「パンチ＆ジュディ」が産業革命の結果生まれた、新しい大衆文化の産物であることがわかる。

このような見世物が非常に多種多様であったことは、当時の絵を見ればよくわかる。フロックトンの「パンチと悪魔」への言及があった一年後の一七八五年には、歩道に設置された箱舞台で、パンチが妻とおぼしき抵抗する女の小太りの剥きだしの尻に鞭打ちの罰を与えている姿をローランドソンが描いている（19図）。こ

20図　サミュエル・コリングズ「イタリアの人形芝居」1785年

の絵は描写の正確さについては疑わしい。というのは、このような所作は手遣い人形には不可能に思えるからだ。ローランドソンは、手遣い人形には何が可能かを正しく理解していないまでも、上演の要のところを把握していたらしく、それゆえに、見るものに訴える虚構の真の力を持ち得たようだ。またコリングズが描いた「イタリアの人形芝居」（一七八五年）（20図）は、若き頃のピッチーニを描いたものだと云われている。[27] とはいっても、四〇年後にクルクシャンクが描き出したピッチーニの人形とは、かけ離れている。パンチは、とんがり帽子をかぶり糊の効いた飾り襟と袖口にはフリルをつけていて、妻も小綺麗で垢抜けすぎている。一七九五年にアイザック・クルクシャンクが描いた絵（21図）では、上演に手回しオルガンを持った男が同行し、若い娘が表向きは帽子で集金、裏では掏摸《すり》を働いていた。頭巾をかぶったパンチ氏は虚空を睨みつけるばかりだが、デコルテ姿のジュディは腕を大きく拡げ独壇場を演じている。一七九八年にジョハニス・エクシュタインは、丸鼻で帽子も丸いパンチが、小さい角が二本生えてはいるものの、魔王というよりはテディベアにそっくりの悪魔と対決している場面を描いている（22

21図　アイザック・クルクシャンク「パンチの人形芝居」1795年
［犬が2匹と猿が1匹］

22図　ジョハニス・エクシュタイン「パンチと悪魔」1798年

図）。一八〇一年にアン・ディブディンがハーバラの市場を描いた版画では、馬鹿帽子［円錐形の紙帽子。昔、学校で生徒への罰としてかぶらせた］そっくりの帽子をかぶったパンチが、杓子を振りかざす若くきりっとしたジュディに向き合っている（23図）。このような多様性は驚くにあたらない。なぜならば、動乱期にあってはパンチ上演者は、需要の変化や新種の体験に沿うようにと意識的に努めたからである。絵描きたちが実際の正確さに神経をあまり使っていなかったというのが実情に近いにしても、それにもかかわらず、たった十六年の間の多様性はめざましい。

多くの絵にパンチ夫人が登場するが、今日われわれが思い描くよりも、ずっと若くて小綺麗である。その名は、まだジョーンであったようだ。だが手遣い人形パンチの夫人としては、ジュディのほうがたしかにぴったりくる。ジョーンより歯切れがよく、感情的で無遠慮な感じがする。ドルーリー・レーン劇場で上演された『ハーレクインの幻』（一八一七年）についてキーツが書いた劇評が、パンチ夫人をジュディと呼んだ最初の例であろう。なかでキーツはパントマイムのパンチとジョーンを、誤って「パンチ＆ジュディ」と呼んでいるのだが、多分その名前のほうが当時一般的になりつつあったからだろう。(28) 一八二六年には二人の舞台は次のように詳細に描写されていた。

悲しみと喜びの激しい浮き沈みの後に、
　抱擁、口論、和解――
……
やっちまった――あの一撃が女を即死させちまった――
　さあ寝かしつけろ――息絶えた死体に
検死が行われる――そしてパンチは――なんと惨めな！

23 図
アン・ディブディン
「人形芝居」1801 年

24 図
ジョージ・シャーフ「スケッチ」
中央にはパンチと若いジュディ（おそらくマリオネット）、右上では赤ん坊を放り投げている遅すぎた悔恨に苦悩し涙に暮れる。

ところがジュディは生き返る。

そしてまた抱き合い――争い――別れ――再会する――

笑いは絶えず、通りを揺るがす！

お聞き！　パンチの頭がどんなに床に打ちつけられるか！

ご覧、パンチがどんなに苦しみ体を捩るか！

そして二人は転げ回る。(29)

この上演の人形師が、技倆とともに持久力も持っていたのは明らかだ。しかし、パンチとジュディの間での、反目と同時に愛情もまた、上演には大切である。初期の図にあるように、ジュディがエレガントでチャーミングであるほど劇的効果は大きいのだ。十九世紀になっても、夫が妻を殴ることは法律的には問題はなかったが、下層階級では夫婦間の暴力はまだ解決できない難問であった。法律は道徳家の教えを増強したものだ。一八五七年までは、国会制定法の適用を個別に受けてのみ、離婚は可能であった。パンチ氏と同じ手段に訴えることで袋小路を抜け出した世の亭主族の数は、いかばかりであったことか。ある人が一八二四年に記していた。

わたしの気づいたところでは、尻に敷かれる亭主なら、

君の腕力を喜んで、

輝く理想の洒落者のように仰ぎ見る。
ジュディの頭を打ったびに数え、
それから家路についてわかるのさ
女房は、芝居と現実では違うって。(30)

これら初期の上演における悪魔の役割の重要性も確立した。ピッチーニが発展させたような悪魔が登場する場面には、下層階級を導き統制しようとする宗教の圧力を直にはねかえそうとする気配が見える(25図)。一番の脅威の対象である地獄すらも、こんなにお手軽に扱われたならば、宗教は抑止力にはなりえないだろうに。しかしながら、最後にパンチが勝利をおさめる結末は、昔から今にいたるすべてのパンチ上演者に受け入れられた結末というわけでもなかったことを、付け加えておこう。フロックトンは老いぼれ悪魔ニックに勝利を与えているし、コリアーもストラットも、悪魔が勝利をおさめる上演があったと指摘している。

パンチの敵対者の筆頭がジュディと悪魔であったことは、C・マクスウェル夫人が一八〇〇年から一八〇六年頃に書いた詩によって確認することができる。これは当時の最も重要な文献である。というのは、一つのパンチ芝居を取り上げて、その実際の場面を詳らかに語った、おそらく最初の文献であるからだ。

パンチと奥さん現れて、さあ皆さまのお楽しみ　見てごらん、
二人は喧嘩したり踊ったり。
こんなに奇妙な夫婦はめったに目にするもんじゃない、
旦那はご機嫌、奥方がみがみ。

お次は悪魔の登場。強がりパンチとやりあうことに、
ご存じ背中の瘤に乗り。
ところが大苦戦は悪魔のほう、
パンチは悪魔を蹴り出して、踊り続けるばっかりさ。

お次は英国の誇る、船乗り登場、
麗しのスーザンぴったり寄り添い。
陽気なホーン・パイプ踊り、
ステップを踏んでは飛び跳ねる。

続々人形現れて、場面はますます賑やかに。
ジェーン・ショアに［エドワード四世王の愛人。蓮っ葉で浮名を流した］に、パン屋に、王も王妃も。
けれどもパンチがいつでも主役。
パンチの声を聞けば、誰でもわかるさ、そんなこと。(31)

これはフロックトン『パンチ人形芝居』に似ているようだが、パンチを除けば、ジュディと悪魔だけがピッチーニ上演と共通する。「パンチ＆ジュディ」初期において、ピッチーニだけが唯一無二であったわけではない、という明らかな証拠となる。

25図　ジョージ・クルクシャンク「悪魔がパンチをやっつける」1824年

26図　パンチと悪魔　1806年頃

しかし筋書きがどうであれ、手遣い人形とマリオネットでは、パンチの性質は明らかにたいへん違う。ピッチーニの上演とは非常に趣きが違っているけれども、ここでもパンチは闘い、踊り、滑稽で賑やかしく舞台を支配する。マクスウェル夫人の詩の結びはこうだ。

この芝居について、家に帰って語るだろう、
可哀そうなパンチに見舞った災難の数々を、
いつもパンチは命知らずの敵を倒してきたけれど、
パンチはいつも敵どもを追い払ってきたけれど。[32]

マリオネットのパンチなら、めったなことには杖を振り回せなかったので、このような記憶が残ることはなかっただろう。興味深いことに、『ヨーロピアン・マガジン』（一八一三年）には、「スミスフィールドの旅籠雄羊亭」滞在中にパンチが書いたとする手紙が掲載されている。その中で手遣い人形がマリオネットの末裔だと主張し、また「あの素晴らしい三日間のお祭騒ぎ……バーソロミュー・フェア[33]」をきっかけに、自分に対する贔屓を取り下げたお偉方たちをなじっている。

マクスウェル夫人の詩の上部には、素朴な木版画が印刷されている（26図）。直方体の背の高い箱舞台に小さな間口があいていて、そこで

は長い杖を握るパンチが、鈎鼻で弓なりの細い角を生やした悪魔を睨みつけている。狩猟喇叭を持った集金係《ボトラー》が、箱舞台の下に立ち、熱心な大人の観客を無遠慮に見ている。マクスウェル夫人は強い口調で述べている。

……このような人たちに、どうかお志しを
日がな一日の身過ぎ世過ぎは厳しいものだから。(34)

ストラットは、マクスウェル夫人と対照的な観察と反応を示している。

今日では人形芝居の興行師は、天気が許せば街を歩き回るが、なんと人形一式と劇場本体までも背中に担いでいるのだ。上演は戸外で行われ、みすぼらしい旅芸人の収入は観客のお志し次第であり、頼りないことこの上ないのだが、大抵の人形芝居師のむさくるしい風体を見れば、実入りのほどもたかが知れている。(35)

ストラットはまた、「人形芝居の人気は下火になり、通ってくるのは子どもたちだけだ」とも述べている。この発言に真っ向から対立するように、ノレケンズの伝記を書いたスミスは、次のような愚痴をこぼしている。「人だかりの中に立ちながら、パンチの金切り声に分別のある大人が笑い転げるのを何度も見たし、パンチの悪巧みを夢中になって説明するのを何度も聞いた。(36)」ストラットの発言は、大衆の娯楽を保護することから手を引いた上流階級への抗議の一例として見なされねばならないし、他方、スミスの発言はノレケンズを貶める意図から発している。

このようないわくつきの論争のかたわらにあって、マクスウェル夫人の詩は爽快である。

コリアーは折々に見たという場景を記録したが、それが信用できるならば、パンチ芝居の多様性と時事性の証拠

27図　トマス・ローランドソン「街頭パンチ芝居」1800年頃

となるだろう。たとえば、パンチと英国首席裁判官との会見では、かなり陳腐な答弁の後に、パンチは英国首席裁判官をぶちのめしてしまう。トマス・ミラーが残した同時代の上演記録によれば、「自分に有罪を宣告した裁判官を、パンチはベンチからぶっとばした」[37]とあり、このような場景に事欠かない「パンチ&ジュディ」の精髄の確証となる。さらにいえば、十九世紀前半から残存する人形芝居の道具のうち少なくとも二組に、裁判官の人形が確認されている。とりわけ抑圧的であった裁判官とパンチが接しないほうが奇妙である。

コリアーによると、ある上演では二人以上の妻を持つ利益と不利益について、パンチは青髯公と話し合ったということだ。またパンチは、歴史上実在した人物とも対面している。たとえばネルソンはパンチに「勇者として……フランス軍と戦う手助けをするよう懇願し」、「溺れてしまう」とパンチは躊躇したが、「決して恐れることはない（ネルソン答えて曰く）、絞首刑となるべく生まれた者は、決して溺れ死ぬことはない」[38]と珍問答をくりひろげた。コリアーは他にも時事的な場面の記録を残している。

ウェストミンスター区での議員選挙に際して、F・バーデット卿……はジュディと赤ん坊にキスをし、パンチ氏に投票を頼んだ。「ごきげんよう、パンチさん。（と准男爵が声をかける）あなたのご支持を頂けますように。」「わかんないな。（とパンチは応じる）女房に聞いとくれ。そんなことは全部女房まかせにしてるんだ。」「それはそれは。（フランシス卿が続ける）いかがでしょうかなジュディ夫人。これはこれは何と可愛らしいお子さんで。うちの子もあやかりたいもんだ。」「お宅のお子さまも、さぞ可愛らしいことでございましょう、フランシス卿さま。（とジュディが云う）だって貴方さまは、宅の主人によく似てらっしゃるんですもの。鼻筋がそんなに素晴らしく通ってらっしゃるんですもの。」「本当に。しかし、ジュディさん、バーデット卿夫人は貴女に似ておりません。（とフランシス卿は云い添えて、キスをする）。本当に可愛い赤ちゃん。ご丈夫そうで。おなかも大丈夫ですかな？」「ええ、おかげさまで。ありがとうございます。」と答えたジュディは、こんなに物腰のやわらかい心根の親切な候補者のお願いを受け入れざるをえなかった。(39)

「パンチ&ジュディ」の非政治的性質と同時に内在するラディカリズムを、こんなにも端的に表すものはない。フランシス・バーデット卿は、一八〇七年からウェストミンスター区選出の国会議員であり、活動的なタカ派として知られていた。と同時に彼は女性に人気があることでも有名で、それゆえにジュディの心とパンチの一票を獲得したのは、皮肉なことだが、いかにもありそうなことである。

またコリアーは、グリマルディが踊るパンチ芝居を観たと記している。これは後に大いに人気を博す道化ジョーイの先駆けであり、またマクスウェル夫人が観た上演で、踊りが際立った場面になっていたことを思い起こさせる。グリマルディとは、パントマイムの素晴らしい道化である。人形芝居にしばしば登場した道化はスカラムーシュで、フロックトンやピッチーニの上演にも登場したし、街頭のファントッチーニでもおなじみであった。クルクシャンクは、ホーン『日々の書』（一八二五年）のために、このような人形芝居の挿画を描いたが、ホーンは「我々に昔ながらのおなじみの『パンチ』が、これらすべてより長く生き残るだろう(40)」と簡潔に述べている。

　ホーンは「影絵」芝居を描写したが、マクスウェル夫人も描写していた（28図）。「影だけがパンチとその妻のありとあらゆる悪戯や、その他の悪戯や趣向を演じることができるかのようだ。(41)」影絵芝居におけるパンチへの言及は、たったこれだけにしかすぎない。しかし「パンチ&ジュディ」を幻灯機で上演するのは、ヴィクトリア朝にあっては珍しいものではなかった。また一八三〇年に、ある著述家は「パンチ&ジュディの笑劇……一七九五年という昔に……ムアフィールドに据えられた覗きからくりでは、ありふれた演目であったと思う(42)」と述べている。「このような見世物は箱に収められて、いまだに田舎を回っており、家の戸口で上演されている」と、この著述家はさらに付け加えている。とはいえ、覗きからくりについて語っているのか、パンチ&ジュディの覗きからくりについて語っているのかは、曖昧である。一八一八年にホーンのために上演したジョス・レヴァージはヴィクトリア朝にも上演を続けたが、フロックトンの「悪魔を引っ張れ、パン屋を引っ張れ、さもなくば、秤をごまかし目方を減らして売ったために籠につめられて地獄に送られたパン屋にふさわしい罰を(43)」という場面を取り入れていた。「パンチ&ジュディ」上演者のなかには、夜間上演向きの別演目として影絵芝居に習熟するものも出てきた。トム・パリスは同じ箱舞台で二種類の上演をした草分けだし、ジム・マックリンや道化のポール・ヘリングや手品師ペップ・ドーソンらはみんな、両方上演した。

28図　幻灯影絵芝居のパンチとその妻　1806年頃

　動物も初期のパンチ芝居にはよく登場した。一七九五年のアイザック・クルクシャンクの絵には、犬が二匹と猿が一匹描かれている（21図、51頁）。猿がパンチと共演していた例は、ピーター・ドールマンがノリッジで「三匹の猿と噴水細工とポリチャネッラからなる人形芝居」を上演した一六七〇年にまで遡ることができる。[44] フロックトンはグランド・メドレーで猿や犬に芸を披露させていたが、その「素晴らしいニューファウンドランド犬」は、スターの扱いを受けていた。チャップブック『パグの訪問』（一八〇六年）は、人形芝居に基づいたものだが、犬を飼っているパンチはパグという猿を目の敵にしていた。観客のうち少なくとも一人は、このような上演には不満であった。

> 最近、残念ながら、お話しなければならないが、パンチとその妻の権威が幾分失墜した。というのは猿と衣装を着けた犬が取り入れられ、二人を助け、その崇高なる芸術を助けることになったからだ。[45]

後には、ブラックプールのグリーン一家が猫を使い、ランディドノウのハーバート・コドマンは狐を用いたと名高い。

舞台上で犬は、愛嬌をふりまきパイプをふかす芸当などもできるし（29図）、地方巡業中のパンチ上演者が眠りにつく時には、番犬となる。おまけに、箱舞台の裏を覗きこもうとする野次馬の観客を追い払うのにも役に立つ。「パンチ氏の親方によって……その愉快な輩の犬の（通常の）名前として」[46]「トービー」が採用されたのは、一八一七年以前のことだ。とはいってもポンペイと呼ばれることもあったし、『パグの訪問』ではタウザーである。推量の域を出ないが「トービー」は、旧約聖書続編でアスモダイが棍棒を振るうのをとっちめたエホバの預言者トビトの犬に由来するかもしれない。犬の調教師を意味する「トービー」から来たと考えるのも、もっともらしい。一六四三年の諷刺パンフレットによると、「ルパート王子の犬その名はパドルと、トービーの犬その名はペッパーとの対話、

29図　トービー犬がパイプを吸う

否、討議㊼」の記録を装っている。さらに付け加えると「トービー」は尻の隠語であり、また、道路の隠語でもあった。追い剥ぎを意味する「ハイウェイマン」は「ハイトービーマン」とも云った。しかし、通常は大目に見るべき生き物を指していう総称であった。多くのニグロの乞食は「トービー」として知られたし、当時の縁日の「学者豚」もトービーと呼ばれた。

ピッチーニの人形一式を買い取ったパンチ上演者は、犬を出演させ始めたのはパイクだと述べ、パイクの現役時代（一七九五―一八三五年）のトービー犬の栄華について語っている。

トービーが流行し始めたのは、ほんの数年前のことだ。それまでの犬は縫いぐるみで、ほんものの動物を取り入れることを初めてパイクが思いついたのだ。それが大当たりだった。上演はびっくりするぐらい変わったよ。最近までパンチ&トービー芝居とも呼ばれていたくらいさ。三匹も犬を連れて街に出たものだ。そりゃあ素晴らしかったよ。最初は物珍しさで特に目をひいて大成功だった。まあ、今じゃ三匹も使わないけどね。母犬は歌えるってふれこみだったから、生まれた子犬のうち二匹も歌えたよ。トービーは歌ったり、パイプをふかしたりできないと。それにパンチの鼻に噛みついたり握手した

30図　ベンジャミン・ロバート・ヘイドン「パンチあるいは五月祭」1828年

りができないとな。トービーがおとなしい時は、それはパンチの棍棒が怖いだけで、棍棒を置くとすぐに飛びかかっていくよ。パンチがご主人さまじゃないって知ってるからね。[48]

パイクは上演をピッチーニから習っていた。メイヒューのインタビューを受けた人物によると、パイクは「パンチ上演者としては最高」で、その師ピッチーニを凌いでいるということだ。パンチ用箱舞台で影絵芝居を始めたといわれるパリスなる人物が、パイクと一緒にパンチ用の箱舞台を使い、一八〇七年のバーソロミュー・フェアで犬の芸当を披露した。そして一八一〇年にはパリスは人形芝居を上演した。パイク自身は手品や綱渡りや曲芸を一八一二年から一八三一年にかけて縁日で上演したが、メドレーの一部に「パンチ&ジュディ」を組みこんでいたようだ。「志しの高い人形芝居は落ち目になって、その衰退を尻目に人気絶頂のパンチが浮かれ騒ぐ。[49]」この一八一五年頃

31図　商売敵は気の合わぬもの

のバーソロミュー・フェアの描写は、おそらくパイクについての言及だとみなされる。一八二六年には、パイクとチャペルは「大掛かりな舞台を発表した。道化と何人かの男女の役者が、衣装をつけて舞台を練り歩いた。……緩く張った綱の上での踊りや曲芸その他の演目が、ボールの劇場なみに出揃ったが、出来栄えはこちらが遙かに上だった。[50]」一八二八年には、パイクは幾分意欲をなくしたのか、パンチ芝居を自演するぐらいだったようだ。というのは、バーソロミュー・フェアでのパイクの実入りは四〇ポンドしかなく、そのかたわらで、たとえばウムウェルの巡業動物園は一七〇〇ポンドも稼いでいた。

その年、メリルボーン教会近くでのパイクの上演を、ベンジャミン・ロバート・ヘイドンが素晴らしく色彩豊かな絵に残している（30図）。「パイク創作のパンチネッロ」は、煙突掃除の少年扮するジャック・イン・ザ・グリーンの踊りと同様、ここでは五月祭の演目の一つになっている。パイクはこのように一世を風靡した後に「落ちぶれていき、救貧院で亡くなった」けれども、当時のパンチ上演者には珍しく、ピッチーニと並び、パイクの名を「この国の貴きも卑しきも、後々まで云い伝えた[51]」という。

第四章　一八二〇年代

The 1820s

［最初の台本が出版された年代に（第一章参照）、盛んであった見世物文化や大道芸との関連から、「パンチ&ジュディ」が民衆芸能として成立した背景を探る］

横丁の角をまがってくる人々が、さんざん笑いころげたあげくに、そのひそかな楽しみを誰かに伝えたくてたまらないような顔をしておれば、何があったのかすぐわかる。たった今、人形芝居がはねたのだ。(1)

これは「パンチ&ジュディ」にとって黄金期といえる一時代の始まりに、ハズリットが残した述懐である。黄金期の終わりには、チャールズ・ディブディンが次のように記していた。「街角で、つい立ち止まってパンチを観てしまわないような人には、めったにお目にかかったことがない。——私はといえば、いつも誘惑に屈して見入ってしまう。(2)」この一〇年に、パンチ芝居は多くの文学者や文化人から注目されてきたが、ナポレオン戦争［一八〇四—一八一五年］に続く不況期に適応して人気を保ち続けるためか、下品な毒舌口調はあいかわらずだった。

かつては縁日や遊園地につきものの「グランド・メロディー」に所属することが多かったパンチ上演者も、

32図　C. J. グリフィスス「リングウッド競馬の日」1820年頃

一八二〇年代の記録から察すると、この頃に独立した興行師になったらしい。このように推察されるのは、おそらく文筆家のような社会階層の人間が、縁日や遊園地を訪れることは少なく、パンチに街で出くわすことが多かったからだろう。という次第で、アイザック・ディズレーリによると、「街角のパンチ箱舞台の装備一式」はありふれた光景であり[3]、パンチを「街路と人が集まる都市の申し子」と歌った匿名詩人もおり[4]、「あいかわらずの人気者なのに可哀想に、パンチは蝸牛のように箱舞台を背負って街を歩くのに甘んじている[5]」と『日々の書』の記事にもある。

とはいっても、もちろん「パンチ&ジュディ」を見かけるのが街頭だけ、というわけではない。「パンチネッロ」は一八二一年にも遊園地で見ることができたし、一八三二年のクレモーン・ガーデンズの開園式には余興の一つに使われた。一八二八年に、師匠マシューズは、ヴォクスホール・ガーデンズで上演したことを自慢し、同じ頃ペップ・ドーソンのパンチ芝居はワイルドの巡回サーカスに同行していた。「パンチ&ジュディ」は、「リングウッド競馬の日」(32図)やホワイト・ホース・ヴェイルで例年行われる「お祭り《ヴィースト》」でも見ることができた。

あたり一帯に笛や小太鼓の音、移動舞台の入り口で叫ぶ興行師の太鼓や喇叭の音が鳴り響く。芝居小屋の中で見ることができるさまざまな見世物の絵が人目を引いている。その喧噪を貫くかのように、パンチ氏の「ラッタッタ」という金切り声と、相棒のパンパイプの音が小止みなしに聞こえてくる。(6)

パズィーの「お祭」の「さまざまな余興や見世物」の中には

生姜入りクッキーや木の実や……色々な果物の売店があった。女の子のためには人形など、男の子のためには馬や太鼓や喇叭や鞭など。ワーテルローの戦いを見せる覗きからくりや、芝居の見せ場を演ずる自動人形、『森での赤ん坊の死』もある。おまけに永遠の人気者パンチ&ジュディ。舟形ブランコ、バケツ形ブランコ、回転木馬。(7)

これは比較的規模の小さいお祭りであったが、ノッティンガム・グース・フェアのようなもっと盛大な賑わいでも、パンチ芝居を見かけたものだ。

野獣の檻、芝居、小人、巨人やその他の奇才や見世物、狂気じみた容貌の人間、浮浪者、乞食、ジプシー、歌手、ハープ弾き、インドの手品師、パンチ&ジュディの上演や、その類の素晴らしい芸人たち。(8)

一八二二三年にバーソロミュー・フェアを訪れたある人は、二人づれが「『パンチ』と新しい『ファントッチーニ

33図 『縁日のお楽しみ』1820年頃

あやつり芝居』の魅力の比較」を論じあっているのを小耳にはさんでいる[9]。また一八二〇年頃のチャップブック『縁日のお楽しみ』で、余興としてまず第一にあげられているのは「パンチ&ジュディ」である。

まずはパンチ殿、
背中に瘤つき、
おまけにジョーン
はしばみでもかち割りそうな鼻と顎[10]。

奇妙なことだが、パンチ夫人の名はタイトルでは「ジュディ」なのに、詩の中では「ジョーン」である。おまけに挿画（33図）を見ると、この上演の曖昧さは強まる。はたして役者によるものだったのか、それとも木製の人形によるものだったのか？

「パンチ&ジュディ」が街に出没するのは、夏の縁日が始まる前である。ホーンは春の訪れを、「あの愉快な輩『人形芝居のパンチ』の冒険[11]」に結びつけている。また、『ポケット・マガジン』誌の寄稿家は、パンチは「永遠に春には花咲く[12]」と、いともロマンティックに書いている。要するに多くのパンチ上演者が、ありとあらゆる所で上演していたということだろう。縁日の興行師という印象の強いパイク（メイヒューがインタビューしたパンチ上演者によると「大型馬車で田舎を回っていた」）ですら街頭でも上演していたらしく、ヘイドン描くところの絵が残っている（30図、64頁）。

一八二〇年代の「パンチ&ジュディ」が、観客を子どもに特に限っていたわけではなかったことが、さまざまな絵からわかる。むしろ五対一ぐらいの割合で大人が優勢であり、この点は文献上も裏付けることができる。バーナード・ブラックマントルが一八二六年に述べたところでは、「いつもの短い調べを次々にかき鳴らす音」がパンチ芝居を「支度する楽しいしるし」で、

聞こえる範囲内にいる歩行者の運動器官に魔法をかけて、老いも若きも身分はなんであれ、巡回人形芝居に引きつける。観客はまるで魔法に繋がれるように、次々にそこに現れる。[13]

『文芸鏡』のエッセイストは、パンチ芝居の観客について、特に観客の社会的背景について、考察している。「この世の富とはからきし無縁に見える人々が、声も高らかに声援を送る。」「こざっぱりした身なりの人間も何人か」はいたし、「上流人士も二、三人」はいた。[14] 一八二八年にスミートンは「肉屋、煙突掃除人、掏摸、牛乳売り娘、年寄りに若い衆、喚声をあげるミュンスター地方から来たばかりのアイルランド人労働者も何人か、そしてそれから悪ガキども」[15]を描写している。ロバート・クルクシャンクの挿画（34図）に「悪ガキども」が描かれていないのは、重要なことかもしれない。

ここで、観客の反応についても述べておく必要がありそうだ。ブラックマントルによれば、パンチが登場すると「耳をつんざくような歓声しか聞こえない。」『文芸鏡』にも「下品な冗談や駄洒落をちょっと口にするだけで、や

34図　ロバート・クルクシャンク「パンチとジュディの行い」1828年

んやの喝采を浴びる。ドルーリーでも、こんなに受けはしなかっただろう」とある。だが、今日の我々がパンチ芝居に期待するような観客参加については、何の報告もない。

びっくり顔が、
期待に喜び輝き、
その上目遣いをたどれば、ほら、
忍び笑いが、まず聞こえ、
歯をむきだしの笑い顔——突然の高笑い、
お待ちかねの陽気な乱痴気騒ぎ。(16)

ジュディを呼び出したり、「後ろにいるぞ！」と叫んだりして、観客が参加したような気配はない。反対である。ブラックマントルが『英国のスパイ』で生みだした、がさつだが心温かいマリゴールド長老議員によれば、「パンチが悲劇、喜劇、笑劇、パントマイムのお株を奪っちまった。」彼の娘のビディーは「喇叭の音」が下の通りで聞こえてくると、もっともらしく倦怠を装って「物憂げに云った。」「あら、ママ、……あの汚らしいパンチがまた家の窓の下にやってきたわ。

厚かましいったらありゃしない。」「ビディー、お前は娯楽のわからんやつだな」と父親は云い返した。

ここで上演は次のように始まる。

パンチ氏は二フィートの幕から覗き見する。その鉤鼻の先っぽが見えると、愉快な芝居が始まる合図だ。一同にお辞儀をし、昔なじみであるかのように、親しげに挨拶する。

第一場では、パンチの「愛しのジュディが……ありとあらゆる気まぐれな愛と諍いを経験し」そして「まぎれもない家族の徴《しるし》を負う『授かりもの』」である赤ん坊を鉤鼻の父親があやす。次の場面では、パンチが馬に乗り回している。やがてジュディが戻ってきて、再び喧嘩が始まり、ジュディの「嘆きの狂乱」でこの場面は終わる。この後「州長官の代理人とのいさかい」や「シャラバラ」としか云えない黒人との場面が続く。ジュディの幽霊がパンチのもとにやってきたり（35図）、悪魔が現れては消えたりする。そしてついにジャック・ケッチが絞首台を持ってきて、とうとうパンチを懲らしめるかに見えたが、形勢逆転しケッチが首を吊られてしまう。これはピッチーニの上演に似ているが、同じではない。ピッチーニの芝居には「シャラバラ」としか云えない黒人も幽霊も登場しないし、絞首刑の場面の直前に警官が現れ、その後、悪魔と対面する。ブラックマントルが描く上演には、トービーもスカラムーシュもポリーもなく、ろくろ首の廷臣や医者や盲人、「二人の男」によるお定まりの棺桶の場面もなく、そしておそらく、赤ん坊を窓から投げ捨てる場面もない。

また、スミスの詩の表現にも相違がある。スミスによると、パンチがジュディを打擲し（赤ん坊についての言及はない）、医者がジュディの手当にやってくる。ところが医者は「鼻をぎゅっとつかまれ」、「頭をぶたれる。」老いぼれ悪魔ニックは登場するが「おとなしくさせられる。」しかしついにジャック・ケッチが「演劇的正義」を行使し、

35 図　ロバート・クルクシャンク「偉大なる役者すなわち栄光のパンチ氏」1826 年ブラックマントル『英国のスパイ』挿画。パンチと幽霊の場面。マリゴールド長老議員とその家族が窓から見物している。ローランドソンのスケッチ（27 図、59 頁）から観客を借りている。

パンチは「絞首索にぶらさがらねばならない。」[17]

ピッチーニ上演にずっと近いのは、『ポケット・マガジン』誌に掲載された上演である。パンチは登場する前、ベッドにいる様子だ。それもジュディと同衾中のようである。集金係《ボトラー》がパンチを呼び、パンチが服を着ているのを見ているかのごとく応答する。「おやおやシャツより前にチョッキを着るの」と尋ねると、パンチはお洒落な青年のごとく「だってシャツを持ってないんだもの」と答える。登場した時には、妻と子に対する愛情に溢れるように見えたが、やがて「魂に情熱の嵐が吹き荒れ」赤ん坊を窓から投げ捨て、ただちに「妻をぶちのめすという簡便な手段によって離婚した。」それから犬を盗むが、また取りあげられる。そして鐘が鳴る場面になり、パンチは唄をうたったり音をたてたりをどうしてもやめずにいる。次にパンチは馬を呼び、その馬に投げだされる。医者が登場すると、その歯を蹴りとばす。つかまえられて投獄され、そこから絞首台に連れていかれる。パンチが絞首刑執行吏を吊ってしまうというおなじみの場面があり、最後は悪魔と対決し、またもやパンチが勝利をおさめる。

スミートンの記述もフォン・ピュクレー・ムスカウ公〔一七八五年―一八七一年。現在のドイツ、バッド・ムスカウの貴族。諸国を旅して見聞記を残した〕の記述も、直前に活字になったコリアー／ピッチーニの上演あら筋と大差はない。スミートンは、パンチが「犬に噛まれ、女房の尻に敷かれ、刃向かわれ、診察され、投獄され、首を吊られ、悪魔にとりつかれる」とのみ語っている。フォン・ピュクレー・ムスカウ公が一八二六年に窓からパンチ芝居を観て記した記録には、いくつか独自のものがある。ジュディはパンチより「年下の」妻で、最初に呼ばれたときには「代わりに飼い犬を送る。」スカラムーシュは「ジュディの『決して人を噛んだことはない』愛犬を虐待する理由をパンチに問い質すが、パンチは『犬を苛めたことなどない』と答える。」その後で、「パンチは腹を抱えて笑い転げ、踊り回り、無茶苦茶に頭を壁に何度も打ちつける。」そして最後の場面では、悪魔が「長爪をパンチのほうに恐ろしげに延ばす。[18]」

これまでのところ一八二〇年代について、また一部ではそれ以前にも遡って概観してきたが、とりわけ注目にあたいするのは、この時期に初めて司直の手に言及している点である。司直を表す登場人物はパンチにたいする端的な公敵を代表し、パンチとの場面はすぐにも非難を浴びそうである。というわけで、時にこのような場面はオブラートに包んだようになる。たとえば、同時代に人気のあったイタリアのプルチネッラ芝居師ゲッタナッチオが、警官を諷刺の対象にして好んで上演したのとはまったく対照的だ。警察権力の是非を問う議論は、この時代に頂点を迎えた。ピットが一七八五年に掲げたロンドンの治安維持のための法案は「自由」派の圧力のもとで撤回されたが、しかし一八二九年にはピールのロンドン警察法案が可決されて、内務大臣の管轄のもとに有給の職員や巡査が組織された。財産保護の必要性の前に「完全なる自由」の伝統は屈したが、この間の議論自体はパンチ芝居では黙殺された。なぜならば「この世の富とはからきし無縁に見える人々」(前掲『文芸鏡』)には影響力の及ぶところではなかったからだ。そのような人々にとっては絞首刑執行吏のほうがずっと説得力を持つ存在であった。

ジャック・ケッチとのからみの場面をクライマックスまで取っておく上演が多かったことからも、ケッチの重要性をはかることができる。『文芸鏡』によると、ケッチを最後に登場させることで「素晴らしい群衆から（エリストンがよく云ったように）拍手喝采は鳴りやまなかった」し、J・T・スミスは「何の気なしに立ち止まって、あの愉快なパンチとジャック・ケッチの掛け合いを楽しんでいる」法律家づれを見かけたと云う。(19) ブラックマントルはジャック・ケッチを「いにしえのルシファーよりも偉大な男」と呼び、この場面を思い出している。

（パンチの）企みの中でも至高のもので、その喜劇性の極意である……ジョン《ママ》・ケッチ氏は首を吊られて空中でぶらぶらする――パンチは勝利の叫びをあげる――（そして）人は皆パンチの全面的な勝利を支援する。

実在のジャック・ケッチは、英国史上最も悪名の高い絞首刑執行吏の一人であった。人口に膾炙したバラッドや物語では、ジャック・ケッチという名は絞首刑執行吏の代名詞として用いられた。ケッチの同時代人であるジョン・ドライデンによると、「部下はただ首を吊るというような単純な仕事に関してはできるかもしれないけれども、上手に罪人を死なせてやれるのは夫だけ、とジャック・ケッチの妻は語った。(20)」人形芝居に関するかぎり、パンチ氏は人々の仇を討ったのだ。脚を作りつける必要がある人形は、パンチ以外では絞首刑執行吏だけだ。なぜなら「パディントン踊りをする」時に（36図）、見てもらわなければいけないからだ。

ジャック・ケッチは家族・国家・宗教という社会を規制する主要な三つの制度を代表する妻・絞首刑執行吏・悪魔の一つにあたる。ジュディとジャック・ケッチと悪魔の三役は、長い年月にわたって常にパンチと共にあった。メイヒューがインタビューしたパンチ上演者によると、パンチとこの三役とのからみが「パンチ芝居の原型」とのことである。コリアーの本に追加された絵は、その重要性を語っているように見える。うち二枚は上演中の様子を描いたものだが、一枚は正面から見た絞首刑執行場面で（139図、257頁）、もう一枚は背後から見たパンチとジュディの場面である（2図、3頁）。三枚目は柄の長い杓を使って妻と食事をしているパンチを描いており（40図、83頁）、パンチ芝居についてのクルクシャンクの解釈を敷衍しているのかもしれない。そして四枚目（37図）では、パンチに大立ち回りで悪魔を追放させている。

これらのキャラクターは構造的な機能を越えて、民衆の心に多彩な連想をもたらす。異教の儀式は生贄と豊穣を結びつけていた。シェイクスピアは「絞首刑も妻を娶るのも、運命だ」という諺を引用したことがあった。[21]「ヌージング」という俗語は「結婚する」という意味と「首を吊られる」という意味をあわせもつ。また絞首刑判決を受けた者は、結婚式にならう装いを身につける。一七六〇年にタイバーン処刑場の露と消えたフェラーズ伯爵着用の、「銀糸刺繍を施した明るい色の上下服は、結婚衣装だったと云われている。[22]」「パンチ＆ジュディ」が儀式をこのようになぞっているとは云わないまでも、数々の図版や記述を手がかりに、パンチ芝居が人気を獲得していった理由を知るためには、パンチ芝居を育んできた民衆文化に潜在するイメージの領域にまで心を配る必要があるだろう。現在、我々がこのような意味を読み取っているからといって、当時の上演者や観客も同じように感じていたわけではないだろう。このようなイメージの力はしばしば意識下における不安から発している。とはいっても、悪魔がパンチに勝利をおさめた上演で、観客がパンチ上演者にむかって泥を投げつけたのを、コリアーが目撃している。

パンチとジュディのからみは「愛と闘争」を組み合わせたもので、例外なく最終的にはパンチが勝利を手にするにしても、二人の関係の核心にも曖昧なものがある。ブラックマントル云うところの「殉死したジュディの亡霊」につけたロバート・クルクシャンクの挿画（35図）では、ジュディが白装束で登場したことに、復讐者ジュディが由来する。同じくロバート・クルクシャンクによる「パンチとジュディの行い」（34図）では、長い円錐形の帽子

36図
パディントン踊り
ジョージ・クルクシャンク
「ピッチーニの上演」

37図　ジョージ・クルクシャンク「パンチが悪魔を追い払う」

をかぶり、大きな鉤鼻に苦虫を噛みつぶしたような表情を浮かべたジュディは、まるで魔女のように見える。しかしながら、この素晴らしいスケッチの眼目は、赤ん坊である。赤ん坊は「まぎれもない家族の徴《しるし》を負い」、仰ぎ見る観客めがけて、まっさかさまに放り投げられる。ピッチーニ上演の赤ん坊が、丸顔で腕も短かった（38図）のとは対照的であり、初期のパンチ芝居が多彩であったことの例証となるだろう。

　ピッチーニの上演では、ジュディに対するパンチの態度は、ポリーの存在に少なくとも部分的には左右されてい

38図
ジョージ・クルクシャンク
「ピッチーニのパンチが赤ん坊を舞台から放り投げる」

る。ポリーは他の上演記録には見当たらない。メイヒューがインタビューしたパンチ上演者は、一八二五年に仕事を始めたらしいが、「ポリー嬢というのは……パンチの愛人で、お蚕づくしのぜいたくななりだ。ポリーと一緒にいるパンチを、ジュディが目撃したことから一悶着おこる」と語っている。[23] ピッチーニのポリーは、踊ってパンチのキスを受けるだけだが、一七九五年頃の上演では、鐘を鳴らすパンチに抗議する紳士の娘が、ポリーという設定であった。パンチはその紳士を殺め、そしてコリアーは、レディー・アンへのリチャード三世の求婚にならって、パンチのポリーへの求婚場面を文学趣味豊かにつくりあげている。この台詞の信憑性は不確かだろうが、「パンチとポリーと子犬の芝居」[24]に言及したスコットランドの資料があるので、ポリーの出番が他の上演にもあった証拠となる。『乞食オペラ』のポリー・ビーチャムに由来するというのも、ありそうなことだ。もしそうなら、これまた危うく絞首刑を逃れるマクヒースとパンチを比較する誘惑にかられる。

ブラックマントルが示唆するように、再三にわたって登場するジュディの幽霊がパンチの罪を絶えず思い出させることで、パンチとポリーとの関係は牽制される。ノーボディと通常呼ばれている骸骨（ただしメイヒューがインタビューしたパンチ上演者は、ピッチーニ上演での廷臣をノーボディと呼んでいるようだが）とも関係するが、幽霊はパンチを超自然的なものに遭遇させる。このように肉体を持たないキャラクターは、多くの上演者がそれまで保っていたものに潜んでいた別次元を付け加えている。

ヘクターというパンチの馬はピッチーニの上演に登場したし、またブラックマントルも『ポケット・マガジン』も言及している。コリアーは、パンチがロバのレースで優勝する場面のある上演について語っている。十九世紀を通じて馬が登場した上演を少なくとも幾つかは挙げることができる。一八五一年に、ある人は「蹴りで有名なパンチの馬」[25]について記している。十八世紀にはマリオネットのパンチは、本物であれ人形であれ、さまざまな動物に騎乗したものだが、これとは話は別である。むしろ曲馬芸に基づいて、当時新しく開花しつつあったサーカスから直接発想を得たと考えられる。たしかに一八〇〇年以前にも、アストリー曲馬劇場で、馬上のパンチの姿を見ることができたし、ずっこけて落馬する道化は人気のある見世物であった。

パンチが落馬すると、医者が登場する。医者は民衆劇の医者役につらなると云われており、たしかにお粗末な喜劇の場面のように、医者は死んだ主人公を蘇生させる。しかし当時の医者を直接的に諷刺した気配もある。というのは、医術の修行には主に処刑者の死体が使われるので、この点で絞首刑執行吏を人々に連想させた。そのうえ多くの医者は、貧しく病める者たちの面倒をみるよりも、ジェントリーとして社会的成功をおさめようとしていた。また、医者の科学的な態度は、縁日の薬売りや民間の「智恵」者の地位を脅かすものであった。「医者の頭に一撃加えられるごとに。アンコールと叫ぶ大衆を見ても、まったく驚かなかった」[26]とスミスは述べている。

キャラクターとしての黒人は、お仕着せ姿の召使であろうと不可解な「シャラバラ」であろうと、奴隷制や黒人下僕の雇用との関連において考察するよりも、エキゾティシズムの現れと捉えるほうが適切である。一七五八年にダブリンで上演されたマリオネットでは、ムーア人の貴婦人が踊ったり、一七七六年には「ムーア」踊るところのスペイン舞踏サラバンドが人形芝居の定番であった。

（コリアーによると）一八二〇年代に特有な上演場面としては、ピアス・イーガン作『トムとジェリー』にならって、パンチがうたた寝する夜警をやっつける一場面や、ジョン・プール作喜劇『ポール・プライ』（一八二五年）からとった一場面がある。ポール・プライは世話焼きのお節介屋で「お邪魔じゃなければいいんですが」とお邪魔する。パンチが満更でもなさそうな娘に云い寄ろうとするまさしくその時に、ポール・プライが「お邪魔をし」、その結果頭をぶち割られる場面を、コリアーは記録している。おそらくこれはコリアーのバラッド『パンチの戯れ』に登場する世話焼きな姑の翻案であろうと考えられる。また、場面が展開するごとに、ろくろ首人形のように少しずつ首が延びて頭を突っこみ、パンチが何をするところかを尋ねるノージー・パーカー夫人にも関係するかもしれない。『ポケット・マガジン』誌によると、「債権者」や「お役人」が登場人物に入っているが、その役割については詳しくは述べていない。またピッチーニの上演には盲人も登場したが、「エジプトの砂で目を痛めた」という台詞からも、同情をかわないキャラクターを理解することができる。かの地で英国陸軍はナポレオン軍と戦ったが、多くの乞食は退役軍人を装ったのだ。

もちろんパンチが主役であった。ホーンはパンチを「陽気で磊落、自己充足している[27]」と述べている。フォン・ピュクレー・ムスカウ公によると、パンチは「その名のゆえか、ラム酒やレモンや砂糖なんかでできている……エゴイストの極致、無敵の陽気さですべてを制覇し、法律であれ人であれ、悪魔までも嘲笑う」ということだ。『ポケット・マガジン』誌の寄稿家のパンチ像は「真のデモクリトス、世界と世俗の快楽を嘲笑する賢者、誇り高い侮蔑をこめて非難し軽蔑している。」ブジャーズディッキウスという匿名詩人は「才気と智恵がパンチにはともに備わっており」「どんなしかめ面をもにっこりさせる[28]」と同調している。フォン・ピュクレー・ムスカウ公にとっては、パンチは英国性の典型であり――「イタリアのプルチネッラとは全然違う。」スミートンにとっては、パンチはより広範な「人間性」を代表している。

パンチは気分屋で、あまりにも粗暴で喧嘩早く、死すべき運命についてはトルコ人のように気にかけない。とは云っても――その快活な精神や大胆不敵さに加えて、才知は欠点を補って余りあるではないか……？　パンチはたしかに倫理的人格ではない。しかし、これほど偽善と縁遠いものが、かつてあっただろうか。

このように文筆家たちにとってパンチの暴力性は、ほとんど問題にならなかったようだ。ブラックマントルはパンチを「独断的かつ独善的。やれるものならやってみな式の悶着屋」と呼んでいるが、この表現は忘れがたい。また『ポケット・マガジン』誌の寄稿家はパンチが引き起こす「力強い破壊」を楽しみ、パンチの手にする棍棒は職杖なのか警官の棍棒なのか決めかねて、パンチが敵の「頭をかち割る」時に「腹の皮が捩れるほど笑うことのない者などいるだろうか」と問うている。この寄稿家にとっては「パンチのオペラ」こそが「この世で唯一の完全なる演劇」であって、公開処刑や懸賞試合や「出征」という大衆にとっての娯楽の材料を「優雅に組み合わせ」た「昔ながらに「変わらぬながら」も古びず、楽しく、また新鮮なものであった。ハズリットは、どんなに出来の悪いパンチ芝居でも「人間生活の笑劇性や仰々しい儀式性」を味わうことができるし、「親指ほどの大きさで顔は極彩色に塗られた、つぎはぎだらけの衣装の人形三体が、きどって歩き、叫び、喚き、歌い、踊り、お喋りし、威嚇し、お互い頭を殴り合い、威張り散らし、そして『いまいましいほど人間性を模倣する』[29]」と述べている。

パンチ上演者については、これらの文筆家たちも多くのことを語ってはいない。『モーニング・クロニクル』誌は、パンチの「旅回り芸人の無知と無能[30]」について意地悪く語っている。ブラックマントルは、それほど手厳しくはないが、「パンチ氏の箱舞台一式には何か異様で途方もないところがある」と述べている。これをブジャーズディッキウスは「高くかかげられた、あの奇妙な幕布のかかった箱、長い四本柱で囲われたもの」[31]と描写した。『文芸鏡』のエッセイストはピッチーニを回想して、「がっしりして顔立ちは整っているが、スモックのような服を着て、犬毛帽子をかぶった田舎者じみた若者が」上演したパンチ芝居を一八二〇年頃に観たと書いている。

ロバート・クルクシャンクが描いた集金係《ボトラー》が何人か伝わっている。いずれも年齢は中年までで、喇叭を吹くので頬を膨らませ、たいてい山高帽に派手なタイを締め、トッパーコートの下にはチョッキを着こみ膝丈のブーツを履くという目立つ格好をしていた。作者不詳ではあるが、当時の水彩画（39図）によると、女の集金係《ボトラー》もいたようだが、たぶん上演者の妻だと思われる。『ポケット・マガジン』誌は上演の開始にあたって、パンチ相手に早口にまくしたてる「ぼろを着た老いぼれ爺い」についてふれている。メイヒューがインタビューした人物は一八二五年に集金係《ボトラー》として出発したが、この仕事をさしてしなかったようだ。

その頃は、たしかにあまりお喋りは必要じゃなかった。まあ登場するキャラクターを呼び出すことぐらいだが、これも親方が舞台裏から「きっかけ」をつけてくれた。[32]

『ポケット・マガジン』誌によると、上演が終わると「年老いた案内係」が脱いだ帽子を差し出したが、「心付けを強要することはなかった。」「懐中に小銭を持っていない人間は」無理にお金をださなくてもよかった。ハズリットも「ただで」見たという。こんなことは本来ありそうにないことだ。ブラックマントルは「帽子の深さ半分位までが……上機嫌になった観客が出した心付けの銅貨で一杯になっていた」と語っているが、マリゴールド長老議員が先週一シリングやったから、その窓の下で上演しようとするパンチ芝居、というほうが実態に近いのではないだろうか。そして終演後には、「この長老議員殿は太鼓腹をゆさぶり笑いながら、またシリング貨を寄進する」のであった。

一八二〇年代には「パンチ&ジュディ」芝居はたしかに商売として成り立っていた。ピッチーニは「日に一〇ポンドの実入りがあり、国でも一流の紳士であるかのように、鶏料理にワインをつけてゆっくり食事をした……」[33]ことで名高い。コリアーは一回の上演につき二シリングから四シリングの稼ぎがあると算段している。もし夏場に、日に一〇回も上演すると、結構な額が稼げるというわけだ。ひどい不況の時代にあっても、パンチ芝居の興行が経済的に採算がとれることが、他のいかなる理由によるよりも、一八二〇年代をパンチ上演者の黄金時代にしたのだ。そしてまたこのことから「パンチ&ジュディ」は色あせることのない不滅の輝きを保証されたのだ。

39 図　作者不詳 水彩画「田舎でのパンチ」
1825 年頃

40 図　ジョージ・クルクシャンク
「パンチとジュディの食卓」

第五章　ディケンズとメイヒューの時代

The Age of Dickens and Mayhew

［大英帝国を代表する二人の文筆家、小説のプロットに「パンチ&ジュディ」をからませたチャールズ・ディケンズと、大都市ロンドンをルポルタージュするなかで、パンチ上演者にインタビューしたヘンリー・メイヒューを紹介し、記述のなかのパンチ芝居を堪能する］

一八三〇年から一八四〇年代初頭にいたるまでは、英国史上最も政治的・社会的混乱を極めた緊迫した時代であった。(1)

産業革命の第二波［一八六〇年—一九〇〇年頃に、重化学工業中心にシフトした変革］を受け、被支配者層はさまざまな権利の「憲章」を要求した。ところが、資本家たちはこれをないがしろにし、階級間の対立は、いきおい研ぎすまされた。文化の領域でも下層階級の娯楽に、またもや矛先が向けられた（41図）。「お前の云うことなんぞ信じはせん。旅の見世物師ごときはどんな嘘でもつくからな。……とっとと失せろ！」(2)と地方役人に云われたのは、ジョージ・サンガー「卿」の父親だけではなかろう。旅芸人なら誰でも、一度は味わった屈辱だろう、と察しがつく。新しい法規制は、旅芸人を脅かすことになった。一八三九年の首都警察法のごとく、迂遠な方法で警察を強化し権限を強めたのだ。シブソープ大佐［チャールズ・シブソープ（一七八三年―一八五五年）の通称］は典型的なトーリーの国会議員であるが、「このように不愉快で高圧的な法案が国会に提出されたことはなかった」と抗議している。「縁日での箱舞台や移動舞台、その他の興行すべて」を厳重に一掃する件に関して、シブソープ大佐は「女王陛下の僕《しもべ》が小魚のフライで始まる正餐［国会の閉会の頃に、有力政治家としての栄誉を称えられる慣習］に列席するためにブラックウォールに行くのも、人が縁日で楽しむのも、人間として同じ権利ではないか」と問いかけた。貴族院ではエレンバラ議員が、第四二条について懸念を表明していた。「公道ではいかなる音もたててはならない、と云うならば、……しからば教会の鐘も鳴らせないということになる。この法案が通過すれば、ただちにパンチも、また、それに類する娯楽も、すべてそこで終わりとなるだろう」が、「パンチと教会の鐘を救う条項を盛りこむことは、大変困難であろう」と悲観していた。他方、ハディントン伯爵は、「折にふれ街頭で目にするささやかな見世物、とりわけ不滅にして高名なパンチ芝居をやめさせる力を警察に与えることが、この法にできるのだろうか」と疑問を呈し、攻撃を加えた。政府代表のダンキャノン子爵は「法案の条項からすると、興行に介入する権利はたぶん警察のものとなるだろうが、不適切に行使されることのないように地方行政局が監視することになろうかと思われます」と力なく答えるのみであった[3]。法案を半分通過させて半分つぶせば勝利だと考えて、チェルトナムのパンチ上演者に「パンチの首を救ってやったぞ[4]」と云ったのは、ど

41図　際立つ階級差　1842年
フィドラーズ侯と娘たちが農民のあいだに

うもエレンバラ貴族院議員らしい。

地方行政局は、ダンキャノン子爵の答弁に気を良くしたかもしれないが、実際、新しく組織された「巡査《ピーラー》」たちが、自負心を増大させていたのは確かなようだ。芸人というものは、たいがい街頭で芸を披露して暮らさざるをえないものであり、こうむった被害は大きかった。メイヒューがインタビューしたパンチ上演者は、警察について次のように述べていた。

いい人もいれば高飛車なのもいた。だがたいていは、わしらには親切だった。いろいろと気を使ってくれた。それは嬉しかったよ。そりゃあ連中には嫌われんほうがいいもんな。丁寧に相手しとけば間違いはなかったな。[5]

実際、パンチ上演者をふくめ芸人たちは、できるだけ要領よく振る舞わなければならなかった。ディケンズ『マーティン・チャズルウィット』のペックスニフ氏のように、「パンチ芝居の利口な家人が頭を棍棒でぶちのめされるのを避けるために、ひょいと引っこんだり、またすっくと現れたりする」[6] 必要があった。

都市部、特にロンドンが加速度的に膨張するにつれて、興行で身をたてようとする人間の数も激増した。メイヒューは『ロンドンの労働とロンドンの貧民』においてお涙頂戴式の窮状で、感傷的な願望にとらわれ、窮余の策としてチャーティズム運動に身を投じる人々の姿を伝えている。ジョージ・クルクシャンクが、一八三七年に描いた一枚の画（42図）では、孤軍奮闘あるいは一座を成しての興行が七つも八つもあり、人寄せに鳴り物を使うなかで、パンチ芝居もやっている。太鼓を打ち鳴らし、パンパイプを吹く集金係《ボトラー》に、パンチ氏が不安げなまなざしを投げかけているのは、自分の上演がこの喧騒のなかで人目を引き、観客を十分に獲得できるかと、形勢の不利を気遣っているかのようだ。街頭上演をとりまく雰囲気は、以前の絵とはずいぶん異なっている。当時の俗謡歌手兼興行師が、

42図　ジョージ・クルクシャンク「11月——聖セシリアの日」1837年

「パンチの凋落」を嘆いたのも無理もない。

君の友だちパンチ君、
駱駝みたいに瘤があり、
ポンプの取っ手のような鼻、
それで餓鬼ども驚かせ、
……
やってきたのは
落ち目の境遇語るため、
そしていまわのきわの遺言を聞かせるため。
……
思えばぶったまげるよ、
金儲けは楽じゃない、
ソブリン金貨はまばらで、
銀貨は握りしめられて、
昔なら何ポンドも稼げたところが、
今じゃ銅貨もいただけやしない。
……
ジュディの衣装は新調時期で、

教区吏の鼻は折れちまい、
腹こわしの医者スクワートは衣の替え時。
トービー犬は疥癬病みで、
四つあしで這うのもおぼつかない。

ジャック・ケッチは最悪の事態、
悪魔も呪われるという、
こんなに冷たい天気に我慢していたら、
そしてとりわけ、
パンチが脚で、
いや棒切れで立つのもこれで最後か。
下に見える人々のほうに、
すぐにも行くのさ、
もし、この街頭に救いの手がないのなら。(7)

サウジーが侮蔑的に云うには、一八三〇年代の「パンチ&ジュディ」の登場人物は四人かそこら——パンチとジュディと悪魔と医者、「ときには医者のかわりにおまわりさん(8)」で「人物だけでなく所作にも、ほとんどヴァラエティーはなく」、十八世紀のマリオネットに比べるとずいぶん見劣りすると述べている。一〇年後には、ストーン夫人も同じ趣旨のことを書いている。

今となってはほとんど忘れられているだろう。つんざくような奇声と、それに続く子どもたちの歓声を耳にし、びっくり仰天したことを。色褪せた緑の幕布を掛けた、脚長の何とも形容しがたい箱舞台を担ぐ顔色の悪い髭面の男を、子どもたちの一団が嬉しそうに取り囲んでいるのに街角で行き当たり、さては「パンチ」とほぼ本能的に察し、足を止めたりしたことを。もはや落ち目となったこの一党の先祖が百年も前には我らが祖先の流行人士にもてはやされていたとは、今の人には思いもつかないことだろう。(9)

一八四三年以前に劇場を規制していた法律も役にたたなかった。なぜならば、許認可権保持者は自分の管轄から、他の見世物を巧みに追い出したのだ。グラスゴーのJ・H・アレグザンダーがその好例である。

> 街頭芸人、パンチ＆ジュディの人形たち、実際なんであれ許認可権を侵害しようとするやかまし屋には、すべて災いあれ。アレグザンダーは、床屋の店内で芝居をした者に訴訟を起こしたことで知られている。(10)

しかしながら、「パンチ＆ジュディ」は独自の領分で生きながらえた。一八三二年には、ある著述家が、パンチは「およそ人の行き交うところに現れる御神託所……揺籃から墓場まで、あまねく人々の娯楽」(11)と断じていた(50図、101頁)。また「警察権力は撲滅しようとしているが……パンチは今も我々と共にあり、我々の一員である」(12)と一八四一年には書き残されている。おそらくこの時代の大衆文化を典型的に現わしているのは、「サム・ホール」のバラッドだろう。サム・ホールは自らが手にかけた者、教区牧師や妻、そして絞首刑見物に集まってきた人々に対してまで悪態をついた、傲岸不遜、改悛のかけらもない殺人者である。

43図
ジェームズ・キャトナック『パンチ＆ジュディ』チャップブック
1830年代初期　パンチは新しく組織化された警察権力と対峙する。

さてさて鐘の音が聞こえるぞ、
あの弔いの鐘は俺のため、
皆さま方とは、また地獄でお目にかかりましょう、
皆々さまが上手に焼かれることをお祈り申しあげまする、
何見てやがんだ、こん畜生[13]！

これはいわゆる「いまわのきわの告白」〔公開処刑見物客をあてこみ、処刑の前に刷りあげられて販売される大判刷物の一形式〕という「ジャンル」を逆手にとっている。口承文芸ということで、当然言葉はどぎつくなっている。この唄と「パンチ&ジュディ」の親近性は云うまでもないが、絞首刑に材をとったバラッドのたぐいも極めてありふれたものであった。一八四九年には、当時の凶悪犯ジェームズ・ブルームフィールド・ラッシュについてのバラッドが、二五〇万部も売れ、ラッシュがノリッジで処刑される時には、見物人をロンドンから運ぶ列車が特別に仕立てられたという。

この時代には、バラッド・シートや大判刷物ならびに

44図　H. アルカン「縁日のパンチ&ジュディ」1834年

チャップブックの出版が急増した。「いまわのきわの告白」は、その一形態にすぎない。ロンドンのセヴン・ダイアルズにあったキャトナックのような出版社が、主に鉄道の新規敷設の恩恵をこうむって、史上初めて全国的な販路の獲得に成功した。購買者層を下層階級にしぼりこみ、題材を広く求めたが、その中に「パンチ&ジュディ」も含まれていた（43図）。チャップブックの例をあげると、『シニョール・ピッチーニによって演じられる惜しみない拍手をあびたパンチ&ジュディの喜劇』、デヴォンポートのキーズによって出版された『パンチ&ジュディのまじめな喜劇』、オトリーのウォーカーによる美装版「優美な版画入り」『パンチ&ジュディの数奇な物語』などがある。実際のところは、絵はたいてい稚拙で、ストーリーは大仰なへぼ詩で語られていた。しかし、このようなチャップブックが複数発行されたことからも、パンチを洗練されたハイ・カルチャーではなく、民衆文化に位置づけることができる。

「パンチ&ジュディ」の上演には縁日が、おそらくまだもっともふさわしい場であっただろう（44図）。一八三一年に、ある著述家はパンチ芝居を「縁日の民衆オペラ」と呼び、ジュディについては「ドニブルックやバーソロミュー・フェアの香具師《マウンテバンク》の箱舞台で、喚いたり喧嘩したりしている」[14]と述べている。また、サウジーにとってパンチの声は「町の喧騒、祭の乱痴気騒ぎにつきもの」[15]ということだ。この時代に、「スワッチャル」の仇名で呼ばれたパンチ上演者がウムウェルの巡業動物園について回っており、一八四五年のトルロウの縁日で、

こちらではにわか舞台で悲劇の紳士たちと飾り立てた婦人たちが練り歩くお定まりの演目を上演中で、またあちらではパンチとジュディの夫婦喧嘩の喚き声と殴りあいを群集が喜んで見物していた。[16]

しかしながら、上演の機会は徐々に減ってきた。一八四〇年にはバーソロミュー・フェアでの芝居上演は全面禁止となった。あるバラッド作者は自らをパンチになぞらえて、次のように抗議した。

我輩自身に関しては、ほとんど語る必要もありますまい
　この憤懣にはわけがありまする。
悪魔との戦いは昔ながら、
　というわけで聖者さまたちの御不興をかってまいりました
可愛娘ちゃんにしてもきっともう嘆くまい
　我輩がにっこり笑ったならば、
我輩の慰みを邪魔するようなくそったれはくたばっちまえ！

　やつらのにきび面に一発お見舞いすりゃよかった。

我輩の犬がこの鼻にくらいつくと、
　満場の笑いをとることができる！
犬は習い性のお楽しみを奪われて、
　いまじゃ雑種のように尾をたらす。

さてさてどこに我輩のでかい瘤を隠そうか、
はたまた大鼻を見せつけようか――ああ！　どこに？
かのビリー・シェイクスピアもパンチも
市長さまにスミスフィールド市場からも蹴りだされたのだ。

なんて馬鹿げたおふれ、
　我輩を深刻、沈鬱にしちまったなんて、
もしパンチの言葉だけを信じるならば
　――まったくもってお偉いさまがジュディになったようなもんだ！[17]

フロックトンやサンガーと並ぶ大規模な巡業興行師ウィリアム・バッティーは、パントマイムを公演したことで訴えられた一八四二年に、法廷で「もし台詞だけなら見世物が演劇になるならば、道化は調教師と冗談をとばしちゃいけないし、パンチがその殿堂の外にいる客寄せの鼓手に話しかけることもできないんじゃないか[18]」と述べ立てた。旅の興行師は浮き沈みの激しい生活を送っていたが、また独特の連帯意識もめばえていた。文筆家D・P・ミラーが、ある夜遅く、とある納屋にまぎれこんだ時に味わったように。

何かに躓いたと思ったら人間で、「おい！　一体どうしたんだ？」と怒鳴る。私は「いやあ、ねぐらを求めてやってきただけのつまらん者です。このあたりには不案内なもので。なんの悪気もございません」と答えた。「それなら、さあ、横になって休め」とさっきの輩がこたえた。

朝になって、ミラーは芝居の背景道具に囲まれていたとわかった。「座長はどこかと尋ねると、パンチ用箱舞台の枠組からひょっこり現れた小男に引きあわされた。それをテントのように組み立てているところだったのだ。」その「パンチ上演者」は作業を続けて見世物小屋を仕立てあげようとしていた。朝食後には、座長と団員たちは舞台を設置して、「夜警用警報具」で呼びこみを始めた。「それから座長はパンチ＆ジュディを取り上げて、縁日ではずっと上演していた。」明らかに、これはフロックトンの「小さな移動劇場」運営の手順であった。「四時頃に座長が納屋に戻ってきた。パンチ＆ジュディは今日は大いに受けたらしい。」ついていないことに芝居のほうは、さほど評判は芳しくなかったようで、がっかりしたパンチ上演者は舞台道具を売り払い、出発した。おそらくは人形芝居を続けていくためだろう[19]。

このような事態は、一八五〇年に至るまでの二〇年間における「パンチ＆ジュディ」上演者たちの、いわば典型的生活とみなしてもさしつかえないだろう。パンチ芝居には、たしかな市場があり、商売として成り立っていた。ディケンズの『ニコラス・ニックルビー』で使者が遅れたのは、「パンチを二つ追いかけていたから[20]」であり、また、『ドンビー父子』では、陰気なドンビー氏の屋敷前の舗道にさえ「パンチ芝居が迷いこんでくる。[21]」しかしメイヒューが一八四〇年代にインタビューした人物のごとく、パンチ上演者は「他の興行師や物乞いよりも格が上だ」と自負していたが、商売が落ち目だということは明らかに自覚していた。「これは実入りのいい商売だったが、連れのなかには救貧院で死んだのもいるし、……いずれはわしもそうなるかな」（傍点はメイヒュー）と語っている。[22]

当時のパンチ上演者の生活ぶりは、ディケンズ『骨董屋』に活写されている。ディケンズは「パンチ&ジュディ」に魅せられていたのだ。初期の小説三作には「パンチ&ジュディ」に対する言及がもれなく見つかるし、つづく第四作『骨董屋』に登場するショートとコドリンは、ディケンズがウィンザー・オールド・パークで出会った二人づれの上演者にもとづいている。ディケンズはその二人と言葉を交わし、上演を注文し、ソブリン金貨を一枚与えたらしい。また後には、エガムの競馬で再会している。

45図　街頭のパンチ上演者　1841年

『骨董屋』では、まず、二人は夕方に教会墓地で人形を修繕していて発見される。この場面のジョージ・キャタモールによる挿画は、パンチ芝居に卓抜な図像的解釈を一つまた付け加えることになった（46図）。ショートは人形に新しく髪の毛を留めつけている。かたわらでは、コドリンが絞首台を紐で修繕している。競馬をあてこんで出向く途中で、一夜パブに宿をとる。（ショートによると「安いから」ということだ。）競馬場のある町に着くと

46 図　ジョージ・キャタモール「教会墓地で発見されたショートとコドリン」

簡易テントで眠る。人形遣いのショートは、肩から人形一式をかけ、手荷物はひとくくりにし、喇叭を手に道中先導する。集金係《ボトラー》のコドリンはといえば、箱舞台を背負い「とぼとぼ歩く。」時に休憩のために足を止め、頃合いを見はからっては上演を始める。それも、かなり頻繁なことのようだった。

実入りのばら銭の多寡を見極め、我らが英雄パンチが人類の敵に最終的に勝利を収めるまでを、てっとり早く片付けるか、はたまたもったいつけるか、上演時間を決めるのはコドリン氏の責任だった。最後の一銭にいたるまで掻き集めると、荷物をまとめ、また再び行程を進むことになった。[23]

彼らの通常の巡業地は、冬から春にかけてはロンドンの東、夏には英国の西部と決まっており、「縁日や市や競馬など」の予定にあわせて計画的に移動した。競馬場では観客の気を引くために、ショートが喇叭を吹き鳴らしパンチの声音で喚きたてながら、コースを練り歩く。コドリンはといえば、これまたフロックトンの「小さな移動劇場」よ

47図　ジョージ・キャタモール「独身紳士の居間でのショートとコドリン」

ろしく箱舞台を背負って後をついていく。そしてレースの合間に競馬場のあちらこちらで上演した。このような生活での仲間といえば、これまた流浪の芸人、「グラインダーのやつら」、竹馬使い、ジェリーと芸当犬、巨人と小人をつれたヴァフィン氏、それに醜い手品師スウィート・ウィリアムなどであった。それからジャーリー夫人もいた。この移動蝋人形館の女座長にとって、パンチは「下等で味気ない卑しいやつ。見れば軽蔑したくなる」ものであった。

ショートとコドリンは窮乏していたわけではない。だが競馬の日に、上演一回で五シリング一〇ペンス集まったときは、まれに見る儲けとして記憶されている。また、とある宿屋で夜の部が終演したあとで、コドリンが蝋燭の燃えさしを拾っている姿が描写されている。独身紳士の居間にいる二人の挿絵（47図）では、この二人が非常に居心地が悪そうで、二人がともに暮らしてきた巡業生活の不安定さを巧妙にほのめかしている。

彼らの上演については垣間見るだけである。コドリンはパンパイプを吹きパンチと応酬する。ショートは「荒々しく六尺棒使いのように、乱闘に無我夢中のうちに人形たちを箱舞台の側面に打ちつける。」「コートに金のレースをつけた」「おせっかいな馬鹿者」教区吏の悪ふざけが原因で、一座は場所を移さざるをえなくなった。かつてはショートにトービー犬として務めたテリア犬が、人形の箱に吠えたてる。小説中では、ショートの上演にトービー犬は登場しない。パンチ、ジュディ、赤ん坊、木馬、医者、絞首刑執行吏、悪魔、それに「急進派の隣人」と『シャラバラ』を三度はっきりと唱えることでしか意思表示できない異国の紳士」で構成されていた。パンチは小説に初めてお目見えするとき、「墓石をまたいで座っており……あいかわらず鼻と顎はしゃくれ、満面輝かしい笑みを浮かべていた。」後にはパンチは「麗々しい墓碑銘を帽子の先っぽで指し示し、心底それを笑いとばしている」ように見えた。ショートの上演ではパンチは「脚の格好が良く、絹の靴下が映えるということで、観客を感心させる一瞬がある。」宿の庭にいる人たちは「あの陽気な無法者」を愛し、人々は一座の「横笛に太鼓に叫び声」を追いかけ、ついていく。そして、いざ上演が始まると、パンチ芝居は「見るものすべてを魅了した。」

小説から最終的には省略されてしまったが、『骨董屋』のある一節で、事務員のディック・スウィヴェラーは次のように語っていた。

自然に向けて鏡をかかげ、美徳にはその姿を、悪魔にはその歪みを、という次第で見せるためには、パンチはほぼ最上といってもよかろう。イタリア・オペラ座のバレーについで、国民的芝居として。(24)

スウィヴェラーの性質には、いくぶんパンチに似たところがある。めげない陽気さ、しばしば自己を劇的にする性向、呑気な怠惰ぶり、因習や法の束縛を拒むところなどだ。スウィヴェラーと地下室でひもじがる女中との関係を、ディケンズが書いた恋愛関係のうちでも最も記憶に残るものにしたのは、スウィヴェラーの想像力である。「もっと本

48図　エイブラハム・クーパー「奇妙な犬が出ている」1865年

当らしく楽しいものにするために、あなたを侯爵夫人と呼びましょう」とスウィヴェラーは語りかける。彼が病の床から回復したときにも、女はかたわらに付き添っており、想像の世界が現実となり、道化は英雄になっていた。スウィヴェラーがパンチの道化ぶりを体現したのと対照的に、パンチの他の性質——不具、醜さ、暴力、妻への虐待、狂気の馬鹿笑いなどを、取り入れて設定されたのが、邪悪な小人クィルプである。クィルプは至るところに突然姿を現して人を驚かせ、犬と争ったり、死んだふりをしたりする。悪魔はパンチにとっては挑戦相手だが、クィルプ自身悪魔的である。パンチの冒険に大喜びの人々も、クィルプには感心しない。クィルプはパンチの欠点が極端にあらわれた存在で、パンチの新しい形と云われたこともあるが、そうではない。クィルプは悪漢になりはてた道化なのである。

ディケンズはその後の作品でも、パンチ芝居からのイメージを引きつづき用いていたが、英雄としてのパンチと悪漢としてのパンチという二面性を融合することは、決してなかった。『非商用の旅人』での田舎犬の困惑は、ディケンズの困惑を反映したものかもしれない（48図）。

49図　メイヒューがインタビューしたパンチ上演者

箱舞台が設置され、トービー犬は幕の後に控え、観客が集まり、太鼓や笛が鳴りはじめた。わが田舎犬は動ぜず、これら一連の不可解なものの出現にじっと見入っていた。ついにトービー犬が張り出し舞台に登場して芝居が始まり、ついでトービー犬にパンチが加わりトービーの口にパイプをくわえさせた。この光景に田舎犬は呆れ果てたように首を振り、恐ろしいうなり声を一声あげてから真西に向かって逃げ去った。(25)

一八四〇年代にヘンリー・メイヒューがインタビューしたパンチ上演者（49図）と、ショートやコドリンの生活ぶりは、大いに似かよっていた。ただディケンズが田舎を巡業してまわる興行師を描き出したのにたいして、メイヒューのほうはおもに都市の街頭での上演についてインタビューしているので、二つをあわせると、幸いなことに包括的な像が浮かびあがってくる。メイヒューのインタビューを受けた人物がショートのモデルになったというのはありそうにないが、キャタモールが描いた挿画のモデルは自分だと言い張っている。「まあ同類ってこった。ジョーはご存じの姿を見て、まったく見た通りに描き、今、印刷でお目にかかるような、人形があたり一面の墓石に散乱しているようなのができあがったのさ。(26)」この上演者は「小柄で浅黒い愛想のよい男で、油じみてテカテカ光る緑色の狩猟服を着こんでいた……前釦一つで留められており、他の釦穴はすでに裂けてしまっていた。」従僕をしていたが、失業したところを友人に勧められて、一八二五年八月に「パンチ&ジュディ」を始めたという。彼の親方は「一週間に一二シリングくれることになっており、二年は雇うと請け合ってくれた……わしの仕事は道具一式を運ぶことと集金して回ることだった。」初仕事はグレイズ・インでだったが、「人だかりがすると、すっかりあがっ

50図　ジョン・ウィカム・アーチャー「パンチ＆ジュディ芝居」1846年
「およそ人の行き交うところ大通りにも横丁にもあらわれる過去の名残り」

ちまって、人のほうではなく舞台の方を向いちまった。」とはいえ、彼は立ち直ることができた。おそらく親方がジンをしこたま飲ませたからだろう。そして八シリングを集金できた。「お前さんならうまくやれるよ」と口数の少ない親方が云ってくれた。その後ついにピッチーニの道具を一式手に入れて、自分で上演するようになった。

初めて自分が上演したときは……また、これまでにないほどあがっちまって……言葉を出すにも、人形が震えないようにするにも一苦労だった。最初の唄を始めたときには声が震えて、一幕の終わりまでもたないかと思ったぐらいだった。

インタビューでうかがえるかぎりでは、彼は自分の上演こそが最高だと信じこんでいるふしがあり、皮肉っぽいが気の利いた云い回しを使っている。たとえば、「開闢以来いまだかつてお目見えしたことのない逸品。さてさて、紳士淑女の皆さま、勿体ぶっていると思う向きにはご勘弁のほどをお願いいいたしまする」などという調子で、観客相手に上演前にはお喋りしたらしい。そしてパンチが医者に「薬」を与えられたときには「ああ、これは気の利いた芝居だ。皆さま、こんなに巧い上演は面白くって為になる。わしはまったく教訓を引きだすのが上手いもんだ。ほーらな。」彼にとって「パンチ&ジュディ」は「この世で最も偉大かつ珍奇な見世物で、大昔から何百年ものあいだ継承されてきたものだ。」この見世物の背後にある伝統に自覚的であったことは、彼の上演の強みとなった。彼はピッチ―ニやパイクについても聞き及んでおり、『骨董屋』のことも知っていた。「長年月にわたってお目見えしてきた、オリジナルかつ格式あるパンチ芝居」を誇りに思っていたのは明らかだ。

パンチ上演者の秘密主義的傾向は、ショートとコドリンが人形を修繕するために教会墓地に引きこもったことから察することができるが、メイヒューのインタビューを受けたパンチ上演者にも明らかである。「いい場所を見つけても、お互い秘密にしておくさ。商売は商売だからさ。」なかでもパンチの声は極秘であった。ある人が一八一七年に書き残したところによると、「歯で……ブリキの薄板を挟んで[27]」パンチの声は出すものだと信じられていた。この器具については、メイヒューも説明を加えている。インタビューしたパンチ上演者はこれを「コール」とか「隠れ舌」と呼んでいるが、通常スワッズルとして知られる「小さく平たい器具で、膝用の留め金ほどの大きさの二枚の金属片を、曲げて黒糸で括ったものだ。間に挟んでいる薄い何か(見たところでは絹地)が何であるのかは秘密なのだそうだ。」親方も教えてくれなかったそうで、この上演者は、軟口蓋で器具を操作するのをピッチ―ニから習ったらしい。「これの使い方を覚えるのに六ヶ月かかった。朝から晩まで稽古して、ようやく上手くできるようになったのさ。」

上演者の一日は、朝九時にロンドンの街にでかけることから始まり、暗くなっても働いていた(51図)。ふつうは辻で、完全版の「長公演」なら八回まで、横丁での「短公演」なら二〇回は行った。書き入れ時は、裕福な家庭の子どもたちが乳母に連れられて出かける前の九時から十時までと、正午から三時まで、それに午後六時から九時

51図　ジョージ・シャーフ「街頭のパンチ上演者たち」
（上）1840年、（下）1843年

までであった。週の初めは街頭の商売もまあまあだが、金曜までには観客の大多数を占める労働者たちは金を使いはたしてしまっており、したがって、紳士のお屋敷前の街路で注文上演をする予約を取りつけていたが、これを「ホーダーズ」［「オーダー＝注文」の訛］と呼んでいた。春が一番景気がよかった。とはいえ短期で見た場合の儲けとしては、クリスマスや夏至の頃のほうが良いくらいだった。観客が段々「しまり屋」になってきているという不平は、もっともなことだった。

二〇年前なら通りで一回上演すれば、七シリングも八シリングも稼げることはざらだった。てっとり早く金を稼げたからな。……仕事で当時気に病むことはなかった。けど今じゃ、日に二〇回見せても、その日暮らしが精一杯ってとこだ。ねえ旦那、時代を感じますよ――昔と今は違いますよ。

彼の一番の縄張りはレスター・スクエアということだが、リージェント・ストリートとバーリントン・ストリートの角やオックスフォード・ストリートにも、いくつかお気に入りの場所があった。トッテナム・コート・ロードやニュー・ロード、ベルグレーヴ・スクエアもまあまあだったが、シティはさっぱりだった。「あそこの人たちは、仕事のことしか頭にない。金の亡者みたいで、パンチなんか相手にしないんだ。」といった風で、大道芸人は、当時の階級間の複雑な敵対意識を巧妙にくぐり抜けていたようだ。メイヒューがインタビューした影絵芝居師によると、ポール・ヘリングが「パントマイムの技巧にかけては、この世で一番のパンチ上演者。」すなわち道化の場面で傑出していたということだが、「紳士のお屋敷で上演するには向かなかった」と回想している。また同時に、「階級の上な人ほど気前がよかった」(28)とも述懐している。パンチ上演者は「ほとんどが小さいながらも部屋を持っており、たいてい女房と子どもが一人か二人いて、この商売を仕込んでいた。」彼らは「きわめて愛想がいい」が、どうもうさんくさいところがあった。

どこかの町でパンチ上演者どうしが二人あえば、一緒にしようと相棒を交換し、そして金を分けあう。お互い別々のところに行くが、また夜にはおちあって、ちょっと一杯ひっかけながら和気あいあいと稼ぎを勘定する。相棒を交換するのは、相手がいくら儲けるかをお互い探るためだ。

この男の「相棒」集金係《ボトラー》は妻だったが、インタビューの五年前に亡くなっていた。それにもかかわらず、自分は「この世で一番幸せな人間のひとり」だと自負していた。

おそらく彼は、メイヒュー相手に解説しながら上演をしてみせて、メイヒューは台詞と解説をあわせて書き留めたらしい。「鼓笛隊」役から人だかりを引きつける「よってらっしゃい、見てらっしゃい」式の早口の呼び込みが一通り済んだら、パンチが歌ったり、掛け合い問答をしたりしながら登場する。パンチはジュディを呼び、その顔を軽く叩く。ジュディはパンチの頬をぴしゃっと打つ。二人は接吻する。「なんて愛らしい君の唇！」とパンチはいう。「これは甘美な瞬間だ。」ジュディは赤ん坊を連れてくる。赤ん坊が泣くとパンチは窓から放り投げてしまう。ジュディが戻ってきて、起こったことを把握すると、棍棒を持ってくる。二人は喧嘩になるが、きりがないのでジュディは教区吏を呼びに行く。教区吏とパンチがやりあいながらの台詞はたいへん猥雑で活力に溢れ、リズムとユーモアがきわだっている。

こりゃいいわ。
こりゃもっといいわ。

こりゃ傑物。
こりゃ殴る人。

例の「陽気な道化」ジョーイが登場し、パンチを小突いたり、からかったりしながら踊りまわるが、ついにはパンチがジョーイをぶちのめしてしまう。その時ジム・クラウがミンストレルの唄をうたいながら登場する。ジム・クラウとパンチが一戦まじえ、ジム・クラウがパンチの目を蹴って、あわてて逃げ去る。そこにジュディの幽霊が、パンチの背後に現れる。「パンチはガタガタと震えだし……ついに、狂気の発作におそわれたかのように倒れ」医者を呼びつける。「やあ！　パンチ、あれ、死んじまったか？　死んじまったのかい？」と医者は尋ねる。

パンチ：（右手で医者の鼻を殴りぶったおして）ああそうさ。

「何か気付け薬、火酒とか芳香油、香木のかけらかなにか」を医者は取りに行く。残ったパンチは「水割りブランディーやラム・パンチ」を期待して待っている。医者が戻ると、みんなが飛びつく。ついには教区吏とジム・クラウと医者で三人一丸となってパンチを牢獄に引きずっていく。
このパンチ上演者がグラボール氏と呼ぶ絞首刑執行吏ジャック・ケッチがやってきて、絞首台を設置しはじめる。

貴様は首を吊られるんだぞ——死ぬまで、死ぬまで、そう死ぬまでな。
なに？　俺さまは三度も死ななきゃなんないのかい？

52図　G. ライマー「絞首刑場面」1834年

ジャック・ケッチはパンチを引きずりだす。パンチが輪縄に頭をくぐらせる要領がわからないので、絞首刑執行吏が手本を示して、逆にパンチに絞殺されてしまうという一連の所作が続く（52図）。「さて、これでまたまた自由の身。おもしろおかしく、したいほうだい」とパンチが快哉を叫ぶ。ジョーイを呼びだして、二人して苦労しながら残骸を片づける。パンチは鐘を持ってきて、パブの外で鳴らす。パブの主人に追い払われると、パンチは鐘で主人の頭を殴る。「音楽がわからんやつだ」とパンチは馬鹿にして云う。かくれんぼのような追いかけっこが続くが、ジョーイがそろそろ食事にしないかと呼びにくる。ジョーイはパブからソーセージとフライパンをパンチに手渡し、「何か熱いものはいらないか」とパンチに尋ねる。パンチが欲しがると、ジョーイは熱して赤くなった火箸でパンチの鼻をこする。そして窓から中に向かって「ご主人、この野郎がお宅のソーセージとフライパンを盗みましたよ」と告げ口し、自分は踊りながら舞台を去り、怒り狂う主人の手元に、パンチが置き去りにされた。二人は取っ組み合いを始める。パンチは主人の頭をフライパンで殴ったところ、底が抜けていたので鍋縁が首のまわりに輪のようにかかり、同様にソーセージも垂れさがる。というわけでパブの主人は所持品を取りもどして退場する。再びジョーイが現れると、パンチはジョーイをぶちのめしてしまう。ついで首なしのスカラムーシュが現れると、パンチはたまげて逃げてしまう。スカラムーシュは踊ったり、ろくろ首の芸当を披露する。パンチが火箸を持って戻り、唄をうたいはじめると、悪魔が「夢として現れるが……ロシア熊のいでたちをしている。」両者、取っ組み合いになり、パンチは

棍棒で悪魔をやっつけてしまい、喚声をあげる。「ブラボー！　フレー！　悪魔は死んじまった……もう俺たちはしたいほうだいさ！」――（ほらな、これが教訓。）「さらば、紳士淑女の皆さま……ご声援、ご支援、まことに感謝いたします。お帰りの際には何卒お代のほうも、金貨に銀貨、どうか気前よくお願いいたしまする。」

最後の文句は意味深長だ。もしパンチ上演者が「充分な声援」を受けるなら、その上演は「一時間以上も」続くだろう。頭上に重い人形を掲げているには長い時間である。上演者自身も、医者と教区吏とジム・クラウがパンチを捕える場面は「大変な重労働」だと認めている。しかし、この上演も（『骨董屋』ショートの上演と同様）必要に応じて延長したり省略できることを忘れてはならない。絞首刑場面から悪魔との格闘場面まで、もれなくすべての場面が上演されるなんてことは、ありえない。上演者自らの傍白に自分の上演に対する驚嘆すべき真摯な態度が現れている。ある時点では、「ほら、ここは素早い動きで」と云い、その少し後では「この時は、できるだけゆっくり。一語、一語区切るように話す。」などと述べている。したがって、ジュディと赤ん坊との場面や、絞首刑執行吏との場面は力強く、また特有の陰惨なユーモアに満ちている。教区吏との場面は、ピッチーニが上演した同様の場面よりも滑稽で残酷である。医者との場面、特にパンチが「薬」を待つ間合いは効果的にとられている。ジム・クラ

ウは、黒ん坊人形にアイデンティティを与えた。そして羊飼いの鐘を用いる喜劇的な場面が、ピッチーニの「これは鐘だ」「いやオルガンだ」「いやヴァイオリンだ」という、くどいほどの場面にとってかわった。さらに「音楽がわからんやつだな」というような台詞は、動作に言葉をつける伝統にのっとる一例である。

しかし、この上演の一番の魅力は、ピッチーニから継承したのではない場面にある。このパンチ上演者は、「今じゃ俺たちは、もっと喜劇的な場面を取りいれている」と語っているが、これは主として道化ジョーイの所作を念頭においてのことである。ピッチーニの上演では中盤に中だるみになりがちであったが、ジョーイが登場すると、めりはりがつけられる。また『ピクウィック・ペーパーズ』で「ブリキのオルゴールを持った扁平頭のコメディアンを待って寝転んでいるときの、あのメロドラマどっぷりの役者パンチが開陳する素早さ（傍点著者）」[29]とディケンズ

53図　ジョージ・シャーフ「楽しませるために骨を折る」1843年

54図　パンチが悪魔の首を吊る『パンチ』誌 1841年

が描写したとき、それはジョーイの場面について語っていたと思われる。我々がジョーイに最初にお目にかかるのは、パンチを小突いたりからかったりしている姿である。次にはパンチが絞首刑執行吏と絞首台を片づけるのを助けている。そしてそれからソーセージとフライパンを盗む。(ソーセージが素晴らしい小道具であるのはいうまでもない。それ自体はばかげているが、卑猥な含意は明らかである。)このような場面は、すべて「パンチ&ジュディ」にお約束の場面となった。暴力性を減じず、テンポのいい喜劇タッチが付け加えられることで、パンチが犯す連続殺人事件は単調にならずに盛り上がる。パンチはある意味では調子が良すぎる。しかし、パンチにも統御できない愚かな気紛れで、ジョーイがパンチを脅かすことによって、パンチの破壊行為をなしくずしにする怖れもある。パンチを主役の座に執着させて、アナーキーゆえに核心的なダイナミズムを生みだそうとするならば、扱いかねる内部矛盾の数々が顕れてしまう。しかしまた、その矛盾ゆえに思いがけなく、刺激的な深みも新しく生まれるのだ。

メイヒューがインタビューしたパンチ上演者自身も、ジョーイの役割については明快に説明することはできなかった。パンチにとってジョーイは「かなわない」存在だと述べている。のちに、たとえばジョーイはパンチに決して殴られないなどと信じる上演者まで出現したのは、このようなジョーイ観がもとになっているといえよう。これではジョーイの役割についてのみならず、パンチ芝居全体を感傷的にとらえてしまうことになる。同様に、ジョーイで幕が開き、閉じるというような上演は「パンチ&ジュディ」の中核にあるエッセンスがパンチのグロテスクな暴力であることを否定するものである。メイヒューが記録した上演では、ジョーイの存在は、超道徳的な無秩序を決して矮小化することなく、ピッチーニの上演が持ちえなかった重要な一局面を拓いている。権柄ずくにパンチを迫害する者たちを、気紛れな道化と同じ範疇に収め、それによって見たところ圧倒的に見える権力を、違ったやり方で脅かしている。チャーティスト運動盛んな時節に、ジョーイを組み入れることで、「パンチ&ジュディ」は成熟を迎えたといえるかもしれない。

第六章　新しい状況

New Surroundings

［十九世紀半ば繁栄とひずみのもと、中流階級と下層階級の文化の領域でのまじりあいを、顔役をパンチにし長寿を誇る諷刺雑誌となった『パンチ』誌と、中流階級家庭への出張パンチ芝居に跡づける］

十九世紀半ば頃の英国では、あらゆる人々の社会的慣習をはじめ生活環境や視野は微妙な変化を遂げており、かつての緊迫感も徐々に緩和されてきた。新しい社会機構・産業形態が受容されるようになったが、中流階級の多数は、そもそもこのような機構をあみだした強硬な心性に、安住できない不安感を持つにいたった。彼らは階級間対立を階級間融和に変えようとしたが、このような融合への動きがもっとも顕著であったのは、文化の領域においてである。階級間の歩みよりに寄与すれば、文化活動は奨励され、さもなくば、ないがしろにされる傾向がめだつようになった。中流階級は、少なくともある種の大衆娯楽を支援し始め、さらには自分のものにしだした。中流階級の人々も劇場通いを始めた。とはいっても、平土間をつぶして一等席をつくることで、労働者階級の観客とは一線を画していた。クリケットにも参加しだしたが「ジェントルメン」（アマチュア）「プレイヤー」（プロ）の境界は厳密に守っていた。素手の拳闘を「男らしい」とは見なしていても、クイーンズベリー侯爵のルール［一八六七年に

55図　ジョン・リーチ「あのたぐいは超越した」1856年

成文化された十二条からなるルールで、近代ボクシングに直接的な影響を与えた」が、採用されるにいたった。このような状況のもとで、「パンチ&ジュディ」は受け入れられるようになった。

一八五〇年の時点ですでにジョン・リーチは、中流家庭の客間のクリスマスでの「パンチ&ジュディ」を描いていた（56図）。また、後には「あのたぐいは超越した」人を諷刺している（55図）。一八六七年サリー州レッドヒルのアールズウッド救護院での救援催事では「クリケット、クロッケー、サリーおばさんゲーム、パンチとジュディ、競馬、障害競走、黒人音楽、風船とばし、近衛歩兵連隊楽団が当日の催しの呼びもので、おおむね訪問者の受けはよかった。[1]」（57図）その五年後、スタフォード侯爵は二一回目の誕生日祝いを「邸内で……野趣に富んだもてなしをした。徒競走、棒のぼり、お茶を学童にふるまったり、パンチ&ジュディを上演した。[2]」それ（一八七二年）以前にも、ある著述家によると、パンチは

たんに街頭で見かけたり、家の窓や歩道の端から見物するだけではなかった。子どもたちのパーティーや社交人士のパーティーでも大いにもてはやされている……。パンチは街頭のみならず、英国の客間にもおなじみとなったのだ。そしてクリスマス休暇の長い夕べ、子どもたちのパーティーがあいついで催されるあの愉快な時節には、パンチは常連客であった。[3]

このような状況が始まったのは、たぶん、マーク・レモンとヘンリー・メイヒューが新しく発行した諷刺雑誌を『パンチ』と名付けた頃からだろう（58図）。

56図　ジョン・リーチ「クリスマスのパンチ＆ジュディ」1850年

57図　アールズウッド救護院救援催事でのパンチ＆ジュディ　1867年

われらが模範、かの陽気な名匠パンチを敬愛する者で、その奇矯なふるまいの数々を粗暴狼藉の発露にすぎぬとみなす者もなかろう。我々はパンチを師とあがめてきたのだ……。輝かしい道化服のパンチが練り歩き、棍棒を振り回すのを見ると……そしてこの上なく耳ざわりな声が聞こえると、我らが眼前を深刻ぶった人形劇が幻影となって通り過ぎていくのである。

この記事は続けてシャラ・バ・ラを描写する。

鐘をもった悪魔で、ありとあらゆる場面に出没してパンチを悩まし、棍棒をおくれ！　とせがむ。シャラ・バ・ラがまたしつこくおねだりを始めたとき、パンチは勇気をもって敵と対面し、ついに勝利者となる。……シャラ・バ・ラ的要素はなんらかの形で誰にでもあるけれど、パンチの哲学を持つものは、ああなんと少ないことか！

パンチは悪魔の首まで吊ってしまえると強調されている。(4) この雑誌はおそらく『パンチネッロあるいはシャープ、フラット、ナチュラル』、メイヒューとア・ベケットの『フィガロ・イン・ロンドン』、ダグラス・ジェロルドの『パンチ・イン・ロンドン』などの一八三〇年代のラディカルな雑誌の後裔である。ここに挙げた執筆者たちはすべて『パンチ』誌に草創期に関わっており、とりわけメロドラマ『黒目のスーザン』の作者として今では記憶に残っているジェロルドは、諷刺界の「残忍なる小ロベスピエール」として、当時知れわたっていた。(5)

しかし『パンチ』誌は、総じてとりすました小綺麗な雑誌へと徐々に変貌を遂げた。出版当初はフッドの「シャツの唄」［一八四四年クリスマス号に掲載され、お針子の境遇が人道主義者の関心をひいた］や「労働」のみじめな勤労のかげで安穏と暮らす「資本」だとか、人形劇にあやかってピールのトーリー政府をぶちのめすような猛烈な諷刺画を出版していたところが（59図）、数十年経つと、労働者側の代表者の絞首刑を主張し「身分が低い臆病なカティリナ〔ローマの陰謀家（紀元前一一〇—六二?・）〕のたぐい」[6]と痛罵していた（60図）。このような推移については、ジェロルドの息子であるブランチャードが一八七〇年頃にかわした会話を思いだし、書き残したものから、はからずも知られるところとなった。

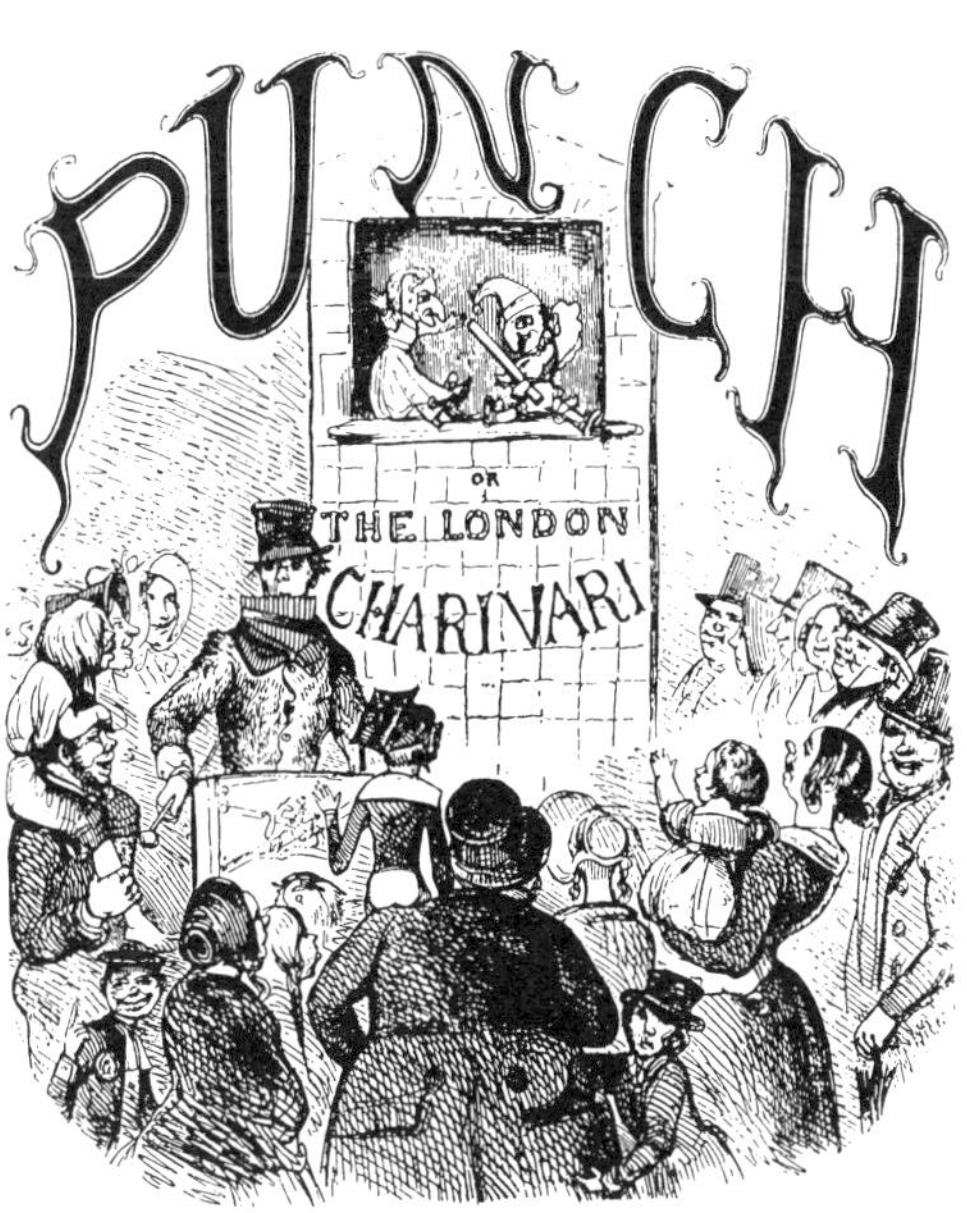

58図　A. S. ヘニング『パンチ』誌の第1号表紙　1841年
この雑誌と人形芝居を結びつけている

59図　パンチがピール保守党政府をぶちのめす
『パンチ』誌　1843年

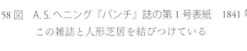

> 街のパンチの衰えることない名声、不屈のごろつき！　もりあがらないパンチ芝居なぞ、見た者はおよそなかろう。フリート・ストリートの『パンチ』記者は叫ぶ！「待て！　ここにいるぞ。パンチの人気については話題にずっとなっていた……フィールディング・クラブ［一八五二年から、あけっぴろげの談話を楽しむために居酒屋オフリーズで持たれた会合。名付け親はサッカレー］でな。つい勢いで、一夕、クラブの喫煙室に太鼓やパンパイプの鳴り物入りでパンチをお招きし、我ら専用に、葉巻片手に楽しもうと算段した。いよいよその夜。部屋を埋め尽くしたのは、笑いがわかる紳士連で、今夜は楽しもうとの魂胆。上演は、これまで街で見てきたものよりずっといい。人形たちの素早い動き。素晴らしいトービー犬は、顔に深遠なメランコリーの表情をたたえ、パンパイプは名手だ——太鼓も抜群！　しかし結果は散々だ。かつて記憶にないほどの陰鬱な夜だった。笑おうとしてもだよ、笑うことができなかったのだ。[7]

一八四一年の創刊時には、パンチ人形芝居にかこつけていた雑誌が、三〇年後には、パンチそのものと無関係になってしまった。

チャールズ・ロスはパンチの配偶者にちなんで『ジュディ、ロンドン発おもしろくてためになるジャーナル』を一八六七年に創刊したが、『パンチ』誌にならいながらも、評判はいま一つで、ずっと短命だった。初期には、上流人士や洒落者、女たらし、いわゆる「遊び人」の裏の生活ぶりを、とりわけアリー・スローパー（時にパンチに喩えられるキャラクター）の体験談というかたちで扱っていた。しかし、アリー・スローパーが自らの名を冠する雑誌をもった時、『ジュディ』誌は洗練されて勢いを失い、衰退していった。一九二〇年代に入ると、ヒース・ロビンソンが積極的に関与した児童向け雑誌『トービー』が現れ、数年の間は人気を博した。

舞台のほうのパンチも、比較に値する変貌を遂げていた。パンチは縁日の粗末な劇場（61図）や、十九世紀初めの因襲を打破するようなパントマイムに登場することがあった。たとえば、グリマルディは道化の代わりにパンチを使っていた。（「君のパンチがあまりにも素晴らしいのでパントマイムの雰囲気を味わい損ねたよ」とシェリダンはグリマルディに告げている。[8]）しかし一八五〇年代に入るまでには、ウィリアム・ロジャーズ作『パンチ&ジュディ』のような流行笑劇に登場するようになっていた。これを演出したネルソン・リーは、かつてギンジャルのグランド・メドレーの一員であり、またしばらくの間、人形遣いをしていたこともあったが、この時すでにニュー・シティー・オヴ・ロンドン劇場の支配人となっていた。リーは、この芝居を次のように宣伝していた。

> 支配人になってこのかた十二年。これほど華々しい成功を収めた笑劇はなかった。二つのキャラクターの一体感は哄笑の渦をうみ、全編通じて演技は人をそらさず、この芝居の魅力が存分に引きだされる。

60図　パンチが労働者の指導者を絞首刑に処す　『パンチ』誌　1886年

61図　縁日で人気の劇場でパンチは役者に演じられる　1835年頃

この芝居の「魅力」の多くがよってきたるところは、「鉄聾《かなつんぼ》」のジムクラック氏の召使サミー・スヌークスこと「実ハパンチ、冗談ころころ」にある。(9)

このような経緯を辿るなかで、パンチのイメージは微妙に和らげられ、「英国の客間」「お子さまパーティー」にふさわしいものに変えられた。パンチ上演者の側からも折り合いをつけた形跡は認められる。客間での上演にあわせて人形が「再生」(10)され、ジム・クラウのようなキャラクターの出番が増えていった（62図）。ジム・クラウはアメリカの芸人T・D・ライスの持ち唄と踊りから発しているが、主に動きが上半身によっていることから、とりわけ手遣い人形に向いていた。しかしながら「パンチ&ジュディ」では所作よりも、ジム・クラウが登場するのをきっかけに唄がはさまれるのと、諷刺画ですでにおなじみの異国情緒たっぷりのニグロが登場する点が、決め手となった。たとえばマッグズ家の上演では、ジム・クラウは次のような唄をうたいながら登場する。

おお！　わしゃ知っとるぞアンクル・ネッドというやつ
やつはずっと前に遠くから来た
やつの頭にゃ毛がありゃせん
ほんとはないといかん、のになあ

ジム・クラウは頭を殴られると、「おお、わしのかわいそうな古びたココナッツ！　おお、わしのかわいそうな古びた毛むくじゃらの脳みそ入れ！」(11)と叫ぶ。

異国情緒をかきたてるものをもう一つ。ここでワニについてとりあげておく。一八五〇年頃の、木でできた顎と鋲を打った布製の本体をもつ、すばらしいワニが、いまだに保存されていて、このキャラクターは龍に由来するとか『ピーター・パン』からとられた（実際のところはバリーのほうが、「パンチ＆ジュディ」からワニを取り入れたのだろう）などという説をくつがえす根拠となった。ワニも悪魔とならんで道具一式に収まっているという事実は、ワニが悪魔から発展したという説を葬り去る。これは、一九〇〇年にW・H・ポロックが残した以下のような談話から生まれた説だったのかもしれない。

何年か前に、ある大きな海水浴場で、「有徳の士」の例にもれずパンチ＆ジュディに心ひかれる観客が、上演を最後まで見て、結末のところで奇を街って悪魔をワニごときにかえたのか、と終演後上演者にからむと、怒るどころか悲しげに答えて曰く「ええ、旦那、わしもワニは好かねえ、おかしいし使うべきじゃない、とは思うんですがね。でも、ご覧のとおりですよ。教会がうるさくいうもんで。[12]」

62図　19世紀のジム・クラウ人形
現在はロンドン博物館所蔵

パンチ上演者ではなく観客が、ワニを悪魔の代役と把握しているところが肝心だ。この上演に限っていえば、このような説明で事足りるかもしれないが、ワニは伝統的に人形劇のキャラクターであったことを思いだす必要はあろう。ドミニク・セラファン〔シルエットの人物たちが動く影絵芝居をパリやヴェルサイユで演じた〕の十八世紀影絵芝居『落ちた橋』にはワニが登場する。この芝居は、ロンドンでは一七七六年にブラヴィーユとメニウッチによって上演され、一世紀を経た後もロンドンの影絵芝居師のレパートリーに入っていた。(といっても、その頃にはもう、必ずしもワニが登場したわけではない。)パンチ芝居におなじみの、この怪獣人形は、起源は何であれ、その気晴らし効果が魅力なのだ。

悪魔が家庭の客間での上演に登場すると、悪魔はパンチを打ち負かしたようだ。「あのパンチでさえ教訓をもっている。というのは、犠牲者の亡霊につきまとわれるではないか。幼い頃に怖れおののいた――そう。あの悪魔ボギーの手にかかり、ついには未知の地に連れ去られてしまうではないか。[13]」悪魔が「ボギー」となりはて、そのうえ「ボギー」がパンチを連れ去るにいたって、パンチ芝居はたしかに変貌を遂げたのだ。メイヒューがインタビューしたパンチ上演者が、自らの上演作について、その「道徳性」を強調したことも変貌の先駆けであった。このパンチ上演者自身は、「街の人々」同様に「笑える」ところが好きだけど、メイヒューが、パンチ芝居の「センチメンタル」なところを気に入るような人々と同じ階級に属している、と察知しなかったはずはない。この上演者は、終始諷刺の言い訳をしていた。「ジャック・ケッチを責めちゃいけない。奴もお役目を果たさにゃなるまい」といった弁解だ。しかし、この場面のアクションは、明らかにケッチを「責めて」いる。パンチ上演者がメイヒューに語るところでは、医者は「たいそう沈着な部類の人物」ということだが、実際の登場場面での医者の台詞は次のようなものだった。

歩けるくらい早く走ってここまでやってきた。藁屑一本にもひっくり返るところだった。

そのうえ、この上演者の場合、最も暴力的な場面は医者とパンチのとっくみあいであった。パンチについては「暴漢」と呼んでいるが、すぐにとりなすかのように、「危害を加えるつもりはないんだけどな[14]」と述べている。後世のパンチ上演者が忍ばねばならなかった「教会がうるさくいう」「不道徳」という誹りに対して、あらかじめ先手を打って防衛しているのは明らかだ。なぜならば、「不道徳」な芝居が中流階級の支持を得ることは、おそらく望めないからだ。

その結果、ブランチャード・ジェロルドは、パンチの「暴力性のなかに諧謔」を見抜き、そして街頭上演を微妙にセンチメンタルにすることができたのだ。

> ざわめき、ひしめき、仕事の手が止まる。パンチ氏の油じみた箱舞台を担いだ男が、よさそうな「場所」に足を止めた。そして緑の幕布をかけ始めた。そこで、この世で最も上演回数の多い真面目喜劇を演じることになる。乳売り娘は配達の途中……新聞少年は……担いでいた「号外」を忘れる。……――笛の調子を試し、木製の人形が中で用意される間に、トービー犬は群集を悲しげに見おろしている。[15]

さらに書きこんだ執筆者もいた（63図）。トマス・ミラーがいみじくも名付けた『ロンドンで絵になるスケッチ集』で読者に勧めるのは、

> 汚らしい子どもを抱く襤褸《ぼろ》を着た、あの女の人を見てごらん。腕白小僧は小さな手を叩いて喚声をあげる。貧しい母親は、汚れたままの我が子の表情が喜びに輝くのを見るほうが、上演を見るより楽しいのだ。母の心も目も、我が子に釘づけになっている……あの痩せて蒼白い顔をした女の子は、身の丈の半分くらいの大きな赤ん坊を抱いて、手入れの行き届かない長い髪が澄んだ青い目に垂れかかるがままに、この重い荷物を抱いて走ってきたので、息を切らしながらも大喜びで、立ったまま見つめている。

同時代の読者を懐柔しようとして、ミラーは「我々の子どもの頃のパンチは違っていた。当時はパンチは出かけると酒をくらい、家に帰ると妻と喧嘩した……」（傍点著者）と述べている。[16] 云わんとするところは明らかである。今やパンチは客間に向くこと間違いなしというわけだ。

それゆえに、ヴィクトリア朝の家庭では、パンチは多くの人々のコレクションの対象となり、サイド・テーブルやマントルピースを飾った。水差しやマグカップ、ティーポットや陶器や文鎮、扉止めやハンカチ、マッチ置き、胡桃割り人形、ステッキの把手等々の図案意匠にとりあげられた。流行作曲家がパンチをとりあげ、「パンチの祝婚ポルカ」「パンチ&ジュディ槍騎兵隊」「パンチ&ジュディ・カドリル」などの曲を書いた（64図）。多くの有名人がパンチ芝居の観客であったというエピソードは、この世紀を通じて絶えず、パンチのイメージ形成に一役かった。後半世紀の「パンチ&ジュディ」愛好家を代表するのはグラッドストンであった。

先の首相が「蒼白い月がのぞく下で」議事堂前の人だかりの端から、不滅のパンチ芝居が上演されているのを見物していたのを思い出す。重大な討論のあった夜で、御大《おんたい》はスピーチをし、手ごたえを得た。昔ながらの大英雄の企みの数々を、市井の見世物に見る短い時間だけでも、心にゆとりを持とうとしたことで、答弁がより明確になったと知る者もおるまい。[17]

これ以前にもコリアーが目撃したところでは

大臣職にあったウィンダムが、ダウニング街から下院への道すがら、重大な討論のあった夜、怠け者の小僧のように足を止めて、「あの道化服の英雄」の悪戯のかぎりを、結末に至るまで、心の底から楽しんでいた[18]。

グラッドストンにまつわるお話は、おそらくウィンダムの話が出どこであろうが、このような怠慢行為が人に知られるところとなった時には、どちらの政治家もすでに亡くなっていたのは、意味深長だ。しかしながらここから、「パンチ&ジュディ」に子ども部屋を開放するまでは、ほんの一歩であった（65図）。その入室が、ある種の恐慌をもたらした。マコーレーは姪のために自宅前の舗道で上演させながらも、パンチに似て

63図　アーサー・ボイド・ホートン「パンチ＆ジュディ」1860年

64図 パンチならではのポルカ

いると姪に云われ、愕然としたという。また皮肉にも「パンチ&ジュディの人形芝居が街の小僧たちを刺激して、この大衆演芸では誰もが棍棒を握るが、口喧嘩にもすぐ握りこぶしを振り回すようにならないか」と懸念したのは、メレディスだった。[19] 一八七二年に、ある寄稿家が不安げに記すには、「パンチ氏の冒険に描かれるような、およそ家庭的ではない芝居を子どもたちが何故こんなに愛好するのかという理由は、幼児の人間性においてさえ本質的に備わっている、怖いもの見たさの心理ゆえとしか説明のしようがない。[20]」七年後に、また別のある人が推測するには、「悪徳が全面勝利をおさめ、法と秩序が窮地に陥るような、この奇想天外な芝居が何世代にもわたって人気を博してきたというのは、人間性の堕落の奇妙な例証である。[21]」このように「人間性」なるものに言及するのは、問題の回避である。家庭生活礼賛という口あたりの良い、当時の風潮に対する洞察を欠いている。昔の民話では、眠り姫は強姦によって目を覚ますところが、なにしろこの時代には清らかな口づけによって目を覚ますことになり、またキリストのイメージでさえも、体よく家族の一員に擬せられていたのだ。

　幼く、かよわく、いたいけない、
　我らとともに涙も微笑もご存知で、
　我らの悲しみを憐れみ、
　喜びをともにする。[22]

神の子も、このように変貌しうるので、手遣い人形ごときを変えるのは、お安いご用だ。

一八四四年には、詩が二編出版されていた。一つは、明らかにたいへん古くからある謎々をもとにしている。

65図　クリスマス・ツリー　1872年

ああ、母さん、わたしが嫁ぐのは
　パンチネッロさん、
　　パンチさん、
　　　ジョーさん、
　　　　ネルさん、
　　　　　ローさん、
パンチさん、ジョーさん、
ネルさん、ローさん、
パンチネッロさん。

もう一つのほうは、いまだに人が口ずさむ［マザー・グース］。

パンチとジュディ
パイを争う、
パンチはジュディの
目に一発。

パンチはジュディに
おかわりいかが、

ジュディがパンチに
答えていわく、目が痛い。[23]

続々と現れたパンチ商品よりも、このような詩のほうが街頭のパンチの精神に近いが、この詩が童謡として出版されたというのがポイントである。一八五〇年には「胡桃割り人形のお話」が現れた。これは、パンチ中尉がジンジャーブレッドの兵隊を率いて、鼠の軍団に向かって行くお話である。これを皮きりに、紙人形、マリオネット、影絵人形、人形、模型といった、ヴィクトリア朝子ども部屋向けの遊具が、せきをきったように現われた。ある業者はチップとカードで遊ぶ「パンチ師のお笑い買い物ゲーム」を発売した。また別の業者が発売したのは、赤と青のパンチとトービー犬の絵で、パンチがにんまり笑う口の点を指示に従って二五秒見つめてから白い壁や天井を見ると、パンチとトービー犬の像が緑と黄色に見える、というような絵だった。さらにパンチは、児童向け書物に常連のように登場するようになった。たとえば『パンチの愉快ないたずら』、メアリー・ミラーの『わたしたちの小さなお友だちのための大きなお楽しみ』、それにギブズの良い子の図書館『パンチ&ジュディ』や、ウォーンの大型おもちゃ絵本、ルイーザおばさんのロンドンおもちゃ絵本（71図）、メイヴァーおばさんの永久保存版おもちゃ絵本（66図）をはじめ、多数におよぶ。当時のパンチ像は、F・E・ウェザリーの『パンチ&ジュディとそのお友だち』の始まりが、「たくさんの人が云うにもかかわらず、またもっとたくさんの人が信じるにもかかわらず、パンチとジュディはたいへん幸せに穏やかに暮らしていました。[24]」ということから察しうる。また『パンチ氏といたずら』によると「パンチ氏は良き父親で、赤ん坊と『いないいないばあ』をする」[25]ということだ。子ども向けの詩は、このような傾向からずれることが多いが、かつての粗暴ぶしつけな様子とかけ離れるこのような詩のほうが、よほど全体像を巧くとらえている場合も多い。フェリックス・リーの一八八三年の詩は、典型である。

66図
陽気男氏すなわち道化ジョーイ
メイヴァーおばさんの永久保存版
おもちゃ絵本より　1880年頃

一ペニー持ってるかい？　なら、居てもいい！
持ってない？　行っちゃいかん！
パンチは一日じゅうお客を迎え、
キーキー声をあげ人寄せだ、
トービー犬を叱りつけ、妻をぶんなぐり、
おまわりさんの度肝を抜いて、
熱心しごくに悪戯をする、
これぞパンチ氏ならではのやり方、
というのはパンチのかわらぬ楽しい計画
ありったけの銭を稼ぐこと。
そのあとパンチはいっちまう、
奥さんと犬を連れ
また新しい人々との出会い求めて
ちょっと隣の横丁まで。(26)

大勢の作家が子どもたちに「パンチ&ジュディ」を上演するように、さまざまに導いた。単純素朴な『ディーンの新版少年のための王立パンチ&ジュディ上演　動く絵本』(67図)は、以前の版を改訂し、一八六一年に出版されたが、ページに水平に切り込みが入っており、下方から操作してキャラクターを登場させたり動かしたり、また隠したりできるようになっている。台詞は各ページ下半分の集金係《ボトラー》の挿絵のわきに記されている。ひどいへぼ詩で、パンチとジュディや赤ん坊、教区吏、道化、シャラバラという黒ん坊、トービー犬とのあいだに起こった出来事を語っている。絞首刑執行吏と悪魔は欠けている。教区吏は刑務所の話をするが、それ以上は発展しない。ジュディの幽霊も現れるが、効果はほとんどない。このように拙劣な絵とひどい詩にもかかわらず、あたりさわりのない出来事を突拍子もないおどけた調子で語り、パンチ芝居のきれい事の上澄みが見せられる。

一八五四年には、子ども向け人形上演台本が初めて出版された。『街角の人であふれかえるバルコニーに向けて上演されたパンチ&ジュディと可愛いトービー犬との素晴らしい芝居。人喰い諸島の王様所蔵の手稿を陛下の図書係の許可を得て訂正した改訂版。紙鼻木頭氏の注釈ならびに「梟氏」の挿画つき。』「梟氏」とは『パンチ』誌の挿画家チャールズ・ヘンリー・ベネットであったかもしれないが、おそらくは紙鼻木頭氏と同様、ロバート・ブラッフの筆名であった可能性が高い。ブラッフは過激なジャーナリストであり演劇人であり詩人であった。一八二八年に生まれ一八六〇年に亡くなるまでの短い生涯に、多くの著作を残した。この版は「かつてない最上の上演台本[27]」とか「英国版ピッチーニ[28]」とか云われている。そうかもしれないが、現実の上演とほとんど関連性のない、一つの手のこんだ文芸作品である。

もちろんジュディや赤ん坊とパンチとのからみがあり、教区吏と「かの有名な外人」シャラバラとの場面が続く。幽〜霊!!!の場面(68図)、医者やジョーイやトービー犬との場面もある。パンチはトービー犬の所有権をめぐってジョーンズ氏とやらと口論し、絞首刑執行吏の首を吊り、「恐ろしく忌まわしい輩」「ボギー」を騙し、自分に代わって首を吊られた執行吏を「ボベッティー・シューティーの国」へと連れ去らせる。このテクストはパンチのユーモアと無礼さを巧くとらえており、テンポも決してだらけない。挿入されたブラッフの挿画も台本の精神を高め、独自の様式で木製人形に人間味をとらえている。たいていの街頭上演はブラッフの調子とは異なっており、腕白な学童の受けを狙っていた。暴力は不法行為というよりも、いたずらの側面が強調され、悪魔は「恐ろしく忌まわしい輩」で、パンチは剣も棍棒も交えはしない。そして、ジョーンズなる人物「立派な商人」は、メイヒューが記録した上演ではパブの主人にあたるが、「きざ、め！」と武骨に叫ぶ、人食い鬼のような主人ほど怖くはなく、面白いキャラクターである。

67図　シャラバラ
『ディーンの動く絵本』より　1861年

68図　「梟氏」筆
幽〜霊 !!!
1854年

ブラッフの台本は、しばしば版を重ねた。ブラッフに倣う作家も多かった。たとえば、フランク・ベルーというアメリカ人は、自国の家庭生活が真面目くさっているのを嘆いて、ごく簡単なパンチ&ジュディ台本手引を出版した。スワッズルを「パンチのトランペット」と呼び、おそらく史上初めて説明を掲載している。O・B・ハッバードは、大西洋の両岸で行ってきた上演をもとに版を作った。また、ホフマン師はブラッフを参考に、プロットの流れとキャラクターを作りあげている（69図）。パンチが「自分の子を窓から放り投げ」「法律上の配偶者を面白半分に殺める」のを認めて、ホフマンは「パンチ&ジュディ」が「これからご紹介するやり方で、街頭から客間に場所を移されても少しも人気を失わない」（傍点著者）だろうと主張している。この「やり方」では、赤ん坊が「窓から放り投げられる場面を省き、「客間では、ピアノフォルテの前に座る親切なご婦人」が伴奏をつけるのも望ましい、とも忠告している。ホフマンはまた、ブリキ製の「変音器」の作り方を記し、ハイ・ホーバーンにあった玩具商ハムリーズでは「素晴らしいパンチ&ジュディのキャラクターがすぐに使えるように衣装をつけて、ひととおりの小道具と……値段は一式一五シリングから五ギニーまでの範囲で[29]」取り扱っていると宣伝している。

　ほんの数年後、ホフマンにならって、E・T・リッチモンドが、人形や小道具、スワッズル、箱舞台の作り方の詳細を書き記した。「ほんの少し舞台用大工仕事をするだけで、家庭用衣桁も見事なパンチ&ジュディの芝居小屋に早変わりする[30]」――また一九〇一年に出版された本は「ヨーロッパ、アジア、アフリカ、アメリカと、ありとあらゆる子ども部屋での上演にならい」ジョークを効かせていたが、冒頭におかれた一篇の詩が、よくあるパンチ&ジュディびいきの姿勢を見せている。

　　これまで観たことのある芝居のなかで、
　　パンチ&ジュディほどのものはない。

はなっから法はないがしろ
いい子、いい子じゃいられない。[31]

このような方向性はジャスパー・ミルヴェイン［ギッシング『新三文文士』（一八九一年）の登場人物］が看破した市場に迎合するものである。

寄宿学校で育ったような新世代の子どもたちの好みを探れる者にとっては、どんなに巨大な市場が開けていることか。そう、いい子いい子じゃいけない。そんなのは今のはやりじゃない。ある種の俗受けするなにかを開拓しなくちゃ。[32]

69図　ホフマン師による家庭での人形作り手引　1879年

70図　教区吏
『陽気なパンチ氏』より　1902年

このような購買層に向けて、ステッドは『童べのための本』でコリアーとピッチーニのテクストを再販した。それは「七〇年前の上演者が喜んで使った余りにも汚い言葉は避けて入念に編集した[33]」という放棄宣言にもかかわらず、実質的には無削除版であった。たとえば、ポリーとの場面も残っている。もっと意味ありげに目を引くのは、これまたピッチーニのテクストに基づいてはいるが、おそらく同時代の実際の上演をも反映している『陽気なパンチ氏』だろう（70図）。パンチが赤ん坊の頭を舞台の側面に打ちつける、といった残酷な場面をまったく削除していない。


「さて！　さあて！　さあてぇ！」

赤ん坊は今ではまったくおとなしい。

「さあ、これでよし」とパンチ氏は大笑い。「薬をやっても泣きやまんとは思ったが。さ、これでよし！　こんな手のかかる子はうんざりだ。」パンチ氏は赤ん坊を舞台前方の観衆むけて放り投げた[34]。

たびかさなる殴打の強さも、次々に現れたパンチ氏の犠牲者たちが、ついに息絶えることも、余すことなく描かれている。とはいっても急進的な諷刺も時事的な諷刺もない。

大人向けでもっとも野心的なものは、一八八六年に出版されたイヴリン・ダグラスの悲劇『パンチネッロとその妻、ジュディス』だが、これはおそらく一度も上演されていないだろう。ゲーテが人形劇のファウストに対してなしたように、大衆人形劇から記念碑的な芝居を作りあげる試みを、ここでダグラスはパンチを材料に成しとげようとした。遺憾ながらこれは、過剰に書き込まれすぎた世紀末特有の熱を帯びた作品である。ヴェネチア総督の妻ヴァレリアへの愛ゆえに、ヴェネチアの貴族パンチネッロが自分の妻ジュデッタを殺めてしまう。一方ヴァレリアは、小間使と夫をパンチネッロへの愛ゆえに殺してしまっているが、自らの行為を悔いるにいたって、パンチネッロに殺されてしまう。このような調子はプロローグに予見される。

ジュディ［ママ］：今日、外を散歩していると、きーきー声が聞こえ
はじけんばかりの笛の音、太鼓を叩く音
それもひどい調子で。見ると、ほら！
こちらに向かって小劇場がやってくる
緑の幕布がかかったもの。まるで歩いてくるよう
ひとりでに。そしてその幕の中から
あの音がもれでてくる。音がやむ。鈴なりの
子どもたちがとりまき、ぽかんと見てる。幕が開く
そしてそこには（私の恐怖をご想像あれ）、黙劇で

我ら二人を下品な笑劇にしたてあげ
集まった群集の下卑たまなざしに供するとは！
ああ、もしあれがヴェニスの暮らしに現れたら
召使に命じて飲み物に
本物の阿片剤を混ぜるだろうに。しかし最悪のことには
やつらが私にこんな格好をさせて色まで塗ったのだ！

パンチ［ママ］：そして俺様はこんなふう。窓からそれを見ていた。
思うだに気も狂わんばかり。[35]

この芝居は、ヴィクトリア朝文化の気づまりな息苦しさに対抗する美学上の反逆運動に、周縁とはいえパンチを組み込んで見せた点、注目にあたいする。

小説家たちも、「パンチ&ジュディ」には不服者のイメージを見ていた。ジョージ・エリオット『ミドルマーチ』では、パンチは因習打破、危険分子のシンボルとしてささやかな役割を果たしている。かたぶつのケイレブ・ガースの雰囲気ほど「勝ち誇ったパンチとはおよそ遠かった」ものはないし、ブルック氏の演説は「パンチの声で鸚鵡のように返され」てからかわれ、異端児ウィル・ラディスローは土地の子どもたちのために「お手製の人形でパンチ&ジュディを即興的に上演した。[36]」トマス・ハーディー、バーナード・ショー、ジョージとウィードンの両グロウスミス、ローマ・ホワイトは、みな同じようにパンチを用いている。[37] そしてJ・M・バリーの『センティメンタル・トミー』では、中流階級という文化的背景と「パンチ&ジュディ」とは根本的になじまないことが、ついに明るみにでる。エイリー嬢は自分の結婚式で「パンチ&ジュディ」が上演されるなど「無礼千万」「ありとあらゆる害毒と犯罪を勧める行為」

71図　ルイーザおばさんの客間　1890年

と考えている。しかしトミーは利口な折衷案を思いつく。それによると、

パンチはたしかに例の陽気な昔ながらのやり方で、窓から赤ん坊をぽいと捨てた（哄笑の渦）。しかしその後ただちに人形遣いが頭を出して云うには、「ああ、お坊ちゃんお嬢ちゃん、これを教訓に決して君たちの子孫を滅ぼすことのないように。ああ、こんなにいけないことをするなんて、パンチよ恥を知れ。結末ではパンチはつかまり、当然の報いを受けるでしょう。」そしてパンチが妻を棍棒で殴りつけると、また拍手喝采の只中に、人形遣いが頭をだして「ああ、お坊ちゃんお嬢ちゃん、さぞかし教訓を得たことでしょう……さて、パンチの悲惨な前例に学び、愛しい奥さんの頭を殴らないようにしましょう」といった調子でどんどん続く。[38]

「パンチ&ジュディ」は、メイヒューが記録した上演において先鋭化していた焦点を、このような状況で失ってしまった。

第七章　ヴィクトリア朝の現実

Victorian Reality

［鉄道の発達や道路の整備により人の流れも変わり、パンチ芝居が街頭よりも海浜レジャー地や遊園地などに出向くことになった経緯を説く］

ヴィクトリア朝のパンチ上演者をとりまく現実は、一部の作家が書きたてるほど牧歌的なものではなかった。

聞き覚えのあるパンチの声を耳にするやいなや、チビどもがパンチめがけて走ってくる様子をご覧なさい。パンチの「くえっ！　くえっ！　くえっ！」という笑い声が横丁の静寂を破るやいなや、そこいらじゅうの裏小路や路地から、靴を履く子も履かぬ子も、足音高く駆けてくる。あわててビー玉をかき集め、独楽も半分巻いたまま、ともかく最前列に一目散。なにしろ、かのおなじみの筋金入りの悪党は、祖先にも人気の的であったように、子どもたちはパンチがジュディを棍棒でぶつ場面を飽きずず眺める。(1)

といった観察記録が残っている。チビどもが「昔ながらのこの見世物の唯一の難点」である「［パンチの］かなり下品な冗談をいたくお気に召す」ことを残念がっていたが、このような反応はありふれたものだ。たとえば、『パンチ』誌の記者が、パンチ芝居は路地にたむろする「ガキども」に「茶番笑劇」を提供しているだけだと述べたのと、軌を一にする。(2)

しかし箱舞台の内側から見た事態は違っていたようだ。

まず辛抱しなけりゃならんのは、ガキどもだ……。わしが中にいると、取り合いっこした帽子を舞台に投げ入れたりする。何としてでも指を幕に突っ込んで覗き穴を作ろうとしてくる。それに太鼓もかならずさわっていく。けど我慢ならないのは、やつらがたいてい一銭も持ってこないってこった。そのくせ一番いい席に陣取るんで、頭にくるんだ。(3)

一九〇九年に書かれた記事にも、このような追っかけの様子が幾分うかがえる。「自分の記憶では、六〇年前にパンチ&ジュディが初めて村にやってきたとき、自分たちはすっかり夢中になってしまったので、五歳にも満たない悪餓鬼半ダースほどが、堪能するまで隣の村まで追いかけて行った。(4)」

パンチ上演者は大人の観客を欲しがった。街であれ、田舎であれ、当時の上演を描いた数々の絵からも、若年層の観客は、ほんの少しの割合を占めるだけである（72図）。「パンチ&ジュディ」にはユーモア精神が満ちてはいるが、先程引用した『パンチ』誌の記者は、典型的な素晴らしい例を一つあげている。「後頭部に厳しい折檻を受けた後で（パンチが）云うには、『おお風当たりがきついな！(5)』」――たいていの上演は、特に児童向けというわけではなかった。当時から伝わる人形一揃いは、おそらく不完全なものではあろうが、パンチ、ジュディ、トービー犬、船乗り、警官、絞首台からできていた。ここから察すると、陰気な上演だったようだ。さらに次のトマス・フロストによる一八五七年の描写からも、ずっと多くのことがわかる。

72図　F. スミス「ガス灯に照らされたパンチ」1874年
右手の集金係《ボトラー》と少年に注意

さんざめく笑い、あの喜びを見たことのない者などいようか。あの滑稽な卑劣漢がおまわりとやり合ったり、絞首刑執行吏に教えを乞うふりをして、輪縄に首を入れさせるときの横目づかい、最後の犠牲者の首を吊るときの悪戯っぽい忍び笑いについては、老いも若きもおなじみだろう。パントマイムやバーレスクで、警官が敬意を表して脱帽されても、悪しざまに扱われても、劇場の観客が興奮して拍手喝采するのに似て、パンチ芝居の観客は、すべてを笑いとばす。貧困ゆえに離婚の方途も断たれている人々が、不実な妻の殺害を見る感情に、婚姻の絆の窮屈さが実質的な影響を与えはしないかと恐れられている。そしてパンチは、ごらんのとおりのひょうきん者で、気晴らしを与えるならず者なので、その犯罪を目撃した者でさえ、あのグロテスクなおどけぶりや冷笑的なからかいの乱発には、笑いころげずにはいられない。だからパンチは、悪魔と道化の奇妙な混血児となるのだ。[6]

73図　追いつめられたジュディ

ここでほのめかされている厳しい社会批判と、「貧困ゆえに離婚の方途も断たれている人々」がパンチ&ジュディを享受している、という指摘は注目に値する。ジュディを「不実な」妻と設定している点に何を読み込むべきかは明らかではない（73図）。しかしフロストは、悪魔的な道化パンチの転覆行為については、明快至極である。多くの社会観察家がパンチに否を唱えつづけてきたのは、おそらくこのゆえのことだろう。一八六三年にチェインバーズは、「（パンチ&ジュディが）知られているというだけで残念」至極で「今般の劇場通が求める『煽情的《センセーショナル》演劇』と上質な演劇の関係は、パンチとファントッチーニあやつり人形の関係に等しい[7]」と考察した。

これまでの上演同様フロストが描写した上演も、結婚と絞首刑と天罰を中心に展開している。結婚しようとしている人々に対するパンチの忠告――するなかれ――、は決まり文句となっていた。エドモンド・ゴスは、少年時代一八六〇年頃に観た上演について書きとめている。

パンチ一家の内輪もめについては大いに考えさせられた。パンチ夫人にもう少し智恵があり、生来の暴力的な性分を、パンチ氏がもう少し抑えることができれば、このような悲しい誤解も大半は未然に防げたろうにと考えた。(8)

一八五七年の婚姻事件法によって、不貞を働いた妻を夫が離縁することは認められたにしても（妻の側から夫に離婚を申し立てるのは一九二三年まで認められなかった）、裕福な特権階級を除いては、支払うことのできない経費がかかった。そのうえ、特に非国教徒特有の良心に熱心に守られた社会慣習から、離婚を受け入れる方便はなかった。最下層階級の人々の間では、結婚にたいして比較的形式ばらないとメイヒューは報告しているが、当時の社会通念はいきわたり、検閲する力となっていた。

結婚は個人的な問題であったが、絞首刑は一八六八年にいたるまで公的な難題であった。一八五〇年代の、とある公開処刑場に集まった「ヒドラのように多くの頭を持つ群衆」について、リチーは心理を解明しようと試みている。

絞首刑に処せられる予定の男は、閉店間際の宝石店に押し入り、主人の所有物を守ろうとした店員を、仕込み杖で殴りつけて死に至らしめたということだ。しかしこの男は共犯者については頑として口を割らず、群衆がこの男にはむしろ敬意さえ抱いていたのは明らかだった。「この仮出獄者は、娑婆に出て飢えかけていた」と野次馬の一人が教えてくれた。「お役所は……奴をうまく厄介払いするもんだ。盗みをはたらくのは、そうせずにはおれんからだ。人を殺すのも奴のせいじゃない。だのに、だからといって、奴を絞首刑にするなんて、お役所は不公平なところだ。[9]」

このような心的態度と「パンチ&ジュディ」の親近性は、理解しやすい。そして、公開処刑が一八六八年に廃止されても、心情は残った。

悪魔との結末（74図）については、メイヒューがインタビューしたパンチ上演者が、悪魔をロシア熊に替えることで、当時の宗教感覚におもねったのか、話題性をあてにして奇を衒ったのか、果たしていずれなのかは明らかではない。パンチの最終対戦相手として「バネ足ジャック」を登場させ、上演したこともあったと語っている。後者は中流階級ではなく、民衆文化のキャラクターで、ドラキュラにも喩えられるアンビヴァレントなキャラクターである。ゴスの描写する最終場面は、ピッチーニが演じたものとは異なっていたにもかかわらず、力強いものであったようだ。

74図　悪魔とパンチ
右手の少年たちに注目

いよいよ終幕場面では、形なき恐怖が登場人物になって舞台に現れ、これまでのところ無敵であったパンチ氏を鎮圧しようとするところは、私には上演全体の極みのように思えた。パンチ氏が落ち着きをなくして、姿が見えるほうを指差し、恐れおののき、キーキー声で囁く。「あれは誰だ？　肉屋か？」厳粛な声が「いや、違う、パンチ君」と答える。「では誰だ？」（感情がたかぶり、怖じ気づき震えるキーキー声で）すると、最後の審判の鐘のように轟きわたる大声で「地獄に貴様を連れ去る悪魔がやって来たのだ」と名乗りあげる。パンチ人形はひきつけを起こしたように床にへたりこみ、足をばたつかせる。――これだけのことが私には筆舌に尽くしがたいほど厳かで、この上なく見事なものに思えた。私は楽しんでなぞいなかった。深く感動し、高揚していた。――昔ながらの表現を借りれば、「憐憫と畏怖の念で浄められた」のだ。[10]

ゴスの精神が際だって感受性の強いものであったにせよ、また、パンチの尽きせぬユーモアの片鱗が、ここでもうかがえるにしても、全体的な効果は少しも滑稽ではない。

このようなことから、「パンチ&ジュディ」がまだまだ盛んに上演された街路や縁日、すなわち中流階級の客間から離れたところでは、「パンチ&ジュディ」の力が衰えることはなかったとわかる。

> かの流浪の風変りな種族の残党が、英国ではまだ残存している。縁日や祭にあわせて、町から町へと旅する姿がみかけられる。町や村での縁日の前夜、羅針盤のありとあらゆる方角から、ある一点にむけて、道化服を着た一群の曲芸師やオルガン奏者に、木の実売りやジンジャーブレッド売り、おもちゃ屋にぶらんこ乗りや木馬師、そして最後とはいっても一群のなかで最もおもしろくないものではないパンチ&ジュディの興行主と上演者が、この一日、平穏きわまりない小さな村にさえも激しい息吹を吹き込む。[11]

という具合で、一八七〇年代にスタフォードシャーのフェイズリー村で催された縁日では、「回転木馬、ぶらんこ、標的落とし、昔ながらのサリーおばさんのパイプ落とし、パンチ&ジュディ、髭女の見世物[12]」などがあった。

しかしながら、その旅に利益をもたらすだろう目的地の縁日にしても、昔とは様がわりしていた。一八六〇年までに、ブレントフォード・フェアは「縮小を繰り返して見る影もなくなってしまったので、さしものリチャードソンも肩をすくませ顔色なからしめたであろうに。[13]」バーソロミュー・フェアも一八五五年には実質上封鎖された。ノッティンガム・グース・フェアも一八七六年には開催期間が五日間に、一八八〇年には三日間に短縮された。ある年老いた興行師は、一八五〇年代に次のように述懐している。

見世物も昔のようではなくなった。……以前なら（人は）どんなにまずい演目でも楽しんだものだ。だが、今じゃ、……みんな鉄道ブームにのっかって安旅行とかいうやつに出かけて、野道や草原を散歩するんだそうだ。——見るものはあるのかと心配してやるよ。[14]

休暇の遊覧列車は、たしかに見世物に対抗する娯楽となった。そして時には、昔ながらの縁日からもっと健康的な海辺の娯楽へと、人をそらすために計画的に運行されたふしもある。だが、縁日の興行師たちも遊興客を追って、ぞうさなく海辺へと集まるだろう、とまでは予想されてはいなかった。

一八四〇年代にメイヒューがインタビューしたパンチ上演者は、この商売は、内陸であれ浜辺であれ「保養地では」「七月、八月はたいへん良い[15]」と語っている。ディケンズによると、保養地には「イタリアの少年たちがやって来る、パンチがやって来る、ファントッチーニがやって来る、曲芸師がやって来る、エチオピア人がやって来る[16]」が、決して長期滞在はしなかった。一八四〇年代には「パンチはたいてい高級な海浜リゾートに出向いていた。しかしながらブライトンでは商売にならなかった。名所パビリオンはすたれてしまっており、パンチは訪問をやめてしまった。[17]」コリアーがブライトンの街中でパンチ&ジュディを追いかけていたのは、十九世紀の初頭にすぎない。一八四〇年代にはブライトンでの実入りが、すでに減っていたのに、その十年後に運試しに励むパンチ上演者は、まだ存在した。

さて陽気なパンチは元気な声いっぱい。
おもしろおかしくひやかすだけ、
パンチの唄に耳を貸せば
笑いすぎて腹の皮もよじれるよ。[18]

一八八四年には、たいへんどっしりとした箱舞台が浜のど真ん中に建てられていた（75図）。

しかしながら摂政の宮［のちのジョージ四世］との関係から、ブライトンは海浜リゾートの中でも例外的かもしれない。海浜リゾートの流行を代表するのは、おそらくラムズゲイトであろう。ディケンズ描くところ、タグズ一家が一八三五年にラムズゲイトを訪れていた。ラムズゲイトは当時の高級保養地で、タグズ一家がそこに行けたのは、「やり手であった[19]」からだ。しかしながら、一八四〇年代には、社会風潮は様がわりしており、「マーゲイトやラムズゲイトのような流行に全く見放された場所に、なんらかの興味があるなどと申すのは、たいへんな勇気がいります。まだ人が集まりますが、明らかに遅れた人々です。[20]」とエリザベス・ストーンが不平口調で述べたてた。一八五四年の時点で、フリスが「ラムズゲイトの浜辺」（76図）を描いた時に、装飾的なプロセニアム・アーチで飾られた大きな「パンチ&ジュディ」用の箱舞台は、あいにく上演中ではないが、浜辺にどんと据えつけられていた。

しかしながら、ラムズゲイトにおいてすらも、パンチ芝居がシーズン中ずっと上演されていたわけではなかった。十九世紀も最後の四半世紀になって、一般的にパンチ上演者の採算は取れるようになった。第一には労働時

75図　ブライトンでのパンチ芝居　1884年

76図　W. P. フリス「ラムズゲイトの浜辺」1854年　部分
左手にパンチ＆ジュディの箱舞台

間の規則化が広まり、法令で休暇が定められたこと、第二には遊覧列車が発達したことから事態は好転したのだ。一八八四年に、ある著述家が「列車とともにロバやブラス・バンドやオルガンやパンチ&ジュディや、その他の迷惑な物を持ち込んだのは[21]」日帰り旅行者の仕業だと文句を云ったのも、無理はなかった。ブラックプールの発展は、この過程の縮図となっている。早くも一八六〇年代には、ブラックプール北海岸はジプシーのキャンプや「アンクル・トムの小屋」ができていた。そこは飲み物の売店、舞踏場、野外劇場、ぶらんこ、木馬、写真屋、アイスクリーム売りやカメラ・オブスキュラを擁する娯楽センターのはしりであった。そして世紀の変わりめまでにはすでに、「牡蠣売りやロック・キャンディ売り、パンチ&ジュディ、腹話術師、魚の目取り、ペテン医者、骨相術師や手相見、ロバ乗り場などが居並ぶ縁日のような砂浜になっていた。[22]」すなわち、このような娯楽は、世紀前半にパズィーの祭やノッティンガム・グース・フェアで見かけたのと同じようなものであったということだ。一九〇〇年までに、海浜リゾートに出向くたいていの人は、娯楽のなかでも「パンチ&ジュディ」を見ることをあてにしていたものだ。しかし縁日にでかける人が、「パンチ&ジュディ」を期待していただろうとは、ちょっと考えられない。

これはパンチ上演者の夏季の生活形態に、たしかに一大変革をもたらした。流行のクリスマス・パーティーに参入したのは、同じ頃のことだが、多分それよりも大きな変化であった。ランディドノウのコドマン一家やウェストン・スーパー・メアのスタッドン一家、ブラックプールを皮切りにリルやその他各地に移ったグリーン一家のような海辺のパンチ上演者一家が、身を立て栄えることになった。そして海辺の街に住んでいない上演者でも、夏じゅう一つの浜辺に腰を落ち着けて仕事をする価値はある、と考えた時代であった。エドワード朝には、バースのヒル師がペイントンの浜辺で、一日三ポンドから五ポンドの稼ぎを見込んでいたという。ヒルは典型的な海浜上演用の箱舞台を持っていた。どっしりとして半永久的にもちそうな組み立てで、装飾的な金文字、房のついたヴェルヴェットの幕がつけられているもので、旅のパンチ上演者には足手まといになるものだが、常設用としては海の風に持ち

77図　R. バーンズ「海辺のパンチ&ジュディ」1885年

こたえることができるうえに、ヴィクトリア朝的堅固さを上演に添えることができた。酒がたたって、ペイントンでのヒルの業績はぱっとしなかった。ヒルの前にはターナー師が、ペイントンで初めて「パンチ&ジュディ」を興行したらしく、一九〇三年には週に半クラウンを場所代として支払っていた。一九一一年と一九一二年には、ペイントンの浜辺での「パンチ&ジュディ上演権」のためにリンドウ兄弟は、一週につき一シリング支払うだけであったし、一九一三年にはブリストルのマレー師も同額を支払った。

メイヒューの時代に比べると、ヴィクトリア朝後期の上演は薄められたように見える。海辺での上演では、観客の中でも子どもの割合がかつてなかったほど高かった。しかし当時の児童文学から透かし見えたほどには、無害なパンチ芝居ではなかった。仮にローズ師の人形をなにがしかの判断材料にすると、おそろしく陽気で色彩豊かであった。サフォーク州バンゲイのローズ、またの名を「ローゼリア」は、一八八〇年から一九四〇年まで、毎年夏になるとグレイト・ヤーマスの遊歩桟橋で上演したが、また人形彫師かつ塗師としての技を特に誇りにしていた。ローズ作品の中でも素晴らしいのは、巨大かつ獰猛そうなワニや、ぎょろ目に平べったい耳のジム・クラウ、それに恐ろしげな骸骨のノーボディである。ローズ作のパンチは、お約束のしゃくれ顎ではないが、鼻は巨大である。またジュディの頬は瘤をひっつけたようで、取って喰うような歯並びを見せるニタニタ笑いを浮かべ、狂気が目にひそみ髪はもしゃもしゃ、たしかにローズの傑作である。ローズが亡くなったとき、ローゼリア作のパンチが棺に入れられた（78図）。

モーブレー師の上演は、一八八七年の図版からすると、ローゼリアの人形から受ける印象を確かなものとする（79図）。モーブレーは一八六〇年頃からずっと上演を続けてきた。「パンチに引かれて国中を回った。パンチと俺は変わった経験をたくさん一緒にしてきた。いい時、悪い時、色々あったが、どうにかこうにか上手くやってきた。[23]」モーブレーによると「これは辛い仕事だ。暑い日には汗だくだ。」上演には技術を要する。というのは「手の器用さが大事で、見る目を欺く」からだ。モーブレーは、パンチと本物の犬トービーで幕を開けた。続いてジュディとの場面（「キス、キス、キス、キス」）、そして赤ん坊との場面（「よち、よち、よち、よち」）。赤ん坊は放り投げられ、ジュディは「舞台からおよそ六フィートも向こうに」投げ捨てられる。教区吏が現れて、

さてさて、ただいま、ただいま。

参上！

二人が乱闘、ついで教区吏もジュディにならって放り投げられる。パンチはつぎに黒ん坊をやっつけ、パブの主人と教区吏（またもや！）もやっつけたが、死体の数を勘定することができない。なぜならば、クラウンがひっきりなしに邪魔をするからだ。ついにパンチはクラウンをつまみ出す。ついでまた、トービー犬との場面があり、その後は幽霊との場面と医者との場面が続き、そしてまた教区吏がジャック・ケッチの役割を果たして首を吊られ、パ

78図　「ローゼリア」作　パンチとジュディと赤ん坊

79図　自画像「モーブレー師自身の舞台」1887年

ンチとクラウンが死体を運び去る。

モーブレーと年少の同時代人、イルフラクーム出身のスミス師の上演台本が、玩具商ハムリーズによって一九〇六年に出版された[24]。マクスウェル夫人やメイヒューが描写したパンチ上演者同様に、スミスも「手遣いでホーンパイプをやる[25]」ことができた。上演写真も何枚か残っている。そのうちの一枚では、例の支那の手品師演じる曲芸に、驚嘆のあまりジョーイがのけぞっている（80図）。また、パンチが大口を開けるワニに正面から対決する写真も残っている。スミスは一九二四年に亡くなったが、一九二六年にイルフラクームの浜辺のデッキ・チェア案内係の一人が回想するには、「英国西部では最高のパンチ上演者だった[26]。」

スミスの上演台本にはおなじみの場面が多いが、いくつか興味をそそる味わいがある。本物の犬、ジュディと赤ん坊、ジム・クラウとの場面や、死体数えのお約束の所作は、すべて面白いのだが新鮮味がない。しかし、スミスの台本にワニが初めて登場し、パンチの鼻にかぶりついたのだ。パンチは医者を呼ぶが、その医者は「公開処刑執行名人のマーウッド氏」と、すぐに身元を明かす。（ウィリアム・マーウッドはヴィクトリア朝に実在したリンカンシャー出身の絞首刑執行吏であった。一八八二年に亡くなったが、不

80図　イルフラクームでのスミス師の上演
道化ジョーイが曲芸を見てのけぞる　1894年

気味な云い伝えによると、その名刺には「御用命即承り」とあったという。）この悪人が処刑されると、死体は棺桶に入れられるが、そこに幽霊が突如として現れる。

幽　霊　：私はかわいそうな亡きジュディの亡霊。
パンチ（叫ぶ）：ジョーイ！　ジョーイ！　ちょっと来てくれ。幽霊だ。

幽霊が引っ込んで、ジョーイが現れる。

道化ジョーイ：幽霊を見たって？　やめとくれ！　妄想だよ。
パンチ　：じゃ、鎖でつないどくれ。
道化ジョーイ：誰を鎖でつなぐって？
パンチ　：妄想をさ。

二人は棺桶を持ち上げたままジグを踊り、それから空中に棺桶を放り投げる。パンチは道化を追いかけるが、つかまえられず、道化は観客にいとまごいをする。

モーブレーとスミスのいずれの台本も、読むだけではしっくりこないが、これはおそらく上演者が「手の器用さが大事で見る目を欺く」部分に多くを拠っているからで、モーブレーの上演でパンチが犠牲者を棍棒ですくい投げては受けとめる（これはピッチーニもやった）場面や、モーブレーとスミス二人のパンチ上演者がともに見せる、ダンスや突っつきあいや追いかけっこに死体数えなどの所作が、その代表的な例であろう。実際、ピッチーニについてと同様、（そしてまた別のレベルでは前掲「サム・ホール」のバラッドでも同様のことだが）どちらの上演も果たして正確な記録なのか、という疑問が浮かぶ。モーブレーの「登場人物一覧」には「ワニ」が挙がっているが、実際には登場しない。職業拳闘家や絞首刑執行吏は、出版された台本では、教区吏にとってかわられている。また、スミスの台本でも、たとえば、一見の価値有りの曲芸場面は省略されている。

いずれの上演も、ジュディや道化ジョーイとの場面、それにモーブレーの上演では教区吏／絞首刑執行吏、またスミスの上演では医者／絞首刑執行吏との場面を中心に展開するのは、見てのとおりである。特筆すべきは、悪魔の不在である。とはいっても、ここに至るまでの間に階級融和論者がパトロンとなって、「パンチ&ジュディ」が第一に児童演劇であるとの考えが広められていたが、これらの上演は基本的には、子どもに向けてのものではない。街頭では、観客はまだ「若年、中年、老年」[27]の人々からなりたっていた。そして仮にモーブレー上演における黒人の「舌足らずのおしゃべり」や、駄洒落が一部子どもっぽかったとしても、「キス、キス、キス、キス」と「よち、よち、よち、よち」の場面は、ヴィクトリア朝中流階級の家庭生活に対する過度に感傷的な心性の仮面を、非常に手の込んだやり方で剥がしている。また浅薄で執念深いのに、いつも要領の悪い教区吏は、パンチ芝居に四度登場し、いずれの場合も辱めをうけるというのも、諷刺がきいている。そしてスミスの上演における幽霊とのからみの場面は、大人向けの場面である。もし憂いに沈む気取った幽霊や、パンチが本当に驚いて発する悲鳴（これはスミスが台詞につけた指示としては唯一のものだ）やジョーイの当意即妙の答えに、「妄想」を鎖でつなぐというパンチの妄想を思い描けば、このささやかな一連の場面を膨らませることができる。もちろんパンチも妄想――パンチ自身のと上演者の、そして観客の妄想――によって生きているが、幽霊に引き起こされたパニックの瞬間が、ジョーイによれば妄想の成果なのである。『骨董屋』においてディック・スウィヴェラーが侯爵夫人との関係に発揮したのは、パンチにならう妄想に潜む力であったことと、また対照的にクィルプには夢想が欠如していたことを思いおこそう。「パンチ&ジュディ」を生業とするスミスは、想像力が束縛されると「パンチ&ジュディ」も死ぬことを、巧みな場面で示したのである。しかし、そのすぐ後で、パンチではなく道化ジョーイが芝居の幕を閉じることになり、輝かしい舞台が色褪せてしまう。

いずれの上演も、ピッチーニやメイヒューの上演ほど反逆的でも脅威的でもなかろう。グロテスクきわまりなく、諷刺に富み、見世物としての魅力があった。W・H・ポロックは、この時代の「パンチ&ジュディ」を「コミック・リリーフがたくさんある、よくできた素晴らしいメロドラマ[28]」と描写したが、この表現は的を射ている。ポロックとR・L・スティーヴンソンは、とある村でパンチ芝居に出くわしたことがあった。そして一九〇七年にアーネスト・ラッセルが出会ったのは、旅の「年老いたコックニー訛りの親方で、パンチ芝居の早口の喋りや特有の台詞に精通していた。」ラッセルにとって、その上演は「天才」的であった。

肉体をおよそ感じさせない頭と腕と脚だけのつくり物に、なんという身振り手振りの息吹を吹き入れたことか！　それに声はといえば、なんと音域が広く、また腹話術に長けており、この小さい木製の一団の各々に、どれだけとりどりの表情を吹き込んだことか！

このパンチ上演者の生活に対して、ラッセルはさらにロマンティックな熱狂を示している。

何時間でも人を飽きさせず、親方は話しつづけることができた。英国の田舎を「流浪する」生活についてだ。ずっと旅をつづけてきたという。背中に箱舞台をしょい、道連れは「相棒《コドラー》」なる呼び込み男だ。「この小さな島国」を隅から隅までずっとだ。その放浪生活の物語は、まさにジプシーの味わいだ……はるか彼方に延びていく道、風にしなる木々、前方に草原、田舎の縁日では風変りな衣装をつけた百姓たち、星空の下での野営の愉快な情景が、次々と脳裏に浮かぶ。[29]

このようなヴィジョンがどれほどノスタルジックでセンチメンタルであろうとも、旅のパンチ上演者の実生活を一部分でも呼び起こす（81図、82図）。まだ「田舎の縁日」がパンチ上演者の生活に、なんらかの役割を果たしていたことは、注目に値するだろう。

ラッセルが出会ったパンチ上演者は、同業者についても話題にしていた。「かの有名なジェッソン家については……話しぶりから察するに、たいへん親しいようだった……ホーキンズは『フェイク』（もしくはコール）を決して使わず、生まれつきの天分に頼ってパンチの声を出していたし、クラッパムは軽妙洒脱な「相棒《コドラー》」として前代未聞であった。」また、一八九五年には、ジェッソンがベイリー師について敬意を込めて語っている。ベイリー師は、イングランド北部で上演を続け、馬へクターとの場面の「大半を造り上げた。[30]」このベイリー師は、一八八〇年代に携帯用箱舞台で幽霊が登場する上演を行ない、バクストンやミュージック・ホールで一八七〇年代に上演したヘンリー・ベイリーと同一人物であったかもしれない（ミュージック・ホールはヴィクトリア朝やエドワード朝の「パンチ&ジュディ」上演に、さほどではないにしても別口の販路を開拓した）。しかし、一八九九年にクリスタル・パレスで興行したベイリーは、また別人であったようだ。というのはジェッソンが敬愛した師匠は、それよりも十年以上も前に亡くなっていたからだ。ジェッソンによれば「およそ人形を遣うことに関しては、彼こそ天下一品」であった。[31]

81図　トマス・スマイズ「『牡鹿の頭』亭前でのパンチ＆ジュディ」1865年頃

82図　巡業中　1880年頃

　これらのことをすべて考慮すると、モーブレーがインタビュアーに「ロンドンには同業者も一五人くらいしか残っていない」と語ったのは解せないし、デイヴィス師

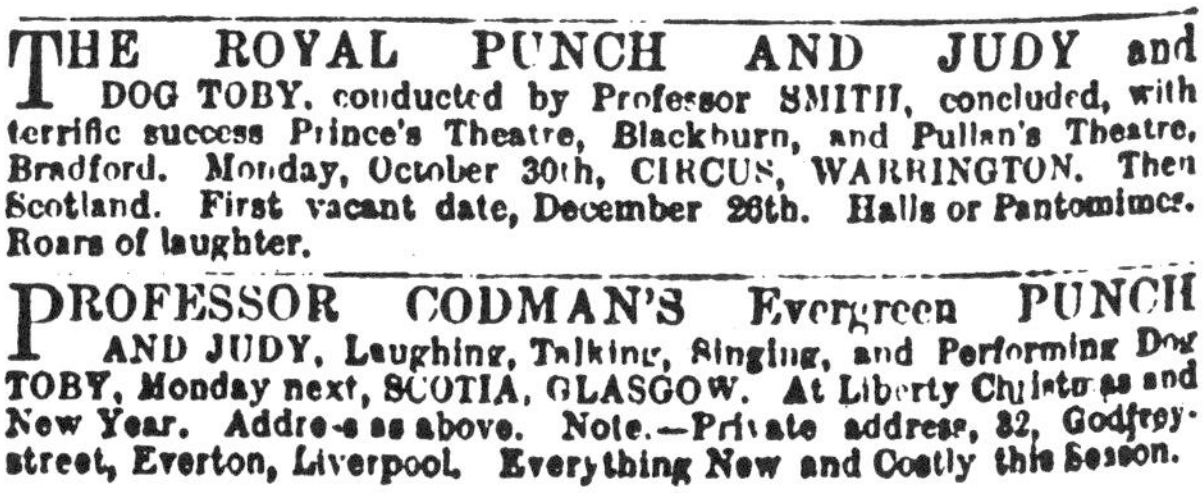
THE ROYAL PUNCH AND JUDY and DOG TOBY, conducted by Professor SMITH, concluded, with terrific success Prince's Theatre, Blackburn, and Pullan's Theatre, Bradford. Monday, October 30th, CIRCUS, WARRINGTON. Then Scotland. First vacant date, December 26th. Halls or Pantomimes. Roars of laughter.

PROFESSOR CODMAN'S Evergreen PUNCH AND JUDY, Laughing, Talking, Singing, and Performing Dog TOBY, Monday next, SCOTIA, GLASGOW. At Liberty Christmas and New Year. Address as above. Note.—Private address, 32, Godfrey-street, Everton, Liverpool. Everything New and Costly this Season.

83図　上演場所探し

84図　クロイドンのパンチ&ジュディ　1905年

が一九〇四年に、ロンドンで現に仕事をしているパンチ上演者は六人しかいない、と見積もったのは、もっと不可解である。ディケンズがロンドンにおける「パンチの一族郎党[32]」に賛嘆した時代に比べると、上演の主流が街頭から遠ざかったことを、このような数字が示すのかもしれない。しかし、これがかなり割り引かれた数字だと判断する根拠は、他にもある。一八九八年の「夜のパンチ」という一枚（85図）は、たいへんな人だかりが取り巻く上演を描き出している。これは、上演にはかなりの需要があったという証拠である。また、一九一〇年には、あるアメリカ人旅行者がハマースミスあたりの「シェパーズ・ブッシュ

85図 「夜のパンチ」 1898年

のある小路」やエッジウェア・ロードその他の場所で、パンチ芝居を目撃していた。[33] 二年後にはティタートンは、パンチがどのように「晴れた夜、人々が集まり警官が踏み込むことのない無数の往来で、かのジュディと一緒に陽気に飛び跳ねていることか」[34]を語っていた。

これまで名前の挙がった人々以外にも、さらに、フォレスト・ゲイトを縄張りにしていたA・R・バリヴァントやメリルボーンのトマス・ディーン、フィンズベリー・パークのジェームズ・ポートランド、そしてタワー・ストリートのマンリーとブルワーという「両遣い」すなわち集金《ボトリング》と上演をかわりばんこにする二人組がいた。このように、海浜での上演数が急速に伸びたにもかかわらず、街頭でもまだ、「パンチ&ジュディ」にとっては大変身近な舞台を提供していた。一九一四年にある人が述べたように、「パンチとジュディは移動性で、通りを最大限動き回る。往来のどこに現れるかというのは、確実には予測できない。[35]」コンプトン・マッケンジー作一九一二年の詩は、この点を取り上げて、その生活ぶりをうまく描き出している。

パンチ&ジュディが見える、
　この道をやって来る。
ちょうど家の前で止まった――
　静かに！　その席を取った。

ほら、向かいの大佐が
　パンチを追っ払おうとする。
奥さんが病気だそうだ
　今日は音に耐えられないとさ。(36)

一八九五年にジェッソンは、パンチ商売は三〇年の間によくなったと明言していたが、多くの上演者は生活もまだ貧しく、不如意な上演者とくずれかけた舞台を描いた図版もある。このことが必ずしも「パンチ&ジュディ」の磁力を損ねたわけではなかった。シドニー・ド・ヘンプシーは、ペッカムのライ・レーンで一八九六年に「この御仁」を観たそうだ。

舞台を呼び売りの台車に載せているが、わたしには本当に素晴らしいと見えた。……夢中になって見ていた。舞台を……台車から道路に降ろし、黒い箱を開けて縞模様のくたびれた布を引っ張り出した。よく見るとそれは、ほんとうに古い布団カバーだと判明した。彼は幕布を舞台の周りにぐるっとピンで留め付けた。かなり安っぽく見えたが、わたしにはたいへん華やかな雰囲気を醸し出した。(37)

同時代の別のパンチ上演者ジム・ボディは、あがりをまとめると、すぐにビールに使ったものだ。そして酔っぱらってしまってから、上演しようとした。人形への罵りが観客にも聞こえたほどだった。その嫌悪感はますますつのるばかりで、舞台まで揺れ始め、集金係《ボトラー》を務めるイライジャ・ドウというジプシーが、舞台を押さえてジムの怒りを鎮めようとした。この状況で、パンチは時にトービーをあまりに激しく打擲した。トービーが人形の中の手に噛みついて、怒り狂ったボディが犬を観客めがけて投げつけたこともままあった。スタン・クイッグリーに上演を指導した男は、ここまでひどくなかったが、クイッグリーが回想するところによると、この親方は「よれよれのフロックコートに薄汚れた首巻をし、すりきれたシルク・ハットをかぶり気難しげに道端に陣取り、弟子が十分な人出を集めるのを箱舞台の内で待っている。飲み代にするなにがしかの銅貨を集めるために、集金する頃合を見計らっている。[38]」

このようなことから判断して、街のパンチ上演者が貧窮しているとか創造性のない職人である、とは云えない。当時のルポルタージュによると、みすぼらしいことこの上ない箱舞台でも、上演はわくわくさせるものもあった。たとえば、第一次大戦前にサウスシーでヴィック・テイラーが見知っていた「年老いた」上演者の装備は「いくぶんくたびれていたが」、「たいへん素晴らしいパンチ上演者[39]」であった。ドックに停泊中の船の乗組員相手に契約を結んだとき、半額が前払いされた。約束の時間になっても、そのパンチ上演者が現れないので、船長が二人の乗員をやって捜させた。上演者はポーツマス旧市街のパブで「酔いつぶれて」いた。手付金は、すでにアルコールに費やしてしまった後で、箱舞台ともども約束の場所に荷車で運ばれたぐらいだったが、到着すると酔いをふっとばし、上演をなしとげたということだ。

ロンドンのヘイマーケットにあるヒズ・マジェスティーズ劇場あたりに、一九一〇年から一九一一年の冬にかけて現れたパンチ芝居を詳細に見ると、状況はもっとよくわかる（86図）。当時、英国は再び変革期にあり、不穏

86図　1910～11年にかけての冬期　ヘイマーケットのヒズ・マジェスティーズ劇場前を縄張りとした上演

な空気が流れていた。アイルランドの共和主義運動、サンディカリスト労働組合運動、婦人参政権運動がたえず政府を脅かしていた。このパンチ芝居はお隣の劇場にかかっているハーバート・ビアボーム・トリー卿の悪評さくさくたる『ヘンリー八世』と、意気軒高な婦人参政論者のアジ演説を取り入れていた。「見上げるほど高く据えられた箱舞台」では、午前十時に鐘が鳴って上演開始を報せる。幕が開いてパンチが登場し、観客について「大胆きわまりなく個人攻撃をしかけ」てから、いったん退場した。再び現れたときには、ヘンリー二八世というふれこみだ、と。

やつが云うには、匹夫凡夫があの退屈なウィリアムの長ったらしい芝居に最後までつきあうのは致し方ないと。だが、自分はシェイクスピアをことごとく書き換えちまった。すっかり今風にして、あの長々しくまわりくどい無駄口や饒舌を全部省いちまった。さて、その出きたてほやほやを頂くわけだ。かの「陽気な君主」は美女コンテストを催して、八人の妻はしかるべく勢揃いさせられ、望むなら選挙で投票できると云われた。うち七人は、利口なことに投票権を放棄したが、最後の一人は権利を主張し、選挙権獲得に執念を燃やした。これが悲劇のアン・ブリーンで、自由を渇望していたのだった。驚いたことに、王室会議でヘンリーは、七人の利口ものは英国の妻たるにふさわしく、命を永らえることができるが、アンはといえば……斬首刑に処すとした。死刑執行吏が登場し、今にもアンの首を落とそうとしたときに、斧がすべって「陽気な君主」の頭を直撃し、他ならぬ王の首を刎ねてしまった。

これは大人相手のどぎつい上演の典型であったようで、挑発的な諷刺の数々は根本的にラディカルであった。その「社会主義的、いや革命的とさえいえそうな」内容は「嵐のような拍手喝采に野次がとびかい、同意を示すうなずき」で支持を獲得した。その転覆性は明らかであった。

たとえユーモアの下に隠したとしても、どんなジャーナリズムもこんなに大胆で意味深い状況を、諷刺画にしても出版できるかどうか疑わしい。だが、パンチは孤高をたもち、天下の公道のはずれで、日々あまねく既成秩序に陽気に挑みかかるのだ。

また、他の上演でも「ロイド・ジョージの予算案や、首相のまがった鼻柱や、パンクハースト夫人［婦人参政権運動のリーダー］」が決め手にアッパーカットをくらわせるかどうかという問題について、新興貴族の愚かさについて、（パンチが）しゃがれ声でおもしろおかしくからかうのが……街路の騒音のあいまに聞こえる。(40)」ヒズ・マジェスティーズ劇場前を縄張りにしていたパンチ上演者は「当意即妙で笑顔を絶やさない」ロンドンっ子で、他にも『シラノ・ド・ベルジュラック』などをレパートリーにしていたが、一番のお気に入りは「他ならぬパンチの古色

87 図　フィル・メイ「昔ながらの友だち」1896 年

蒼然たるロマンス」で、時事諷刺にとってかわられたことを残念に思っているようにも見えた。しかしパンチ芝居が始まって以来、時事諷刺はつきものであった。さらにまた、見たところ伝統的ではないこの「パンチ&ジュディ」においてでさえ、主な出来事は主人公、パンチ／ヘンリー二八世と強情な妻との衝突と「間違った」処刑を行ってしまう執行吏との場面であることは、指摘しておこう。

パンチ上演者の輝かしい才能についてであれ、酒豪ぶりであれ、これらの描写や逸話は、昔ながらの街頭のパンチが、時にはあるべき姿を見失うことがあったにしても、イノセンスとセンチメンタリティーというヴィクトリア朝の牧歌的な様相に、全面的に屈したわけではなかったことを示している。

第八章

パンチ《スワッチェル》上演者《オミ》

The Swatchel Omis

［縄張りもきまり、お家芸として上演道具・上演術が伝承される系統を追い、上演者独自の生活ぶりを隠語ともども紹介する］

いつの時代にも、父親に芸を伝授されたパンチ上演者は少ないながらもいたようで、うまく第一次大戦前後の橋渡しをしている。

たとえばジェッソン一家は、一〇〇年以上の長きにわたって芸を継承してきた。一八九五年にインタビューを受けたパンチ師は、おそらく一八七〇年代には上演を始めていたようだし、その父親は「六〇年ばかりのあいだ」[1]上演していたということだから、一八三〇年頃にまで遡ることができる。一九三三年にジェシー・ポープが出版した本には、ジェッソン師の上演写真が何枚か掲載されている。このジェッソンは初代の孫にあたるが、一八九五年には集金係《ボトラー》をしていた（88図）。現代のパンチ師の一人ジョー・ビービーの原体験ともいえる思い出は、一九二〇年代にパディントンのアッシュモア・ストリートで「首に赤・白・青の襟飾りをつけて、舞台に鎮座ましますトービー犬まで登場する」「大変おもしろいパンチ芝居」[2]を見たことであった。人形は「全く素晴らしいも

88 図　ジェッソンの上演　死体数えの場面　1895 年

ので」、上演者は「恩給生活者の老人が二人」、集金係《ボトラー》の身元はあいにく未確認だが、上演者はジェッソン師であった。師は当時ノッティング・ヒルに住んでおり、手押し車に道具一式を載せて、街から街へと縄張りを渡り歩いていた。ジョー・ビービーはあまりにも深い感銘を受けたので「そう、いつかは見倣って自分も上演してみようと思った」ということだ。

ウェストン・スーパー・メアのスタッドン一家もまた、由緒正しい家柄であった。その末裔、ルービン・スタッドンが亡くなったのは、一九七八年のことであった。その父親もルービンという名だが、一家がパンチ芝居を上演し始めたのは一七九六年に遡ると主張した。しかし、これはちょっとありえない話である。ポプラーのスミス一家も、チャーリー・スミスがマーゲイトの縄張りを放棄する一九六三年まで、永きにわたって家業は続いた。チャーリーの兄弟であるアルバートは、一九三〇年代ロンドンを中心に活躍していた。彼らの先祖スミス師の台本を、玩具商ハムリーズが一九〇六年に出版したのである。ロンドンで活躍した中には他に、ショアディッチ出身のデイヴィス一家がいる。一九〇四年に、ロンドンにはパンチ師は六人しか残っていないと語ったのは、そのうちの一人である。本人は一九二〇年代にも、七〇歳を越えて、まだロンドンで上演していた。云い伝えによると、死の床で息子に芸を伝授したということである。一九二五年にインタビューを受けたパンチ師もいっそう曖昧ながら、なんでも失業中に「パンチ＆ジュディ」を始めた父親が「一度やって、他のものは目に入らなくなっちまった」ということだ。このパンチ師は夏には午前十時半から午後は九時まで浜辺で上演し、クリスマスには集金係《ボトラー》が「金色のリボンのついた白い山高帽子をかぶり」「箱舞台には赤いヴェルヴェットと金色の飾りをつけた」ヴィクトリア朝様式そのままの上演を見せた。彼は息子たちを仕込んだが、どの子も興味を示さなかったということだ(3)。

　その同時代人であるハリー・エドモンズはロンドンっ子だが、背中に道具一式くくりつけて地方を回り、できるところならばどこででも上演した。夏には海辺――マン島やアバリストウィスなどのリゾート地――そして「シーズン・オフ」には街頭に出た。息子のフランクとクロードは二人とも「パンチ＆ジュディ」を職にした（90図）。フランクは十三歳で学校を出て、その四日後にはもう「てくてくと(4)」巡業に出発していた。何年ものあいだフランクは地方を回った。手押し車に道具一式を乗せて日に二〇マイルも歩き、たいてい箱舞台の中で毛布にくるまって寝た。フランクの一年は「パンチ＆ジュディ」が上演できる場所にあわせて予定がたてられた。二月から五月までは地方巡業。夏のあいだは海辺で上演する。九月の終わりには再び巡業に戻る。十二月にはロンドンに帰り、クリスマス・パーティーにお呼びがかかるのを待つ。フランクと集金係《ボトラー》が村に到着すると、決まった手筈をとった。まず警察署に顔を出し、ついで学校に出向いて、放課後に子どもたちを集める許可を申請する。子どもたちは一ペニー、二ペンスと差し出したものだった。また後で、村の共有地やパブの前でパンチ芝居をするからみんなに宣伝するように、と終演時に子どもたちは云いつかった。一世紀前にディケンズが描写したパンチ師と同様、エドモンズにも競馬場は穴場だった。一九三〇年代にキャティストックでの競馬の日に雨が降ったときには、箱舞台を組み立てて、トービー犬を前に座らせただけで、人形の荷解きもしないうちに、五ポンド十七シリング集まったという。競馬の客は濡れた犬を見て、「『あら、何て可愛い。骨でも買ってやって頂戴』と一ポンド札。『まあ、何て愛らしいおチビちゃん』と銀貨ジャラジャラ」という具合だったそうだ。第一次大戦後、エドモンズは五人乗りのフォード製乗用車を購入し、後部を改造して眠れるようにした。兄弟のクロードがホイットビーに居たあいだ、フランクは一九二六年から一九七四年までウェイマスで、必ず日に七回「パンチ&ジュディ」を上演し、時には、たとえば公休日などには、日に十五回も上演したということだ。(ジョンソン作『バーソロミュー縁日』に登場するランターン・レザーヘッド

89図　F. バーナード「雨の中のパンチ上演者」

90図
ウェイマスでのフランク・エドモンズ（左）
1965年頃

は『火薬陰謀事件』を「ある午後なんぞには九回」上演したと自慢していた。(5)フランクが引退してからも何年にもわたって、フランクのパンチを懐かしく思い出す人々が、ウェイマスで跡を継いだガイ・ヒギンズに、消息を尋ねることもたびたびあったそうだ。

このようなパンチ師一家のなかで、最も風変りなのはモリソン家で、一九七五年に至るまで一世紀以上にわたって、スコットランドの高地地方で巡業を続けていた。エディンバラではヴィクトリア朝末期にファーン師なる人物がパンチ芝居を上演していたそうだが、スコットランドは「パンチ&ジュディ」の受容に一貫して積極的ではなかったように見えるだけに、いっそうモリソン一家の話は驚嘆に値する。ジョン・モリソンはサンガーのサーカスの道化になるために、医者という地位をなげうった。そして息子のウィリアム・ダンカンは、かつてのグランド・メドレーの名残りをとどめる家族総出の大興行の一部として「パンチ&ジュディ」を上演した。ウィリアム・ダンカンは曲芸師であり、重量挙げや射的もし、そのうえ一九〇〇年頃には、映写機にも携わった。その長男のアンドルーは曲芸師で、竹馬にも乗ったし音楽の才能もあった。長女のメアリーは綱渡りをし、加えて妹のキティーと宙返りを披露した。キティーは竹馬にも乗り、また女拳闘士でもあった。つぎの娘のリリーは歌って踊れた。残る息子のうちウィリアムは曲芸師で、ダンカンは手品ができて歌もうたえるし曲芸もできた。フィリップは「形態模写」をした。このようにさまざまな芸を披露したのみならず、父は手びろく接骨術を施し評判も上々だったようだ。一九二〇年代に彼が亡くなった時、パンチ&ジュディ芝居はダンカン・モリソンのものになった。ダンカンは一九七〇年代末まで「パンチ&ジュディ」の巡業をしていた。モリソンの上演では、パンチは裁判官の判決を受けて悪魔に連れ去られることになっていた。人形は道端で拾った木片を家族が彫ったものであった(91図)。

「パンチ&ジュディ」を家業とする家が、すべてこのように消え失せたわけではなかった。コドマン家、グリーン家、マッグズ家は、三代目ないし四代目が継いでおり、一九八〇年代にも上演を続け、いずれも家芸に強烈な誇りを抱

A　B　C　D

91図　モリソンの人形
A パンチ　B 絞首刑執行吏　C 幽霊　D 悪魔

いている。「この世にはたった一人しかパンチ師はいない。それは父さんだ。他はまがいで、本物の上演はできないんだ。と信じこむように自分は育てられた」とフィリップ・マッグズは回想している。一方ジョン・コドマンによると、自分の祖父こそが「この道の最高峰」とのことだ。自分たちの先祖にたいする尊敬と愛情ゆえに、これらの人々は今なお「パンチ&ジュディ」を続けているのである。フィル・マッグズは喜んでこの家業をやめる、と語っている。「こんなに大変な仕事は他にはしたことがない。つるはしとシャベルをもって三時間ぶっつづけに働くのと同じだ。けどこれは、家に昔から伝わる芸だから」と語っている。しかしフィルの妻によれば、パンチこそがフィルには「生きがい」らしい。またテッド・グリーンは、力を込めて訴えている。「もし百万長者になっても、まだ「パンチ&ジュディ」をするだろう。……イースターが近づくと、むずむずしてきて、外に出て何かしたくなる——気分がいいのは「パンチ&ジュディ」を見せてる時だけだ。」

ここにあげた家の者たちはすべて、「パーラリー」すなわち昔から伝わる上演者の隠語に通じている。フランク・エドモンズは「あっちこっちで拾い集めた。……巡業に出てる時には、いろんな人に会うし、そうすりゃパブに入って話もする……『儲けはどうだ?』と聞くと、返ってくる言葉といえば『おう、ナンティ・マジーズだ。』」これは文字通り一銭もないという意味だ。銀貨のことは「雪」と呼び、「バイオンク」「ディーナー」はシリング貨のこと、「クロッド」はペニーのことだ。「オミ」とは男のことで、その妻は「モッジー」という。テッド・グリーンは父が自分を呼びつけるときには、決して「テッド」とはいわず、いつも「オミ」と呼んでいたと懐かしそうに語っている。「ハムボーン」とは下手な上演者のことで、人形を「フロップ」させてしまう、人形をしゃんと立たせられない人形遣いということであった。とりわけ記憶に残っているのは警官を意味する「スカーパリング・オミ」である。「ナンティ・パーラリー、スカーパー・ド・レッティ」とは、テッド・グリーンが生き生きと訳したところでは、「黙ってずらかれ、後ろにポリ公だ」ということらしい。このような隠語は主にイタリア語をベースにしているが、縁日でいろいろな大道芸人や大道薬売りや人形遣いたちにまじって仕事をしていた十八世紀の役者連中の間で使われたのが始まりのようだ。興行師の中でも、パンチ上演者のような小集団では隠語もうまく残り、メイヒューをはじめその後の文筆家を魅了しつづけてきた。たとえばメイヒューは、テッド・グリーンが紹介したような一文を記録している。「誰かスラムを覗いているぞ。さ、どけ。」[6]「スラム」とは、時にはスワッズルを指す場合もあるのだが、ここでは上演自体を指しているようだ。「ノッビング・スラム」とは集金袋のこと。「スラム・フェイク」は絞首刑執行吏が運び去られる時に入れられる棺桶のことだ。パンチ氏は「スワッチェル」と呼ばれ（ここからパンチ上演者のことを「スワッチェル・オミ」という）、また、テッド・グリーンが「妻」という意味だと語っていた「モッジー」という語も、もとはといえばジュディを指す言葉であった。スタン・クイッグリーは観客のことを「ヘッジ」[7]と呼んでいた。（これは「縄張り《ピッチ》」と韻を踏む「垣根《ヘッジ》と溝《ディッチ》」から来ている。）そして、上演のことは「スランギング」と呼んでいる。隠語のリストにはまだまだ付け加えることもできるだろう。

グリーン家はジョーとテッドの曽祖父から始まった。曽祖父はロンドンの「行商人」だったが、パンチ芝居の道具一式を持つに至った、と一家には云い伝えられている。証明はできないが、メイヒューがインタビューしたうちの一人が機械仕掛け人形や影絵芝居を見世物にしており、一八四〇年代にはグリーンという名の男と一緒に仕事をしていたと語っていた。この曽祖父はマンチェスターに移り、マンリーという娘と結婚したが、娘の家族は腹話術や手品や「パンチ&ジュディ」を生業としていた。（この娘は先にふれたロンドンのマンリー師の血筋になんらかの関係があったと思われる。）その息子ジャック・グリーンは人形芝居を始め、一八八〇年にブラックプールの浜辺でデビューした。夏のシーズンが始まると、何年かの間はジャックは道具一式手押し車に乗せてマンチェスターから歩いて行き、九月になるとまた歩いて戻っていた。しかしついにはブラックプールで一軒の家を構え、「パンチ&ジュディ」を家業に十九人の子を育てあげた。

当時のある文筆家は、ランカシャー方言を駆使してブラックプールの砂浜を次のように描写している。

砂浜に散らばっとるのは、仰山の人々、砂遊びにほうける子どもに、更衣車、よたよた歩きのロバ、ミンストレルの黒ん坊、ココナッツ売りに写真屋、パンチ&ジュディの興行師、パラソル、土足で行方不明になったボート漕ぎ、牡蠣売り、救世軍、魚売り、赤ん坊の乳母車、それにドイツの鼓笛隊(8)

また行楽客が「昔なじみの例のパンチ&ジュディのパントマイムの周囲に人だかりになった(9)」と報告する記事もあった。これはブラックプールが労働者階級の行楽地と同義語になった時期を記録している。浜辺の縄張りは引き潮ごとに「争奪戦」で決まった。パンチ上演者たちは場所を取り、杭を打つために波のなかを歩いて渡る。陣地争いは珍しいことでは決してなかった。グリーンは専用のものを持っており、組合が区割り業務を引きついだ時すでに、この家族は定着していた。ある時には、この一族で九つもの縄張りを持っていた。

ジャック・グリーンの子どもたちの多くが芸人になった。娘二人は曲芸師セテラ姉妹だ。もう一人の娘ズィラは腹話術師ジミー・ムーアと結婚した。ムーアは「パンチ&ジュディ」を覚えて、ブラックプールで成功を収めた。そして息子のうち少なくとも二人、ノーマンとジャック・ジュニアもパンチ芝居を始めた。一九一一年にジャック・ジュニアはリルに移り(92図)、上演と並行して商売を始めて羽振りが良かった。腹話術師や手品師など他の芸人に、小道具などを用立てたのだ。年少の息子のテッドは、リルの海浜遊歩道の縄張りを譲り受けた。というのは、年長のジョーは、親戚が引退したとか亡くなったとかで縄張りを買い受けて、一九四六年にブラックプールに戻っていたからだ。ジョーはランド・ローヴァーを改装し、上演舞台にも使用し、縄張りを車で移動できるようにした(98図)。

家族の絆は相変わらず強かった。ある年老いた「人形遣い《スラングコウ》」が兄弟だとは知らずにジョーの上演の悪口をテッ

92図　リルのウエスト・パレードでのジャック・グリーン　1912年頃

ドに云った時、「云いたいことは全部云わしちまってから、云ってやった。『じゃ俺の兄貴が気に入らないってわけかね』って。爺さんどうしたもんか分らんようだった。やつは云ったよ。『いや、あんたはあの人とはずいぶん違う上演をなさる。』俺は云ったさ。『俺たちはおんなじ親父に習ったんだがな』って。」テッドは十二歳で上演を始めたが、へまをしでかしたら引きずり出してやろうと、父親は常に箱舞台の傍に控えていた。幕布ごしに小突き、「おんなじことばっか云うんじゃない」とか「パンチをまっすぐ持ち上げて」とか「ぶつけりゃいいってもんじゃない、わしの人形だ」とか文句を云ったものらしい。『あの声が今でも聞こえるようだ。もう死んで二〇年にもなるのに」とテッドは語っていた。

コドマン家の伝統はパンチ上演者《スワッチェル・オミ》の話のなかでも、比較的よく知られたものだ。(10) リチャード・コドマンはジプシーの流れを汲む旅芸人で、キャラヴァンは一八六四年にランディドノウで火災にあってしまった。「パンチ&ジュディ」について、いくばくかの知識があったので、浜辺で流木を集めて一揃いの人形を彫った。「パンチとジュディ、トービー犬、それに伴うその他もろもろの装具一式[11]を締め出そうとするランディドノウ風紀委員会の反対にもかかわらず、コドマンの上演はたちまちのうちに成功を収めた。そして一九一一年には、アーノルド・ベネットが「桟橋、ミンストレル、パンチ&ジュディ、海水浴」やその他もろもろに、行楽客がいかほどお金を使うかを記していた。[12]コドマン・シニアーは、一九一〇年に亡くなった。その年少の息子のハーバートが跡を継いだ（93図）。年長の息子ジャックは無声映画を上映したり、ランディドノウ・ハッピー・ヴァレー・ミンストレル・ショーを運営し、家族の他のものにも出演させた。また近くのコルウィン・ベイでは、アルバート・コドマンが一九七〇年に亡くなるまで、「パンチ&ジュディ」を上演していた。ハーバートが五〇年以上も働いたすえに一九六一年に亡くなった時、（息子のジョンによると「コドマン家の人間はパンチ芝居から退くようなことは決してない。箱舞台から、もう一つ別の箱、棺桶に引っ越すだけだ。」）ランディドノウの縄張りはジョンに譲られ、ジョンは一九八〇年まで上演していたが、亡くなった時には跡取り息子はいなかった。パンチ芝居についてジョンが覚えている最も幼い頃の思い出は、箱舞台の中に入り、逆さに吊られた人形に仰天して逃げ出したことだ。後に、上演を覚えようとしている時に、父親は人形一揃いをくれたのではなく、五ポンドで譲られた。そんなことがあってから「いつかは始めなきゃならねえからな」と折にふれてハーバートはジョンにパンチを上演するようにしむけた。しかし、幕が開いて十分も経つと、箱舞台の後で物音がする――「さあ出ろ！　わしがする。さあ！」――というわけで上演を、息子は父親に譲った。父には、ぼんやり眺めながらただ立っているなんて、しょせんできはしなかったのだ。

対してリチャード・コドマンは一八六八年に、リヴァプールのライム・ストリートで冬のあいだ上演するようになり、今なお盛んなリヴァプール流儀を作りあげた。一八八八年には、この縄張りを長男のリチャード・ジュニアに譲った（94図）。一九二三年には、人気は絶大なものになっており、人々の寄付によって箱舞台を新しく誂えることができた。新しい箱舞台の柿落としには、地区選出の下院議員が祝辞を述べる式典がとりおこなわれた。リ

93図　ランディドノウでのハーバート・コドマン　1912年頃

94図　リヴァプールでのリチャード・コドマン・ジュニア　1930年頃

チャード・ジュニアは一九五一年に亡くなった。しかし、その息子で三代目になるリチャード、孫にあたるロナルド、曾孫のロバートに、脈々とリヴァプール流儀は生きつづけてきた。

マッグズ家も五代、六代にわたって「パンチ&ジュディ」を上演してきた。出処はさだかではないが、逸話にことかかない。たとえば、パンチが妻をぶつ場面に人々が抗議したので、十九世紀にはレッドルースから追放されたご先祖様もいたそうだ。(『ドン・キホーテ』には、虐待されるヒロインを守るために、このスペイン紳士が人形芝居に襲いかかる、奇妙によく似たエピソードがある。)この一家には、十九世紀からの人形が二体伝承されている。使い込まれた裏革製のバネ足ジャックという悪魔と、大きくて力強いパンチである。ジョゼフ・マッグズはヴィクトリア女王治世に、十一歳でパンチ芝居を始めた。ロバを買えるようになるまでは、肩に舞台をかついで地方をまわった。そして、一九〇〇年頃から一九三八年の死まで、夏には毎年、ボーンマスで興行していた。五人の息子のうちパンチ芝居を継いだのは、もともとはビルだけであった。しかしフィルも、第二次大戦後に手品だけでは足らず、パンチ芝居に手を出した。「パンチ&ジュディ」を覚えることには問題はなかった。少年時代からずっと、父親のために兄弟総出で浜辺を集金に回らなければならなかったので、「パンチ&ジュディ」について知らぬことはなかったからだ。ジョゼフ・マッグズは息子たちに家芸継承を強いることは決してなかったし、フィルもまた、息子のピートに無理強いすることはなかった。十代のあいだピートは、「パンチ&ジュディ」だけはやりたくないと思いつづけてきたが、二二歳になった時に、「その良さが初めてわかった」らしい。ピートがその気になった時、父親はビルの人形を何体か使わせ、スワッズルの作り方を指導して、庭で練習させた。一九七〇年代も終わりに近づく頃には、ボーンマス近くの浜辺で、パンチ上演者《スワッチェル・オミ》一家のマッグズ家の末裔が、お家芸を披露するようになった。

パンチ上演者《スワッチェル・オミ》はまずもって自給自足でなければならない。一八九五年にジェッソンは次のように語っていた。「上演に必要なものはすべて自分で作っている。箱舞台も覆い布も、背景や垂れ幕も自分で描いたし、舞台の上飾りは

95図　E. R. スマイズ「田舎でのパンチ＆ジュディ」1875年頃

自分で彫ったし、人形の頭も彫ったし、衣装も自分で裁って縫った。[13]」他のパンチ上演者《スワッチェル・オミ》についても、事情は同じである。丈夫な木材を彫って頭にし、頬、眉毛、唇などは皮を貼りつけ、その上に色を塗る。ベン・ジョンソン作『バーソロミュー縁日』の興行師がランターン・レザーヘッドと名付けられていたことは、果たして単なる偶然と片付けてよいものだろうか？　皮を使って人形を作る利点は、「パンチ＆ジュディ」に登場する人形が殴られても、皮ならば木材のように欠けることはなかろうという点だった。パンチ芝居の人形は愛らしいものではないし、いわゆる美からは遠い。しかし、もっとも粗削りなものでも、いやおうなしに人を惹きつける魅力を持っている。重さ七ポンド半のフランク・エドモンズのパンチのように、良い人形には不可欠だと人が考える「存在感」「個性」が備わっている。船首飾りや教会の樋嘴《ガーゴイル》とならび、最上のものは民衆立体芸術と云ってもよい。

　それにパンチにはあの声、スワッズルによって作りだされる声がある。コドマン一家もエドモンズ一家もグリーン一家も、いずれもスワッズルを「コール」と呼び、マッグズ一家は「チャット」と呼んでいた。この人たちは、パンチの発声法について秘密にしたままだし、テレビで実演してみせたり、本で説明もされてきたが、ほんもののパンチ上演者《スワッチェル・オミ》は、これについては実は、ほとんどのところは種明かしをしないだろう。ジェッソンが一八九五年に語ったところでは、この「スクウィーカー」を呑みこんだ者は、その後、死亡するということだ――これは、素人が手を出さないようにという明らかな警告である――またヒル師は、シリング貨を二枚叩きだして「口に合うように切って」[14]この器具を作ると、集金係《ボトラー》に誤解させた。

他の何よりもパンチの声こそが、有無を云わせぬ魅力である。フランク・エドモンズは振り返って語った。「飽きたことなんか一度もなかった。飽きているのはパンチ氏のほうだ。パンチ氏はつくづく私に飽きており、私を見下して云う、『ばかな老いぼれ野郎だな、ほんと』。」ピート・マッグズなどは、自分のことをパンチ中毒みたいなもの、と呼んでいる。「二、三週間上演しないと、体の中が腐ってくるようだ。」またジョン・コドマンは、上演中には自分はパンチの気がする、と述べている。パンチを実在の人物、相棒のように感じる能力は、ドイツの人形遣いガイセルブレヒトを思わせる。ガイセルブレヒトはピッチーニの同世代人で、その『ファウスト』は、悪魔との契約や神に対する冒涜などの場面があまりにも凄まじく、他ならぬ上演者自身が怯えてしまい、ついには依頼があっても上演をやめてしまったという。

ともあれパンチ上演者《スワッチェル・オミ》にとっては、家伝が家宝なのである。ほとんど例外なく台本とは無縁で、自分の身近な家族以外のよその誰かから、なにかを教わるというのはありえないことだった。仮にフィル・マッグズの上演が家芸の伝統からずれていたとしても、「それはそうだが……ようは上演じゃないんだ」と兄弟のビルなら口ごもりながら云うだろう。そして、家芸を保存しようという強い意思とは相反するようだが、観客の好みに合わせて即興的に作りあげる能力に上演の生命力は拠っていることに、パンチ上演者なら誰でも同意するだろう。フィル・マッグズは、また、こうも述べていた。「上演は常に変わっていく。人がひもじい時には、人形もひもじい。人が職にあぶれている時には、人形も職にあぶれる。人形芝居は世相を映す。」例として、ジュディが手にする棍棒について蘊蓄をかたむける。これは銅鍋で洗濯物を煮沸する時に掻き回す「銅の棒」であったに違いない。しかし、今日の観客にはあずかり知らぬところで、したがって、昔ながらの上演のディテールが一つ失われてしまったことになる。（十八世紀にはパンチの妻は、玉杓子を振り回したものだった。また、メイヒューが記録した上演では小道具は「モップの柄」であった。）

ここにあげた、お家芸のパンチ芝居では、例外なくトービー犬（「バッファー《やっこさん》」として知られる）が舞台にお座りをさせられて、それから幕が開くことになっていた。とはいっても第二次大戦後は筋違いなことに、愛犬家や英国動物愛護協会から苦情があいつぎ、この伝統芸にもしめつけが厳しくなった。その結果、お家芸を継ぐパンチ上演者のなかでも、一九八〇年の時点でほんものの犬を使っていたのは、ジョー・グリーンだけになった。実際は、ジョーの兄弟のテッドが云うように「うちでは子どもより犬のほうが、ずっとよく面倒を見られていた」というのは、いつでも犬は単なる飾り以上のものであったからだ。見せ場は、パンチの鼻に噛りつく場面である。ハーバート・コドマンの犬には、拳闘の場面に参加するのもいたし、またウェールズ国歌にあわせて歌えるといった芸当ができる犬もいた。ディケンズによると、「パンチ・オペラの興行主」の上演には「ヨーロッパ唯一の歌う犬」[15]が参加していたらしい。また、ジョージ・エリオットが語るところでは「パンチ芝居に出演する……比類なく聞き分けのよい雌犬——朝食から日の入りまでに人が交わす会話には、その吠え声が表す半分の意味も見いだせない」[16]ということだ。

96図　本物の犬トービー

道化のジョーイは、「パンチ&ジュディ」につきものの場面にたびたび登場する。一つはお約束の死体数えの場面で、マッグズ家では「床並べ」、コドマン家では「学校」と呼びならわされていた。何人かをさっさと犠牲にしたうえで、パンチは死体を数え始める。しかしジョーイが登場して、一つをわきへよけたり、自分も横になって死体のふりをしたりというようなことを、思いつく限りやってみるので、パンチはいくら数えなおしても勘定があわない。困りはててついに、パンチは舞台端に座りこんでしまう。するとジョーイがそろりと死体をパンチのほうへと押しやる。死体がパンチにふれると、パンチが押し返してから、また座りこむ。ジョーイは、また同じことをする。あげくに、お約束の押しては返しの場面となるが、フィル・マッグズの上演では、この所作にリズミカルで愉快な掛け合い問答がついている。

パンチ　：押すのは誰だ?
ジョーイ：返すのは誰だ?
パンチ　：そっち俺返し、俺、貴様押す。
ジョーイ：君、僕を押し、僕、君押し返す。

ジョーイがソーセージ(しばしば「スクワセージ」と呼ばれる)を使う場面には、おなじみのワニが登場し、たいていソーセージを食べてしまう。ハーバート・コドマンのパンチは、この猛獣を見て「おや! カッコーだ」と叫ぶ。パンチの棍棒を呑みこもうとすると、パンチは死にもの狂いでつかまって、棍棒を引っ張り出したつもりがソーセージがずるずると出てくる。フランンク・エドモンズの上演では、ワニはジム・クラウに現れる。ジムが自分で指揮をしながら歌い、手をゆっくりと下ろしていくと——ワニの口の中に入ってしまう。ジム・クラウ氏は恐怖に凍え、展開はぞっとするものとなる。ジョン・コドマン上演にも、パンチ相手の同じような場面があった。ジム・クラウは登場したときに、パンチが背後で威嚇するように棍棒を振り回しているのを見逃してしまうのだ。一瞬の間に、大きな目を見開いてにんまり笑う，滑稽かつ陽気で無頓着な人形が覗きこむと、観客に恐怖の戦慄が走る。テッド・グリーンには、ジム・クラウの伝統を保持しようとする意気込みが強いようだ。ジム・クラウが歌うには

ああ、可愛い薔薇色のサンボならできる、
バンジョーを鳴らさないで、
ポム、ポム、ポム。

テッドは、この歌の意味はわからないと白状しながら、この場面を残している。メイヒューが記録したところでは、歌はもっと説明的であった。

ああ、可愛いローザ、サンボ来る、
聞こえないかい、バンジョーが？
タム、タム、タム。(17)

コドマンの上演でワニにかじられたパンチの傷を治療した医者は、マッグズ一家では素敵な骨医者、エドモンズ一家では下剤のジャラッパにちなみジョロップ医者と呼ぶならわしであったが、フランク・エドモンズは「品のない」このユーモアを省かざるをえないと感じたようだ。（「パンチの凋落」では医者は腹こわしスクワートと名付けられてい

た。）〔第五章88頁参照〕

支那の手品師が皿を回し、回しながら放り上げては受けとめる芸当も、また伝統的である。一八二八年にバーソロミュー・フェアで興行していた「支那の手品師団」を思い起こさせる。また、一八〇一年にストラットは、「三つの球と三本のナイフを空中に放り上げては順々に受けとめる芸当は……人形芝居にはつきものであった」[18]と述べている。他にも伝統的な「見せ場」としては、拳闘場面がある。たいていは白人のボクサーに黒人のボクサーが対戦するが、その時々に人気の拳闘家の名前を拝借した。このような見せ場は、通行人の関心を引くので、特に海浜遊歩道や街角の上演では効果的であり、また登場する人形たちは「特別出演」と見なされていた。たとえば、ジョン・コドマンには愉快な名前の「トミー・アンファンフルフム」がいたし、テッド・グリーンには「跳ぶぴょんぴょこ」と名乗って、ただ跳んだりしゃがんだりするだけの「変わり者」がいたが、パンチはいずれをも忘却の彼方に葬り去ってしまった。

ジェッソンによると、結末で黒ん坊、トービー犬の飼主、教区吏、道化がみんなパンチを追いかけ「回したあげくに、ついに突然パンチが向き直り、棍棒で皆をぶちのめしてしまう。そして道化が頭をもたげるが、それもすぐさまぶちのめされてしまう。それからパンチは踊り回りながらわめく。『俺さまのは何て頑丈な棍棒。大勢やっつけちまった。』[19]」だが、もちろん絞首刑の場面こそが、もっとふつうの結末であった。ハーバート・コドマン上演のように、駄洒落がとばされ、際どい掛け合い問答があった。

絞首刑執行吏：さてパンチ殿、お苦しみの覚悟やいかに？
パンチ：うん、夕飯はいつでもお楽しみ。
絞首刑執行吏：この世にバイバイの覚悟はいかに？

パンチ：うん、パイならいつも歓迎さ。

この絞首刑執行吏はふつうジャック・ケッチとして知られていた。しかしテッド・グリーンがジャック・キャッチ［つかまえる］と名を変えたのは適切である。

97図　「トゥートゥ　トゥートゥ　トゥートゥ」

98図　自家用ランド・ローヴァーから上演する
ジョー・グリーン　1972年頃

ここに至るまでの場面をとおして、間の取り方、ひっきりなしに飛び出すユーモア、小器用に人形を操る手際の良さは、いずれも素晴らしいものだが、活字では伝えきれない。たとえば、ジョー・グリーンの上演は、自身の言葉を借りれば、「あらっぽい戸外向きの上演」で、「浮かれ騒ぐ北部の労働者階級」に的をしぼっていた。この勢いと攻撃性は、右に出るもののない十五分間の力技であった。グリーン夫人が単調に打ち鳴らすドーン、ドーンという太鼓が、磁石が鉄屑を吸いつけるように観客を惹きつけるなかで、トービー犬が物問い顔に舞台に座って開幕となる芝居のリアリティーを、筆力がどこまで写すことができようか。集まった人々は先ほどまでは一体どこにいたのだろうか不思議なほど、浜は空っぽだ。

太鼓が鳴り続ける間、トービー犬は高いところに座り、次から次へと人形が登場しては消えていく。——蜘蛛やワニ、それに、トービー犬に無謀にも近づいて反対に噛みつかれてしまう馬鹿面のまじめくさった猿。おまけに支那の手品師はブロンズの痰壺のように皿を回す。集まった観客は熱中して見ていると、ついにパンチ（ピッチーニのパンチのように「やぶにらみ」である）が、例の声も高々に叫びながら登場し、トービー犬と握手をかわしてから、トービー犬を舞台下に降ろし、本番が始まる。[20]（従来ジョー・グリーンはトービー犬の場面で幕を開け、パンチに犬の所有権を争わせたが、一九八〇年の時点では、新米トービー犬はまだ、この所作を習得していなかったので、この場面は省かれていた。）

パンチ上演者は、指をパンチの腕だけではなく脚にも入れて、破茶滅茶踊りを見せ、それからジュディを呼び出す。ジュディとのからみの、お約束の場面で際立つのは、赤ん坊が野太い声で「ママをおくれ」とか「あっち行け、このデブ！」とか上にのっかったパンチにどなるのだが、これがどうしようもなくおかしい。次いで警官、ジャック・ケッチが現れるが、パンチは絞首台を棍棒がわりに用いてやっつけてしまう。この所作は絞首刑に反対する大人から抗議されて工夫されたものだが、グリーンは「棒切れでもって地獄に送りこまれるのは確かだが、絞首刑に

99図　早朝４時

はあわないだろ」とこじつけの説明をしている。続いて途方もなく滅茶苦茶な大狂乱となるが、驚天動地の出来事が続き、ジョーイは怖じ気づいて逃げてしまい、幽霊も「やっつけ」パンチの一人勝ちとなる。

またジョー・グリーンは、時に素晴らしいエピローグを加えた。「今日これをやるのは、お前さんが録音機持参だからさ」と彼は私に語った。このことからも、ピッチーニやメイヒューが取材したパンチ上演者が、鉛筆とノートにどのように反応したかは、推して知るべしだろう。ワニが現れて、舞台じゅうパンチを追いかけ回し、かぶりつくが呑みこむことはできない。ワニは、代わりに棍棒を呑みこんで、退散する。「別の棍棒が欲しいな」とパンチが叫ぶ。「貰えないよ」と舞台下で上演者の声がする。「さあ、芝居を続けたまえ。」「もう一本棍棒が欲しいな」とパンチは大声で叫ぶ。上演者は無視するが、パンチが猛烈に駄々をこねるので、ついに短めで太めの棍棒を手渡す。パンチは手に取って見るが、これも投げ捨て、別のを寄こせと駄々をこねる。またまた上演者と口争いになるが、ついには長く細い棒を手渡す。またまたパンチはこれを放り投げ、別のを寄こせとわめき、下にいる上演者に跳びかかろうとする。「聞きわけのないやつ。もう無いよ」と上演者が叫ぶ。パンチはわめきながら上演者に跳びかかり、抵抗する声が聞こえるなかで、シャツが一枚舞台下から投げ出されて観客席に落ちる。ついでズボンが投げ捨てられる。それからズボン下を放り投げて、上演者が怒鳴るには「ここにいまいましい棍棒があるぞ。」「おお、やった！　やった！　ほ！　ほ！　ほ！」とパンチはわめき、転げ回って喜び、手足をばたつかせ、上機嫌で、図々しく、鼻高々である。このように活力に満ち、野蛮で滑稽なフィナーレでは、パンチが無敵であるのはもちろんのことながら、単なる道化を越えた力を獲得して、自己の世界の境界を実際に踏み出していることがわかる。この危険なまでに破壊的な行為の含意は、詳述するまでもないだろう。

現在の多くの「パンチ＆ジュディ」とは異なり、この上演には観客参加の要素はほとんどない。しかしながら人形の一挙手一投足に、観客の叫び声や哄笑、忍び笑いがともなう。観客の反応の微妙な加減は、何かが起こりつつあるその渦中にある、という印象をもたらしている。この点で、これは同時代の上演よりもグリーンの祖父の上演と似ているし、よりいっそう破壊的で煽情的な衝撃をもたらしたのだ。一九八〇年までに、ジョー・グリーンが「パンチ＆ジュディ」を上演した回数は、おそらく四万回を超えていた。しかし、その上演は途方もなく新鮮で自在であり、天衣無縫に見える演出も鍛錬の末に獲得されたものだということを、完璧に覆い隠していた。矢つぎばやに洒落が発せられるので、ほとんどが忘れられてしまう。殺害場面も突発的な惨事にしか見えない。スワッズルを完璧に習得しているのみならず、ミュージック・ホールのコメディアンの声色を使いわけるので、上演は生き生きとした活気に満ちていた。これこそが、我々の文化遺産のひとつである「パンチ＆ジュディ」という民衆芸術の最上の形であり、パンチ上演者の家族が、何世代にもわたって継承してきたものである。

第九章　二〇世紀

Twentieth Century

［上演形態が契約・予約が主流になり、興行主の意向をくみ諷刺を弱めて喜劇性を強め、なお本質を変えず、また観客参加などの新機軸を活かす上演を紹介していく］

一八五〇年頃の「パンチ&ジュディ」は、縁日や街頭のものであった。縁日が様がわりしたり封鎖されて、上演の場は海辺に移動した。しかし二〇世紀になってからは、道路網と都市計画が一体となって成果をあげ、「パンチ&ジュディ」は街角から姿を消したが、とってかわるような上演の場は確立されなかった。したがって、ヴィクトリア朝のパンチ上演者にとっては、祭や子どものパーティーでの予約上演は、辻芝居からのつかの間の解放であったが、二〇世紀の後輩上演者にとっては、必要不可欠な収入源となった。その結果、パンチ上演者は、既成の娯楽施設とすすんで提携するようになったが、これはこの世紀の特徴である。このような状況では、街頭で人気の諷刺や挑発の要素は抑えられ、予約取扱い業者や興行主が児童向きと判断するものを強調するようになった。しかしながら付け加えると、このような雇用上の変化は、娯楽の質や児童の発達などについての認識が変化したことに促される、大きな文脈での文化の変貌に呼応している。

100図　ウォルター・ウィルキンソン「覗き芝居　パンチのいないパンチ&ジュディ」

第一次大戦後に、人形劇が芸術の一形態として復興したことも、「パンチ&ジュディ」が児童向け演劇であるという認識をはからずも育んだかもしれない。復興時の手遣い人形師の重鎮であるウォルター・ウィルキンソンは「英国演劇史上初めての革命と呼ぶに値する真の革命――パンチぬきのジュディぬきの、トービー犬ぬきのパンチ&ジュディ」(1)を作りあげようとした。「パンチ&ジュディ」は絶滅の危機に瀕している、いずれにせよ児童にはふさわしくない、「こんなに魅力的な小劇場は」もっと別な「余興」が提供できるはず、等々の前提にたって、ウィルキンソンは「覗き芝居《ピープショウ》」を発明し、広く歩いて巡業した。自身の体験を数多くの書物に著わしており、時代への迎合性や陽気さ、飾り気のない簡素な生への逃避傾向は、今でも魅力的である。だが、その著書ゆえにウィルキンソンは、「パンチ&ジュディ」に潜む不気味な活力を取り除き、「パンチ&ジュディ」を矮小化する始祖のひとりとなったのだ。

一九一四年から一九一八年にわたる戦争が終わると、パンチ上演者の多くは無意識にではあろうが、このような時勢に抗うべく、街頭上演に競争力をつけようとした(101図)。モーリス・ベアリングは、一九二二年ハロッズ百貨店前の街頭上演を描写している。

> パンパイプの演奏。トービー犬が吠えた。パンチの高音の裏声《ファルセット》が霧のなかをつんざいた。ジュディの不満たらしい抗弁も即座に諫められた。そして芝居は論理的に、

一歩ずつ避けようのない悲劇的な破局に向かいまっしぐらに進んだ。パンチは警官を欺き、医者をやっつけ、絞首刑執行吏をたらしこみ、道化にからかわれるが、ついにはファウスタス博士と同じ運命を辿った。恐怖のあまりパンチは、ファウスタス博士なら「ああ、ゆっくり、ゆっくり、走れ、夜の馬」［クリストファー・マーロウ『ファウスタス博士』五幕二場一三九行。オウィディウス『アモレス』からの引用］とラテン語の台詞でつぶやくところをロンドンっ子特有のコックニー口調で叫んで夜陰に消えていった。

ベアリングは、さらに観客についても詳しく語っている。

101図　R. モンセル「街のパンチ＆ジュディ」

> 云いつけを忘れた使い走りの少年。俊敏に動く肉屋の手押し車も小休止。もの欲しそうな乳母と、すしづめの賑やかな乳母車。警官、事務員、郵便配達夫、賭元——実際、観客は社会の縮図だ。この見世物が終わるまで、ただの一人も注意を逸らそうとしない。[2]

この描写も、ある意味では月並みである。また、ベーカーの対立する見方も、同じように月並みである。

> 一九二五年、とある土曜の午後、ウェストミンスターあたりの小道。この芝居を観に……集まったのは襤褸《ぼろ》を着た子どもが数人のみ。技の披露には到底見合わない少額しか、パンチ上演者の帽子には集ま

らなかったに違いない。[3]

このようなパンチ上演者のうち名前の伝わるものも何人かいる。たとえば、ロンドンではペグラム師が「手押し車に道具一式載せて現れ、レイヴンズコート公園正門あたりで設営したものだ。そして一時間ほど上演する。おそらく二回公演を……週に三、四日ぐらいだ。[4]」また、一九一二年から一九六二年に活躍したガス・ウッドもいる。ガスが手ずから彫った人形は、今ではベスナル・グリーン博物館［ヴィクトリア&アルバート博物館の分館で子ども文化関連を展示する］に収められている。比べれば武骨で稚拙であるが、それにもかかわらず、子どもが見る悪夢の雰囲気がうまく伝えられているのは、意味深い。地方には、ウスターシャーのファーンヒルのアルフ・ピーターズのような人物がいた。縁日やミュージック・ホールで活躍した芸人一家の出で、自身は手品と「パンチ&ジュディ」を組み合わせた。アルフは、契約先に「二階建てバス」のようにしつらえたオースティン16で乗りつけ、晴れた午後なぞには紅茶を大ぶりの茶碗で何杯も啜りながら、気にくわないことがあると「すごい美辞麗句」をもてあそんだ。[5] クラックトンのクロード・ノースは、巡業パンチ上演者の最後の一人で、一九三〇年代には三輪自動車の後部に箱舞台を据えつけ地方を回っていた（102図）。

この世代の典型は、パーシー・プレスで、一九〇二年にロンドンで生まれ、職を転々としたあげくに、一九二〇年聖金曜日にハムステッド・ヒースで野外手品師としてデビューした。ここは大道芸人のたまり場で、占い師、トランプ賭博師、縄抜け・籠抜け術師、それにパンチ上演者がたむろしていた。「イースターにはパンチの箱舞台が八つも立てられた」ことをプレスは覚えている。[6] 数年後には、プレスもパンチ芝居を習得した。たきつけたのは「年老いた人の善いパンチ上演者」サム・ブリッジズで、サムはブリクストン、キャンバーウェル、クラッパムの街路や市場で上演を続けていた。ヴィック・テイラーは、このような縄張りの描写を残している。

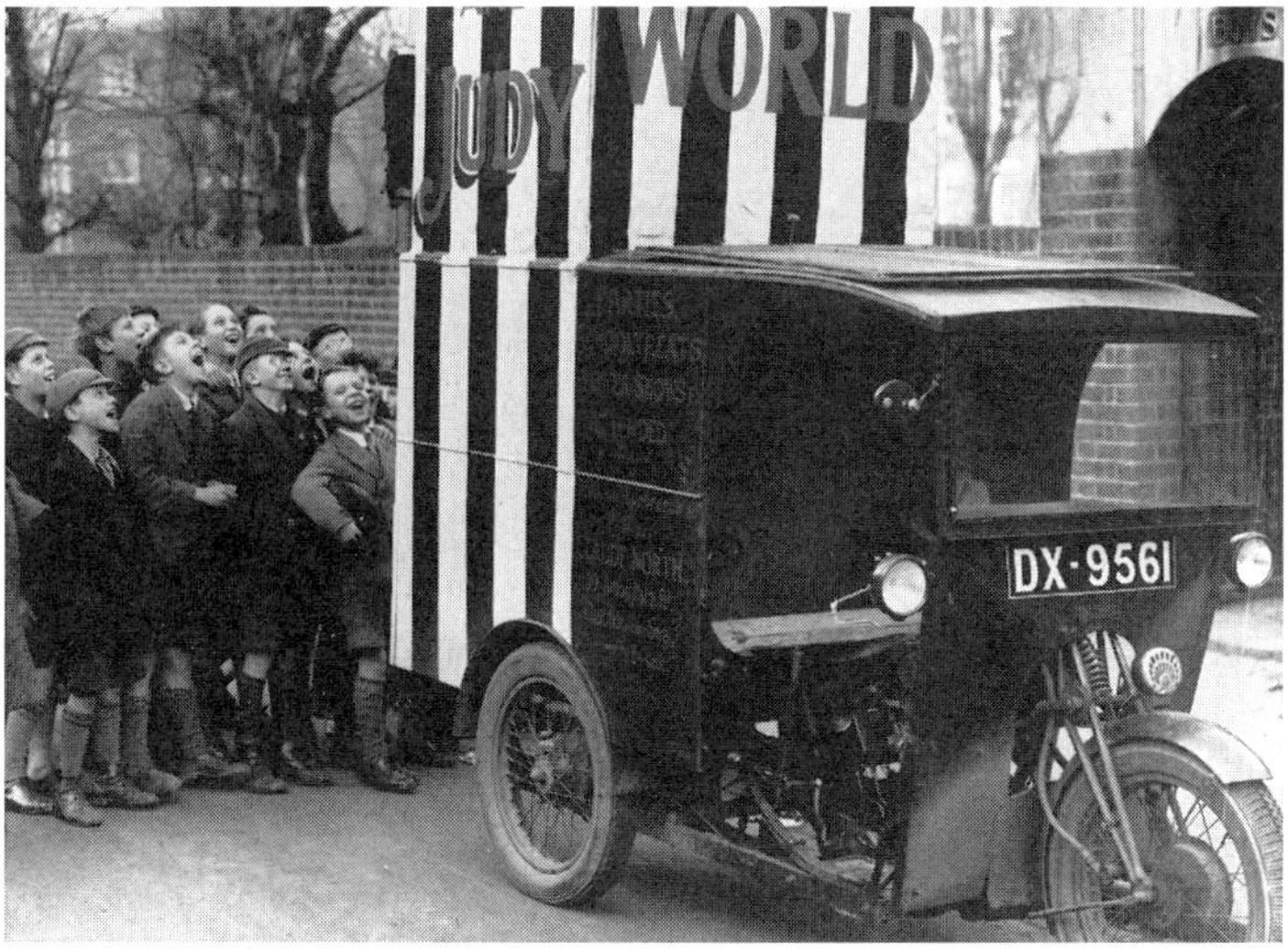

102図　クロード・ノースの舞台は自家用三輪車に乗せられている　1935年頃

夜も更けると、魚や肉が捨て値で叩き売られる。貧乏人はこれをお待ちかねだったのだ。偽医者、魚の目取り屋、剣呑み、縄抜け等々に場所代一シリングで貸し出された。[7]

一九二〇年代に入ってもなお、偽医者は一団をなし、麻酔をかけずに歯を抜いてみせたりしていた。拘束服からすりぬける「小女」や、火喰い男、グラスや時計や「そのたぐい」を呑みこむ男、毛生え偽薬売りや「ありとあらゆるがらくた売り」がいた。パーシー・プレスにとっては、このような場所で上演することは「戦い」であった。特に興行師どうしが「かぶせあう」——すなわち観客を横取りするために、すぐ前や横に箱舞台を設営するときは、戦いになった。

プレスの一年は、三月にパトニーの引き舟道で、ボートレース見物に集まった人相手に上演することで始まり、しめくくりには十一月の第二土曜日のロンドン市長パレードの日のエクセター・ストリートとストランドの交差点で上演した。プレスにとっては書き入れ時は日曜日のオックスフォード・ストリートで、めかしこんだ「東の住民が西へやってきて」

103図　ペイントンでのジョン・スタフォードの上演　1930年

ウィンドー・ショッピングで賑わう時である。プレスによると「ほとんど皆が一ペニーや二ペンスと木戸銭をくれて、たちまちのうちに二ポンド分くらいのペニー貨が集まった」ということだ。折にふれプレスは、二人がかりの上演をした。たとえばパンチ一家の出のアルバート・スミスをはじめ、ジョン・スタフォードやトム・ケンプやウィル・キトリーなどと組んだ。スタフォードは、ペイントンで一九六九年まで活躍したパンチ上演者で、特に拳闘試合の場面と本物の犬トービーが有名で、人々の記憶に残っている（103図）。「上演が始まると、わしはパンチになる」[8]と語っているが、この時代の典型らしく、上演は暴力的な要素よりも喜劇的な要素が特徴であった。同様のことがケンプにもあてはまる（104図）。ケンプはブライトンの西遊歩桟橋で何年にもわたって上演を続けてきた。上演には風呂で飼われていたワニが登場した。一九五一年に、ケンプとキトリーがロンドンの街路で上演しようとやってきた。「さてパンチ氏がおでましになると、あらんかぎりの声を張り上げた。（もともと地声は大きい。）心配することは何もなかった。魔法が効いたかのように、遠いところにいる人々がちらりと見て立ち止まり、満面笑みを浮かべた。」しかし一九五〇年代には、街頭上演は

104図　ブライトンでのトム・ケンプの上演　1935年頃

採算がとれず、ケンプはキトリーともども早々に引き揚げた。「自動車がいかん……。大道に近すぎると騒音に呑みこまれるし、離れすぎると客が集まらない。」(9)

おそらくロンドン最後の街頭パンチ上演者は、ジョン・アレグザンダーとジョー・ビービーだろうが、二人は金儲けのために上演していたのではなく、伝統を守ろうと志して続けていたのである。一九五〇年代半ばには「街頭でパンチにもっとお目にかかってもいいはずだ」と、アレグザンダーはグリニッジのカティ・サーク号近くやハムステッド・ヒースで上演するようになった。(10)ジョー・ビービーは、自分の上演は「幾分時代錯誤的」だとあっさり認めている。少年時代に憧れていたジェッソンのパンチ芝居に漂っていたヴィクトリア朝の雰囲気を、意識的にとどめようとしている、ということだ。ジョー・ビービーは最初はハムステッド・ヒースのホワイトストーン池そば旗竿の建つあたりに設営したが(105図)、後に一九六〇年代には他の地域にも進出していった。ロイヤル・アベニュー、チェルシーのキングズ・ロード、ケンジントン・ハイ・ストリートやキルバーンのハイ・ロードのグレインジ・パーク外などである。(11)一九七〇年代に入って、コヴェント・ガーデン前広場が発展し、そこでの五月パンチ祭は、ロンドンの街頭で上演する機会を与えたが、主に観光客向けであり、絵に描いたような非日常の世界が組織的にくりひろげられることになった。

105図　エドワード・アーディッゾーン「ホワイトストーン池でのパンチ&ジュディ」1955年

　組織的というのが、この場合の要であった。第二次世界大戦に先立つ数年間に、海浜リゾートを皮切りに遂げた発展の延長線上にあったのだ。またもやパーシー・プレスが辿った変遷から事態を察することができる。プレスにとって初めての海浜リゾートでのシーズンは、一九三五年スワネージで十七週間にわたり、あてがいぶちで仕事をこなしたことであった。一週間に十二ポンドで手品、腹話術、「パンチ&ジュディ」を興行した。プレスは海に面した遊戯場で、日に五度も上演し、入場料は児童一人あたり三ペンスであった。翌年はラムズゲイトで上演するようにと雇われたが、実入りはあまりよくなかった。そして一九三七年にはハーン・ベイで契約を結び、第二次世界大戦まで三シーズン上演することになった。これらはいずれもエージェントを通して獲得した出演契約で、プレス自身が『世界のお祭』誌に載せた広告が発端であった。一九四八年から八〇年に亡くなるその前年まで、プレスはパーシー「小父さん」として、夏になると必ずヘイスティングズの遊歩桟橋で、手品や腹話術やパンチ芝居で子どもたちを楽しませていた。

　第二次大戦は、「パンチ&ジュディ」の上演機会を定期的にしたり統一したりするのに拍車をかけることになった。たとえば、プレスの「戦時下のパンチ芝居」は慰安奉公会《E・N・S・A》の世話で大規模な巡業にでかけた。かまぼこ型組

106図　英国祭で上演するパーシー・プレス　1951年

み立て兵舎が背景布に描かれ、パンチは軍服を着こみ、巨大な鼻にはガスマスクを装着した。ジュディは陸海空軍厚生機関員《N・A・A・F・I》で、ジョーイは陸軍厨房係で、警官は憲兵で、絞首刑執行吏はヒトラーといった具合であった。他のパンチ上演者も似たような上演をしていたが、なかにはチャーチルとスターリンが協力して、ヒトラーとムッソリーニを絞首刑にするような上演もあった。これはもちろん上演に時事的な要素を入れるという伝統の一例であるが、プレスの主人公は愛国主義者であり、たとえばコリアーが描写した悪漢に愛国精神が欠けていて、フランスを攻めるネルソンの軍隊に入ることを拒否したのとは、幾分異なっている。また「休暇は国内で」という、国をあげての方針も、パンチ上演者をもっぱら児童向きの芸人として組織化するのに寄与した。ロンドンに住む年老いたパンチ上演者のウィル・ハルは戦時下に新たに寿命が延びたかのようで、ハルのために縄張りから縄張りへと「道具一式引いて行った」ことをジョン・アレグザンダーは回想している。一九四一年には、マックス・アンドリューズは次のように記している。

パンチ&ジュディは……今日かつてないほどの人気を博している。主に児童向けの娯楽を扱う興行エージェンシーのマネージャーとして、私はこの種の上演の需要は着実に伸びていくと声を大にして申し上げることができる。(12)

このような趨勢は続いた。英国祭の一環として一九五一年には、開園したばかりのバタシー遊園地で、プレスとブルース・マクリョードがシャープス・クリーミー・トフィー製菓会社の後援で上演することになった。二人は半時間の上演を日に八回行った。すぐそばでマリオネットの一団を率いていたウォルドー・ランチェスターは、プレスとブルースがどれほど「汗だくだったことか。ブルースはタオルを巻いてしたたりおちる汗を拭いあげたものだった」(13)と思い出を語っている。「パンチ&ジュディ」は子どものパーティーに個別に予約されるだけでなく、増えてきたのは学校が休みのあいだ公園に余興を必要とする地方当局や、クリスマスやセール期間中に特別な催し物を必要とする大きなデパートや、広告代理店による数日間から時には数週間にわたる長期契約であった。このようなわけで、一九六八年にはグリン・エドワーズが子どもの本の販促をし、上演には漫画の兎キャラクターのハロルド・ヘアーを登場させて、海浜リゾート地を行脚した。

エドワーズは多くのパンチ上演者同様シドニー・ド・ヘンプシーから影響を受けていた。一九四二年に出版されたド・ヘンプシー『パンチ&ジュディ上演の手引』は、アーサー・ハンブリングやフレッド・ティックナーによる類書よりもずっと普及し、これまでに一度ならず版を重ねている。一八九〇年に生まれたド・ヘンプシーは、少年時代から「パンチ&ジュディ」に魅せられていた。とはいってもパーシー・プレスと同じく、プロとしては手品師としてスタートした。彼は、人形一揃いと箱舞台を購入したが、スワッズルのコツを習得したのは、ロボアスィと呼ばれるサーカスの道化に教わってからである。それ以後、集金係《ボトラー》のノビー・ウィリアムズと犬のトービーを伴に巡業に出た。道具一式を手押し車に載せた「素敵で自由で幸福な人生だった。[14]」ド・ヘンプシーは台本に、ジュディ、トービー犬、教区吏、ジョーイ、ワニ、ジム・クラウに絞首刑の場面と、それまでに記録に残っているような場面は、ほとんどすべて収録している。上演時間はおよそ半時間で、他のキャラクター——悪魔、拳闘家、手品師など——を導入することで多少変わるということだ。また、ベリーシャ・ビーコン交通標識だとか、居眠りをしているパンチめがけて降りてくる毛むくじゃらの蜘蛛、というような新奇な場面も入れていた。

ド・ヘンプシーの台本は、調和がとれていて、構成も論理的で、陰惨な要素よりも喜劇的な個所が目立つ。しかし、これは特別に児童向きに設定されているのだ。この点が、第一次大戦前の上演とは最も違う点である。このような台本には、「パンチ&ジュディ」が単なるドタバタを超える何かを秘めているかもしれない、というような考え方はない。しかし当時はまだ、観客のうちかなりの部分を大人が占めていた。そして金を出すのは子どもよりも大人のほうである。ヴィック・テイラーは大人向けの上演をして、「大人たちはパンチ芝居を心の底から楽しんだ」と書き残している。と同時に「私の上演では、元の台本にあった陰惨な材料のほとんどは削除した[15]」と書き残している。云いかえると、自らの経験にもかかわらず、テイラーは子どもにふさわしいと思われるように改変した上演をするべきだと信じていたのだ。しかし、おそらくパンチ上演者の本能は正しかった。まさしく子どもにふさわしいと考えたものが上演されたから、おそらく大人がパンチを楽しんだぶん、喜んで金を出すのだろう。たぶんテイラーとその同時代人、および後輩たちは、状況を正しく把握していた。彼らはみんな大人にお金を支払ってもらうために、子どもに向けて上演していたのだった。

したがって、一九五〇年代と六〇年代の上演の特徴といってもよいものは、ボウ・タイに白いフランネルのズボンをはき、紳士用麦藁帽子をかぶったスマートなパンチ上演者だということと、それにピッチーニの台本よりもド・ヘンプシーの台本から場面を多くとっているということである。——すなわち、当惑した警官（または教区吏）

が何度も登場するとか、パンチとジュディがお互いの間で赤ん坊を投げ合うとか、小賢しく小癪なジョーイだとか、ソーセージやパンチの棍棒までも食べてしまいそうなワニや、それに気味悪い幽霊や喜劇的な絞首刑場面に加えて、ぶらさがったり這いずりまわったりする蜘蛛など——これらは、かつての凄惨きわまる挑発的な場面よりも「伝統的」とみなされるようになった。また、パンチ芝居は子ども向きなので、「パンチ&ジュディ」は死に絶えんとしているると信じる人もいた。「パンパイプも今はなく、スカラムーシュもノーボディも今はなく、ワニもそれに棺桶までも（私見だが）今はなく、パンチは生き残れるだろうか？[16]」

文筆家がもっと鋭敏であれば、こんなことは云わない。ジョージ・スペイトは一九五五年に「パンチ&ジュディのルネサンス[17]」について書き、パンチは「未来永劫生き残るだろう[18]」と主張している。また、バーバラ・ジョーンズは「多くの海辺の街でいつものごとく美しく入念にしつらえられて、キーキー声で上演されるこのサディスティック芝居[19]」に夢中になっている。たしかに需要は充分あったので、シュプリーム・マジック・カンパニーは一九六三年に、初心者向けの手引書『おーいパンチ君』を出版するにいたった。これを執筆した「エドウィン」は、オスカー・オズワルドに勧められて箱舞台に入ることになった多くのパンチ上演者の一人である。オスカー・オズワルドは自身パンチ上演者であり、また小道具を芸人に斡旋する商売をしていたが、何よりも業界の仕掛け人として大変重要な人物であった。たとえば、一九五〇年代初頭、ジョン・スタイルズという少年に、なにがしかの才能を見出して雇うことになった。オスカーはスタイルズのために「パンチ&ジュディ」の公演契約をとってやり、道具一式を売却し、送り出した。三〇年経ってもなお［今に到るまで］、スタイルズはまだ箱舞台に入り、この商売をなりわいとしている（110図、203頁）。

『おーいパンチ君』には、単純ではあるが、結構おもしろい台本が掲載されている。しかし最後に、パンチ上演者自身がつける教訓が全体の調子をよく表している。

さてさて、坊ちゃん、嬢ちゃん、おいたをしても得はせん!!!　でも心配ご無用。パンチ君もひどい目にあったけど、今は気をとりなおした。そしてこれからは、いい子になるって約束しましたよ。

このように考えるからこそ、おそらくエドウィンは台本から絞首刑の場面を削除したのであろう。「絞首刑の場面は、ずいぶん恐ろしげだろ。それにパンチのお話は、この場面がなくても全くかまわんだろう[20]（107図）。」エドウィンが概略を記したもう一つの上演では、結末で悪魔がパンチを連れ去ることになっている。最終場面には、ド・ヘンプシーと同様だがもっと長い時間を割いて、シュプリーム・マジック・カンパニーのキャラクターを導入して、新奇な場面や「気の利いた変化」を付け加えている。これは最も商業主義に迎合した上演で、高く売るために、改変をこだわらず受け入れている。ヴィクトリア朝の子ども部屋御用達の出張公演に端を発し、玩具やマッチや練り歯磨きやオーヴン用手袋や茶碗などの製造メーカーが同調した道である。子ども向けに一九七四年に録音されたレコードが残っているが、登場するのは感じの良い語り口のジュディ、PC99［一九四〇、五〇年代に人気のあったラジオ番組でPCとは警官のこと］、歌うぼろ骸骨のチャーリー・チーズケーキ、カスバート（「歯の生えたハンドバッグ」）と名付けられ

107図　絞首刑の場面　1922年

たジョーイのペットのワニ、それにアイルランド人ダック医者（「いささかヤブ[21]」）であった。

このようなことからエドウィンを、パンチ上演者としては三流だとみなしてはならない。その反対に、「パンチ&ジュディ」が子ども向けの演劇であると信じて疑わなかったエドウィンのような人々のなかには、素晴らしい芸人で、可能なかぎり興行効果をあげようと工夫した人々がいた。たとえば、一九七〇年からクラックトン・オン・シーでパンチを上演していたトニー・グリーンは、大人向けではないということに誇りを抱いており、ジョーイについては「自分を投影できる人形だ。またジョーイは子どもたちの友だちでもある[22]」と記している。グリーンはまた新奇な演出を次々に考えだしたので、それだけで一冊の本を出すことができた。ブリドリントンのパンチ上演者であるウォル・メインは、そのなかでも二つは決して失敗しない演出だと評価している。一つは「しおれる花」で、茎に見たてた管に棒を差しこんでつくるトリックである。棒が抜かれると、花はしおれ、棒が再び差しこまれると、また花は生き生きする。もう一つの演出は、パフ・ザ・マジック・ドラゴンとの共演で、動きはほとんどないが、観客参加を大々的に取り入れている。他にもグリーンの創案としては、パーリー・キングとその馬、ろくろ首人形のあれこれ、カッコウ時計の場面、ウィズ・ワズ・ウー・ザ・ウィザード、大きな本流などの場面がある。このようなグリーン創作の場面は、取るに足りないものばかりである。かつての創案演出はピッチーニの廷臣のように謎めいていたり、拳闘試合や伝統的な「特別出演」の場面のように暴力的であったり、支那の手品師のように見世物的であった。仕掛けのあるクリスマス・ツリーや、可愛い鯨に依存する上演や、パンチの月への旅や雪だるまに遭わせたりする上演とは本質的に別物であったのだ。このような場面を上演するには、技術的にも芸人根性も、高度なものが要求されるが、これらの場面が「パンチ&ジュディ」にはつきものだといえば、誤解を招くだろう。

もちろん児童向けの娯楽における暴力については、まじめな議論が続けられたが、当然の帰結は三人のヨークシャーの婦人たちによって演じられたアンディ・パンディ［一九五二年に始まった幼児向けテレビ番組の人形劇］のような無理な演出であった。この上演では、見張っておくようにと与えられたアイスクリームをパンチがいざ舐めようとすると、魔法がかかっていて赤ん坊しか食べられないとわかる。警官はパンチの友人で、パンチ自身も女学校の舎監のように「みなさーん、ベッドに入って。こら、こらこら、さっさとベッドに入って。枕投げは禁止。早く、早く。もう夜も遅い、遅い[23]」という具合だ。この婦人たちが最も声高に非難したのは、伝統的な絞首刑や幽霊の場面である。夢見を悪くすると信じてのことだが、このような見解を裏づけする証拠は、自身の想像力以外は何もなかった。

彼女たちが間違っているということは、他の上演が確固とした根拠を与えている。たとえば、中部工業地帯出身のレン・ティトレーは、児童向けの場面として歯医者がワニの歯を抜いたり、蜘蛛の芸当を披露したり、トービー人形に水を客にむかって噴き出させたりしたが、またもっと陰惨な場面も上演した。たとえば、グロテスクなソーセージ製造器や、お約束の死体数えの場面は、幽霊がぐちゃぐちゃにしてしまい、絞首刑執行の場面も、まず絞首刑執行吏のベンジャミン・ビンズ［実在の絞首刑執行吏バーソロミュー・ビンズのもじりだろう］をパンチが棺桶につっこんでしまい、ついで警官を絞首台で吊るしてしまうというふうに、二重になっている。結末ではパンチはワニに喰われてしまう。しかし著者が見たところでは、終演後帰途につく子どもたちは嬉しそうだったし、パンチ上演者の奥さんにぐずぐずと話しかけたりする子もいた。子どもたちは別に動揺しているようには見えなかった。また、同じく中部工業地帯出身者で、ウルヴァハンプトンのパンチ上演者であるエリッコことエリック・ピーズリーは、「パンチ&ジュディ」を始める前には、巡業サーカス一座と行動をともにしていたが、その上演には幽霊もジャック・ケッチも目立つように登場させていた。ところが「国じゅう、どこに行っても友だちがおり……子どもたちを笑わせるのが好きなので、夢中でやってきた[24]」と語っている。これなどは、上演する先々で悪夢をもたらす男の言葉とは到底思えない。

108図　グッドウッド競馬でのパンチ＆ジュディ　1965年
巡業ではなく競馬場所有者がダフ屋の子どもたちを楽しませるために契約した

ここにあげた二人のパンチ上演者は、たしかにド・ヘンプシー、プレス、オズワルドと続く系譜に連なっている。いわばミュージック・ホールの流儀とでもいうべきものだ。この世代のパンチ上演者として、さらに第四番目の例をあげるなら、スタン・クイッグリーだ。ステッドが残した一九五〇年上演の記録によると、まずパンチとトービー人形がソーセージをめぐるいざこざを起こす。続いて赤ん坊、ジュディ、警官、ジム・クラウとの場面があり、最後に一組の拳闘家が登場する。パンチはこの二人をやっつけたと咎められる。（ステッドも指摘するように、パンチが犯した罪に問われるのと同様に、犯していない罪に問われるとはまぎらわしいことだ。）ジョーイと一緒になって死体を数えるお約束の場面もあるし、ワニも登場するし、医者はジャック・ケッチになって首を吊られ、そしてジョーイは死体を片づけるのを助けた後、フィナーレでは電気仕掛けで瞬きをする幽霊が現れる。この上演の多くの部分は観客として児童を念頭においているが、たしかにミュージック・ホールに一脈通じる荒唐無稽さが強みである。

　意図的に導入された「観客参加」が言及されたのは、この記録が最初と云ってもよく、その点でも興味深い。パンチがソーセージを「食っちまった」かどうかとジュディが観客に尋ねると、「『いいや』という答えがわきあがる。」しかしながら赤ん坊が階下に放り投げられても、「観客からの反応はほとんどない。」[25]ド・ヘンプシーの本は「観客参加」をテクニックとして、その用い方を活字で指南した最初である。パンチが赤ん坊を泣かせたら自分を呼び戻すようにと、ジュディが子どもたちに頼んだり、またジョーイはパンチが背後に現れたら、「来たぞ！」と教えるように観客に頼むことになっている。すでに一九四五年にフランク・エドモンズは「観客に手助けを求めていた。……もし幽霊が現れたり、もしくは……ワニが現れたりすると、チビどもはパンチ爺さんに大声で告げ口をする。」[26]ここにあげた三人は、いずれも一九一四年から一九一八年の戦争当時にパンチ芝居を稼業にしだした。ちょうどパンチ芝居が街頭から一掃され、対象を児童に限定した時代で、失業したミュージック・ホール芸人が「パンチ&ジュディ」を始めることになり、ミュージック・ホールの流儀が入った。パンチ&ジュディ上演の重要な要素である「観客参加」が、これ以前に遡ることができないというのは当然である。

しかしながら「観客参加」は、一九五〇年以降、どんどん盛んになった。ド・ヘンプシーは特に重要だとも断らずに「参加」を二箇所で入れているが、二〇年後のエドウィンにとっては「上演の成功」は「所作」が「ただちに観客参加を導くかどうか」にかかっていた。[27]十九世紀の「パンチ&ジュディ」上演者なら、このような考え方をしたかどうかは疑わしい。観客参加も度が過ぎると、創意工夫のない上演者が、安易によりかかる演出となり、主役の背後に他のキャラクターが登場するたびに子どもたちに叫ばせ、上演の半分をやってもらうことになる。しかし、カンタベリーのボブ・ウェイドやシドカップのジョン・スタイルズやマルヴァーンのガイ・ヒギンズのような名人の手にかかると、「観客参加」は上演を生かす血となる。

今ここにあげたパンチ上演者の舞台は、いずれも動きはスピーディーで、喜劇的でありながらグロテスクであり、今ではおそらく必須事項となった、観客と人形が濃密に交流するような現代のパンチ芝居の格好の例となっている。「パンチ&ジュディ」も凋落し昔日の輝きが失せたと嘆く向きは、彼らの上演の一つでも見るべきである。ボブ・

109図　工房のボブ・ウェイド　1975年頃

ウェイドは彫師としても卓抜しており（109図）、A・クイスト、ジェイムズ・ポートランド、ウォル・ケント、フレッド・ティックナーなどの著名な彫師の系譜に連なっている。そもそもティックナーからウェイドは稼業を教わったのである。ウェイドは自作の人形にごく大まかで薄っぺらな台本をつけて販売しているが、自身の上演は、まったく違っている。

ジョン・スタイルズは、この二世紀以上にわたるパンチ上演者のなかでも、ひときわ輝く才人である（110図）。小学生相手の上演も、深夜の乱痴気パーティーで大学生相手に行った上演も見たが、どちらの観客にも同じくらい受けていた。スタイルズは、パンチに関係するものならば、品物であれお話であれなんでも、永年にわたって熱心に収集してきた。なかでもお気に入りの話は、あるジャーナリストにスワッズルを見せたパンチ上演者の話である。ジャーナリストはスワッズルを口に入れたが、パンチの声を出すことはできなかった。スワッズルを呑みこんだらどうなるか、と上演者に尋ねると「たくさんプラム・プディングを喰えば、もう一方の口から出てくるよ」という答えが返ってきた。「で、呑みこんだことはあるんですか」とジャーナリストはさらに突っこんだ。「うん。君が今、口にいれたやつをね」と、その上演者は答えた（111図）。

フランク・エドモンズが引退したときに、ウェイマスの浜辺の縄張りを引きついだのは、ガイ・ヒギンズであった。そして一九八〇年代には、テレビの連続ドラマ『ダラス』の悪役「J・R」を自作に登場させて、その人気にあやかった（130図、245頁）。これは、よくある新奇さを狙った演出というだけではない。なぜならば、このキャラクターは、悪魔の役割をはたすのだ。したがって大人の興味をそそり、宣伝効果も大きい。その上、最も重要なことには、J・Rはあまりにも有名な憎まれ役であるので、このキャラクターは新規参入ながら受け入れられやすい。ヒギンズの上演では、悪魔は非常に重要な役割を果たすが、ピッチーニ上演での悪魔とは、たいへん異なっている。ここでは悪魔は誘惑者で、トービー犬にソーセージをやるようにと、ずる賢くパンチに口添えしたり、赤ん坊は「歩くべきだ」と唆したりする。いずれの進言も、パンチをそのままトラブルに巻き込んでしまう。この役割はピッチーニやジョー・グリーンの上演とは違うが、現代の上演においても、伝統が複雑に共鳴しないわけでは決してない、ということを示している。

110図　ジョン・スタイルズとパンチ人形たち　1980年

111図　「ちょっとみんなに今すぐトランプ手品でも見せてやってくれ　くそスワッズルを飲みこんじまったんだ」

第十章　ピッチーニ再興

Piccini Revived

［さまざまな芸術領域で、「パンチ＆ジュディ」をモチーフにしたり換骨奪胎した例を、ピッチーニ上演もその一つであるパンチ芝居の豊かな文脈にとらえていく］

ピッチーニ流の「パンチ＆ジュディ」が二〇世紀興行の現状に、ますますふさわしいものではなくなっても、コリアー／ピッチーニの台本は出版され続けた。「観客」に対抗する概念としての「読者」が知っておくべきものであったのだ。自らの表現手段として人々によく知られた人形芝居「パンチ＆ジュディ」を利用しようとする作家や音楽家や画家にとっては、この台本はインスピレーションの源であった。

ソーンダイクとアーケルの『パンチの悲劇』は、「プロローグと一幕からなる素晴らしいお芝居」で、一九二〇年にリトル・シアター［ストランド街にあった児童演劇やレヴューを上演した小劇場］で上演された。この中で、古風なパンチ上演者が「お目にかけられるよりも奥の深いもので」、パンチは「我々を怖がらせたいが、できない。人が笑えば笑うほど、パンチは憤る」(1)と語っている。しかし、このような考え方が劇自体を不鮮明にし、悲劇の主人公パンチは、この人形劇の命ともいえる喜劇的な側面を失くしてしまう。N・S・ウィルソンやフランク・ベーカーも、この話を芝居にしようとした。ベーカーのほうが面白いだろう。巻頭にエッセイがついており、パンチを舞台にふさわしいキャラクターにする難しさを語っている。ベーカーは自らの劇作家としての資質については、ギリシャ悲劇・シェイクスピア・「パンチ&ジュディ」に自身が見いだすという反・幻想家の旗印を掲げている。たしかに、自身を民衆演劇の正統派に連ねている点には議論の余地があるが、歴史的に限定された真実ではなく、永遠の真実への関心のほうが強かったので、効果的な舞台演劇になりえたかもしれない焦点をぼやかしてしまった。

パンチ氏は一九六七年にはスケート・リンクにお目見えし、バレエの舞台にはたびたび登場した。マイケル・ハード「若者のための娯楽」では、オペラ『パンチ氏』になった。ハリソン・バートウィッスルのオペラ『パンチ&ジュディ』は(112図)、音楽は息をつかせぬものだし、スティーヴン・プラスリンによるリブレットは、巧みに子どもの遊びを下敷にしながら残忍である。しかしながらまた、芸術家には固定した関係性よりも永遠のアーケタイプを扱う欲望のほうが強いので、たしかにわくわくさせるような作品から必要以上に権威を失わせたのだ。バートウィッスル版『パンチ&ジュディ』では、パンチを三角関係の頂点に据えるために、ポリーの役割を拡大したが、巧く機能していない。なぜならば、妻殺し、絞首刑、地獄の劫火についての人形劇、社会の抑圧とそれを強化するために用いられる手段を底辺社会から見すえたものが「パンチ&ジュディ」だからだ。そして、性愛についてはは劇中でどのように考えようと、表面から深く沈潜し、その深みにとどまるかぎりにおいて、力を持ちつづけることができる。

112図　ハリソン・バートウィッスル作オペラ『パンチ&ジュディ』(1978年)のためのピーター・ライスによるデザイン

113図　ジョージ・モロウ「パンチ＆ジュディ芝居」1925年頃

映画では、ハーポ・マルクスの『モンキー・ビジネス』での上演がよく知られている。『パンチ＆ジュディ・マン』では、トニー・ハンコックが主役を演じた。ここではパンチとジュディの間に存在する憎しみは、上演者の結婚生活に投影されている。ボーンマスでの子ども時代を回想し、ハンコックはリゾート地にはびこる誤った価値観のもとで、正当な評価を得られなかった芸術家として海辺の芸人たちを見ていた。ハンコックはまた、評価されなかったパンチ人形自体に脅迫観念を抱いていた。パンチをある種の悪の天才とみなし、映画作りを妨害していると信じこんでいたのだ。映画が完成したすぐ後に、一緒に仕事をしていたパンチ上演者のジョー・ヘイスティングズが亡くなったことから、このような考え方はハンコックには確信となるに至った。

以上にあげた作品の問題点は、「パンチ＆ジュディ」は人形であって他の何ものにも還元できない、という性質をとらえそこねている点に集約される。「パンチ＆ジュディ」はファウストのような芝居になぞらえられることがしばしばあるが、人形芝居としても舞台演劇としても、同じように成功したファウストなどには、この性質がほとんとうのところは欠けている。同じことは文学におけるパンチの扱われ方にもあてはまるだろう。一九二一年に、コンラッド・エイキンが出版した長詩『パンチ――不死身の虚言家』は、パンチのジュディとの関係を現実の結婚生活の反映とみなしているが、パンチは人形であるので、あまりにも活動的かつ無思慮で、エイキンが追及した心理的な分析に耐えられない。詩として、より効果的で、またおそらくコリアー／ピッチーニの台本を読んでインスピレーションを得たのではないからだろうが、「パンチ&ジュディ」にもっと忠実なのは、ド・ラ・メアーの詩で、目に見える事実に根ざしながら、なお単なる事実を越える何かを伝えている。

砂浜ごしに金切声、
　太鼓が鈍く、どーんどん、
ああ、いまいましいパンチ君、
　鉤鼻そして背中の瘤!
ここに横たわる死体は何?

ああ、可愛い赤ん坊、
そしてジュディは耳をすます
悲嘆と恐怖にふるえ、
手に縄を持つ絞首刑執行吏、
忍び寄ると知る!

かたわらに痩せ犬トービーあくびする——
　襟飾り、手足、尾——
今はヒトデに瞬きし、
　そして手桶に瞬きする

砂浜ごしに金切声！
あの陰気な音、どーんどん！
ああ、いまいましいパンチ君、
鈴つき帽子、鉤の鼻
そして背中の瘤！(2)

D・L・マリーの歴史小説『三都物語』では、主人公は旅の「パンチ&ジュディ」上演者の集金係《ボトラー》になる。この上演者の名前パイクバーンは、明らかに十九世紀の上演者パイクから取っているのだろうが、その振る舞いや生活様式は、メイヒューがインタビューした人々にもとづいている。この主人公によると、パイクバーンは「彼なりに――芸術家で、自分がしていることに信念を持っている。プルチネッラも、ささやかながら芸術作品で、つつましく民衆的とでも云わしてもらおうか！」しかし主人公はもっと高尚な芸術を夢みるのだが、パイクバーンは力を込めて――そしてまったく正しいことに――「パンチ&ジュディ」には「そんなふうな夢はない」と答える。(3)

また他にも虚構に作りあげられたパンチ上演者としては、ジョン・メイスフィールド作『喜びの箱』のコール・ホーリングズがいる(114図)。「くたびれた灰色のオーバーを着こんだ小さな老人」で、人形と手品道具一式を「緑の幕布で覆った大きな箱」に詰めこんで運び、ある意味リアルに描かれた旅のパンチ上演者である。紙風船を子どもたちに配り、次の予約を取ったら荷物を拵える。しかし、このように注意深く観察された上での描写の下に、もう少しある。彼の話し方が、異様なのだ。

老人は語った。「云うなれば、わしは興行師。わしのバーニー犬は、機会があれば、いわばトービー犬となる……。我々に力があった時、ちょうど太陽のように、地球や月をゆさぶることができた。そして、今や我らの古い手押し車は駆けおりて、またもや幼年時代がやってきた。[4]」

コール・ホーリングズが異教の秘術と結びついているのはあきらかである。火のなかに不死鳥を現出させたり、熱帯林で蝶々を出したりする魔術ショーは、秘教的な力を潜めている。彼は「ボトラーズ・ダウン」で悪役に「襲われて」しまう。しかし彼は「喜びの箱」をすでにケイに渡してしまっており、ケイはそれを開けて、狩人ハーンのもとに導かれる。ハーンは古代の角のある神、ケルヌノス［後出　第十二章、261頁］の姿をなぞっている。二人は姿を変えながら追跡しあう。乙女が若者を、冬が夏を追跡するように、また取り入れと種蒔き、種蒔きと取り入れの終わることなき追跡を思い起こさせる。したがって、メイスフィールドがコール・ホーリングズをラモン・ラリーだとしたのは、いささか残念なことである。ラモン・ラリーとは謎めいた死ゆえに、ロマンス作家たちが永遠の生命への秘術を発見したに違いないとたくましく想像した中世の錬金術師・神秘家である。解釈は読者の自由にゆだねたほうがよかったかもしれない。そうすればケイ・ハーカー《聴く者》は一心に魔術的預言者、降霊術師、占い師に耳を傾けることができたであろう。コール・ホーラー、すなわち石炭運搬人は重荷を担ぐ人であり、古代語では「コール」は、手品とそれから貴重なものという二つの意味を持っていた。また「ホル」はケルト語で道路を意味する。ちょうど昔の異教のコール王が魅了したように、このような語源がメイスフィールドをも虜にしたのだ。

114図
ジュディス・メイスフィールド画
『喜びの箱』のコール・ホーリングズ　1935年

争いのおこる前の王様がコール王、
コール王が支配なさる間は、この国は平和だった。(5)

『喜びの箱』は豊かな暗示に満ちた本で、大昔の争いを下敷きにした現代の冒険譚である。「パンチ&ジュディ」を用いることで、生の豊かな命脈を喚起した小説としては、他にラッセル・ホーバン作『リドリー・ウォーカー』をあげることができる。舞台は、核兵器によって人類が滅亡し、何世代かが過ぎ去った後に現れた、原始奴隷制を思わせるような社会。そこでは人形芝居は、事務的で無味乾燥な儀式のように執りおこなわれるが、主人公はその背後に隠れているものを、ひょんなことから探し求めるはめになる。人々の疑問を封じこめるために、人形劇は聖ユースタスの話［狩人の守護聖人で角の間に十字架を持つ鹿に出会ったとされる］を歪曲して取り入れている。ところがリドリーが工具を使って穴掘り作業をしていると、「今まで見たこともないような(6)」奇天烈な人形を発見する。せむしで鉤鼻、しゃくれ顎——この人形は、大虐殺以前の遺物らしく煤けていた。ほどなくしてリドリーは、この人形こそがパンチだと知る。荒涼とした過去数世紀にわたって、パンチ芝居は縮小しながらも継承されていた。このパンチ芝居は、たった四場面から成り立っている。まずジュディとの場面だが、ジュディはプーティーという太った雌豚になっており、赤ん坊は小豚になっている。続く場面は、ジャック・ケッチとの場面。第三の場面に現れるのは、クレヴァー氏こと「日和見氏」で、「赤ら顔でかすかな尖った口髭と角」が特徴的だ。パンチが「日和見氏」をやっつけると、幽霊があらわれるが、これが「日和見氏」の幽霊だ。「君のなかに住み込む以外に私というものは行き場がない」と語り、「パンチの背中の瘤に跳び乗り……両腕でパンチの首根っこをかきだき、瘤にしがみつく。」こんなお荷物をおんぶして、パンチはよろめきながら去っていく。たったこれだけの描写からでも、ホーバンがこの小説で奏でた主調の反響を、うかがい知ることができる。そして小説世界は、ホーバンが作り出した原始的な言語によって、さらに豊かになっている。観客参加が欠かせないことに端的に現れているように、パンチの針路はありえるかもしれないもう一つの道を示している。他方「ユーサ〔聖ユースタス〕の上演」は、観客に沈黙を要求している。小説の結末では、パンチを上演するリドリー・ウォーカーを子どもが唄にしている。

リドリー・ウォーカー上演だ
リドリー・ウォーカー働きづめ
リドリー・ウォーカー道行くな
背中のジョーンズ落っことせ。

しかしリドリー・ウォーカーは、あえて自分自身の道を行く。「他には僕の道はない。」

パンチ芝居の歴史を調べる者は、しばしば集めた事実を小説家に匹敵する夢想と混ぜ合わせる。たとえばカルスロップは、一九二六年の自分の印象批評を「襤褸《ぼろ》拾い屋の仕事、ハーレクインの衣装のようなつぎはぎ」[7]と語っている。また、J・R・クレランドにとっては、パンチはより高尚で俗世間から離脱しようと苦闘するための「精力回復剤」であった。[8]もっと真面目な議論としては、一九五〇年に出たP・J・ステッドの『パンチ氏』は、「パンチ&ジュディ」は多くをヨーロッパ大陸から輸入したという見解をとっている。ジョージ・スペイトが『パンチ&ジュディの歴史』をまとめるもととなった『英国の人形劇の歴史』が、ステッドの著作の五年後に出版されたが、そこでスペイトはピッチーニの存在にもかかわらず、パンチ芝居はもともと英国にあった人形芝居から発展したもので、中世劇の悪徳《ヴァイス》からエリザベス朝の道化を経由してパンチが生まれたと説いている。マイケル・バイアラムは、一九七二年の『パンチ&ジュディ――その起源と発展』の中で、対立する見解をとっている。ピッチーニこそが最初のパンチ上演者であり、コメディア・デラルテ由来の上演をイタリアからほぼ直輸入したというのだ。

バイアラムは、パンチの歴史家であると同時に、自身上演もしていた(115図)。一九六四年にはワージングの浜で、一九六五年から一九六九年にはブライトンで、そして一九七〇年からは、かつてジョン・スタフォードがペイントンで持っていた縄張りを引きついで、パンチ芝居を行っていた。ここでは、テッド・ハーンデンというサム・ウェラー[チャールズ・ディケンズ『ピクウィック・ペーパーズ』に登場する忠僕]のような集金係《ボトラー》の助けを得て、ピッチーニの正統をもって任じる上演をくりひろげた。かなりゆっくりしたリズミカルな動作と発作的な暴力を併置することから、不吉で謎めいた感興を生みだしていた。一九八四年夏の炭鉱労働者のストライキ中には、絞首刑執行吏の名をアーサー・スカーギル[当時の全国炭鉱夫組合委員長]と呼んだように、バイアラムは時事的でありえた。受けを狙っても洒落にならず、ぱっとしない冗談で、所作もパンチが前舞台のわきに頭を打ち付けたり、観客をにらみつけるために舞台下から顔をのぞかせたりする奇妙な場に見られるように、通常の立ち回りにはあまり見ない演出であった。

バイアラムは、いわば「パンチ&ジュディ」の歴史のもつれた糸を新しくねじるような解釈を提供した。一九五〇年代に綿菓子のように輝く豊かな社会が花開いた時には、パンチは最も陽気で子どもっぽかった。一九七〇年までに、このバブルがはじけて、精神性もなく延々と続くテレビのソープ・オペラに代表されるものよりも、もっと刺激的な大衆芸能の必要性が感じられたとき、人形遣いのうちある者は、大人向きのパンチ、暴力的で好色で不遜な悪道化を作りだす、いや作り直すことに着手した。アンディ・パンディ[前出198頁]に代わり、伝統的なパンチ氏を復活させたのである。認められようと認められまいと、バイアラムの本は、ピッチーニの重厚で不敵な上演こそ真の「パンチ&ジュディ」と祀りあげ、社会性をもつ上演の可能性を示唆している。ピッチーニの台本は、今の世代のパンチ上演者の土台となっている。その多くは高等教育を受けており、因習に背くために「パンチ&ジュディ」を取りあげるのだ。

コーンウォルのボンサヌースのトニー・シールズ博《ドク》（116図）が、初めてパンチ芝居を上演したのは、まだ十代の頃であった。ブラックプール近くのスクワイヤーズ・ゲイトのウッド・ストリート伝道会でのことで、観客は子どもたちだった。しかしタワー〔ブラックプールのシンボルの鉄塔〕のジョージ・ウォーマーや浜辺のジョー・グリーンのようなダイナミックな上演を身近に見て、手品にくらがえした。そして一九七〇年には、コーンウォルに落ち着き、西国の魔法使いシールズ博《ドク》として名を馳せていた。一九七一年の息子ガレスの誕生日に、「パンチ&ジュディ」一式を贈った。ガレスはすぐに、パンチに対する鑑識眼と才能を示すことになった。「父さんが僕のあとについてきた[9]」と語っている。シールズ博のトムフーラリー劇場を一時手伝っていたフォーク歌手のヴァーノン・ローズにも、この熱が伝染し、パンチ芝居を始めることになった。この三人にとっては、社会的な圧迫や体制側の暴力と見なすものに対する意識的な反応が、「パンチ&ジュディ」であった。「観客にはもう少し滅茶苦茶ですっとんで欲

115図　カレン・ワイリー「マイケル・バイアラムの上演」1980年

116図　トニー・シールズ博《ドク》

しいと思うから」とシールズは語っている。パンチの滅茶苦茶やすっとび具合は、一部には、シールズが認めるわいせつ性から発している。「パンチには角が生えていた。赤く輝くやつだ。そして大きくて奔放な角がするだろうと予測されうることは全部やった。」

社会通念に反発するパンチ像を復活させることによって、パンチ上演者は自己をアウトサイダーと規定した。トニーとガレスのシールズ父子とヴァーノン・ローズはみんな、個人予約よりも街頭上演を好んだ。当時ローズは次のように語っていた。

芸人だとしよう。ジプシー、放浪者、ミンストレルだとしよう。人はじろじろ見るだろう。――人々よりたぶん陽に灼けているだろう。うすぎたない服装をし、片方の耳にイヤリングをしているだろう。人にはうさんくさく思われるが、人は羨んでいるのだ――自由の気配を。金がないから金は必要ではない。だから羨ましがられるのだ。

疎外される者として、また流浪の旅芸人として、パンチ上演者は好んで、ある種のけばけばしさを身につけていた――イヤリングや山高帽子。カルヴィーニ師(ガレス・シールズ)やローズ師のお楽しみ劇場といった風変りな肩書は、前の世代がぴかぴかのブレザーにフランネルのズボンといういでたちだったのとは対照的である。おそらく、これらすべては、ピッチーニの時代の旅芸人と一体化したいというロマンティックな願望の現れである。これらの人々はすべて、自分たちの出発点にピッチーニを据えている。とはいってもピッチーニの上演に束縛されているわけではない。たとえば、シールズ博《ドク》はケルト語でパンチにあたるパッキーンと呼ばれるキャラクターを作りだした。「緑に塗られ、鼻はでかく、目は緑で赤い髪のプーカ――いいやつだが乱暴、敏捷、ユーモアあふれる神の姿をした異教の堕ちた王様だ。」

また別のコーンウォールのパンチ上演者、ダン・ビショップは演劇の教師として鬱屈する日々を送っていたが、一九七〇年代になって「パンチ&ジュディ」をやってみないかと誘われ、ピッチーニを土台に構築するという方法で自作を作りだしたが、ファンタジーの要素は薄められた。『ジョーズ』という映画が流行ったときには、ダン・ビショップは悪魔の代わりにサメを使ったり、上演の騒々しさに文句を云った当然の報いとしてパンチの棍棒に殴られるヨークシャーものの行楽客［英国の演劇では、田舎ものをヨークシャー出身にするのがお約束］をやや誇張して登場させたりした。しかし重要なのは、観客参加がこれらの上演の特徴であったことだ。ビショップは「ものすごく多くの部分」を上演に反応して自分に叫び返してくれる観客に依存しており、「参加を期待されていると観客は知っておく必要がある[10]」と語っている。

コーンウォール以外でも、似たような生い立ちのパンチ上演者がほぼ同時期に似たようなアプローチを試みていた。ブライトンではストーン軍曹（マイケル・バローズ）が役者の仕事にあぶれていたときに、「小遣い稼ぎ」に「パンチ&ジュディ」を始めたが、間もなくパンチが「役者として自分が演じるよりも大きい存在だと気づいた[11]。」ゴフィー師（デイヴィッド・イーヴリー）は、夏はテンビーの「どたばた喜劇の宰相」で、冬には村々を回ったが、また絵も描いた。グレイト・ヤーマスのガイ・リチャードソンは大学教育を受けた美術教師であったが、後に「自身の内にパンチを上演する適性を自覚した[12]。」ロッド・バーネットは美大生としてアルバイトをするうちに人形劇にふれるようになり、ヴァーノン・ローズに出会ったことから「パンチ&ジュディ」をするようになった。その態度は一種の典型である。「もし自分が金儲けや贅沢な生活や出世などを考えるのなら、「パンチ&ジュディ」稼業なぞは始めないだろう[13]。」一九七九年にバーネットは、オールソーツ師（マーティン・ブライドル）とデヴォン州の南部で二人がかりの上演をした。もっともその後、ブライドルはマーゲイトやブロードステアーズで単独上演するようになった。その上演はピッチーニから発展させて、臨機応変に裁判官や交通整理係やアラブ人やボーイ・ジョージ

117図　カズ師とマスタード少佐　1977年

を取り入れている。コリアーのタイトルをうまくもじって『パンチ氏の精神発作の謎《ヒステリカル・ミステリー》もしくは神話的歴史《ミシカル・ヒストリー》』と名づけていた。他にもフィリップ・スペラシーという美大出がいた。彼はウィルキンソンの『ヨークシャーの人形劇』を読み、興味を持つようになったが、パンチこそ社会の犠牲者を代表するべきだと結論し、パンチを七〇年代「パンク」にしたてあげた。

最後になったが、この世代については女性上演者について、ふれるべきだろう。スワネージには、ひときわ著名なパンチ上演者——パーシー・プレス、アーニー・ブリズベーン、それにスワッズルを口蓋に埋めこんだジョク・アーミティッジという男など——が過去に輩出してきた。その伝統は一九七〇年代に突如うちやぶられた。ウェンディ・ウェアラムが縄張りを取ったのだ。ウェンディによると、自分のは「平和主義的でフェミニスト的な」上演であった。また「暴力的で、伝統的で、儀式的ではあっても」[14]行楽客には評判が良かった。カズ師（キャロライン・フロスト）は、演劇教師となるべく専門教育を受けているときに人形劇に出会い、集金係《ボトラー》をつとめていたマイク・フロストと結婚して後に、一九七七年には『マスタード少佐の旅するパンチ&ジュディ劇場』をひっさげて、専門の興行師になった。その上演の結末は一風変わっていて、パンチが悪魔と直面すると、マスタード少佐は進行を止めて、観客にエンディングをどうするか尋ねることになっていたのだ（117図）。

この世代に共通する社会的・政治的傾向は、いくつかの問題をもたらした。フェミニズムの時代、反人種差別の時代に、たとえばパンチがジュディやジム・クラウを殴り倒す場面を、どのように演出すればよいかという問題だ。（実際、少なくとも黒ん坊人形などは上演から削除されることが多かった。）しかし、このような矛盾にもかかわらず、この世代のパンチ上演者は大人の生活に相応しいものに固執することによって、上演に新たな刺激を与えた。彼らにとってパンチ芝居とは、悪意に満ちたこの社会で、自己に忠実であるためのものであった。パンチはなかんずく自己に忠実である。ヴァーノン・ローズによれば、パンチはアナキストである。なぜならば、ポリーやジョーイのように自分に権力を行使しない人物を愛するが、他方、自分を体制に従わせようとするキャラクターは「返答としては明快な答え、ごく簡潔で論理的に帰結する唯一の解答を得る。すなわち頭を殴られ、やっつけられる。」

したがって、このたびのリヴァイヴァルは、客間の装飾品やお子さま用歯磨き粉ではなく、キャトナック〔前出91頁〕系統の大衆ご贔屓を生み出したことになる。イエッティー一家の『パンチ&ジュディ上演者』のようなバラッドや、ジョージ・メリーの『パンチ&ジュディのお話』、それにもっと人々に親しまれたところでは、ジョン・ポールというパンチ上演者自らが作った『パンチ&ジュディ』などである。

俺は見世物師で背中には
人形一揃え詰めこんで、
人形芝居師とは俺様、貴方の僕《しもべ》、
芝居のスターはパンチとジュディ。
さあこうしてくれるとパンチネッラ、
せむしで鉤鼻、おもろい奴さ。

そう最初に登場するのは、パンチ御大《おんたい》おんみずから。
紳士淑女の皆さま、ご機嫌よう、とパンチ。
どこに行くのも大きな棍棒持ち運び、
それは太くて丈夫で鼻くらい大きい。
さあ、こうしてくれる、とパンチネッラ、
長い棍棒と大きい鼻がシンボルの御大《おんたい》さ。

この詞は十二番まであるが、最後は

さて上演はおしまいだ、人形も修繕、
しかしパンチと芝居は終わらない。
我々の胸の内にはパンチとジュディがいる。
そう、君にもあなたにも、ご主人さま、奥様にも、そして貴方の僕《しもべ》の俺様にも
さあ、こうしてくれる、とパンチネッラ、
パンチとジュディのゲームは永遠。(15)

この現代版大判刷物風バラッドは、今の英国社会を支配的におおっている風潮を拒むような反対分子として、「パンチ＆ジュディ」を復興させようとしている精神をうまくとらえている。これらのパンチ上演者が、期待したほどには大衆文化に足跡を残せなかったとしても、なお「パンチ＆ジュディ」に新たな局面を加えたのは確かだ。結婚

の半分近くが比較的友好的に離婚に終わり、絞首刑が廃止され、宗教が大多数の人間の生活に影響を及ぼすことのないような現代に、社会背景をまったく異にするパンチ芝居に何らかの意味を込めることが可能かどうかは、まだ未知数である。そしてこれこそが今日のパンチ上演者が試みていることなのだ。

今日のパンチ上演者がパンチ芝居によって、生活の糧をいくばくかは得ているという事実は、跡を継ぐ息子もない七〇代のジョン・コドマンが述べたことが的を射ていたことを示している。「昔は素晴らしかった。だが、昔より今の方がもっと、人気が出てきたように思う。[16]」これを裏書きする証拠は他にもある。たとえば、一九七九年の夏に「パンチ&ジュディ」を観ることのできた町の公園の数は、ロンドンの幾つかの場所だけではなく、遠く離れたケンダル、リッチフィールド、バースなど、びっくりするほど多かった。その年に著者自身が一二五の大小の海浜リゾート地を調査したところでは、四三もの場所で、なんらかの「パンチ&ジュディ」上演を観ることができた。安手のスペイン旅行やヨーロッパ各地での休暇が、伝統的な英国の夏休みに侵入しているにもかかわらずである。おまけにたとえば、ハーレクイン人形劇場が開かれるコルウィン・ベイなどを排除したにもかかわらずである。しかし、これにはバトリンの休暇用キャンプ［ビリー・バトリンが創設し、三〇年代から五〇年代にかけてたいへん人気があった］のうち四箇所が含まれている。すなわちボグノア・リージス（隔週ごとにボブ・マルコムと道化スモーキーが出演）、クラックトン・オン・シー（水曜午後にトニー・グリーン）、バリー・アイランド（土曜日の午後にロジャー・ミドルトン）、そしてファイリー（セス・トリクソムが週に一度）である。また他にも、コドマンによるリヴァプール街頭での上演や、ボーンマスのハウンズウェル公園でのフィル・マッグズによる週ごとの上演、カーナヴォンのフェスティヴァル週間での道化オリスの上演、デヴォン州ダートマスに折にふれ出没するハリー・パロット、モーカム遊園地で週末に上演するマーティン・スコット - プライスなどがいる。パンチ上演者によっては、リゾート地をまたにかけて上演することもあるということは、記憶にとめておく必要がある。著者自身が一九七九年に行った海浜における「パンチ&ジュディ」の上演についての調査の詳細、上演の頻度、契約、特定の場所で特定のパンチ上演者が上演を続けてきた年数を次頁の表に記しておく。

たいていのリゾート地で、「パンチ&ジュディ」は人寄せと見なされてきたが、パンチ上演者に対して思慮に欠ける態度をとるものも多く、時には組織的暴力といえるものまである。たとえば、パンチ上演者から場所代として五〇ポンドから一〇〇ポンドほどを要求し、それにもかかわらず破壊行為から保護も与えず、雨天時の臨時の上演場所も提供せず、収納場所も貸し与えない、などはまったく酷い話である。当該団体に上演者が支払う賃料は微々たるもので、団体にとっては取るに足りないものだろうが、とくに悪天候が続いた夏には、上演者にとってこの経費はこたえる。場所代を払っているのに、自治体が上演者を雇っていると思いこんでか、十ペンスも差し出すことのない人々を相手にすると、苛立ちも二倍になる。自治体によっては、たしかにパンチ上演者を雇い賃金を支払っており、ある意味これは満足のいく方法であるが、パンチ上演者の多くは、このような立場に甘んじるには自負心が強い。状況をかんがみると確実な人寄せであるパンチ上演者には、権利金を取り立てずに与えられた状況で好きなようにふるまってもらうことは、過分な要求ではなかろう。また自治体の多くは、これ見よがしに細かい規制を無数に作っているようだ。ところによっては、パンチ上演者は鐘を鳴らしながら浜辺を歩いてはいけないとか、広告板をしょって練り歩くのさえいけないことになっている。海浜遊歩道や遊歩桟橋などの上演向きの場所も、パンチ芝居には全面的に禁止されているのが普通だ。そのうえ装備の梱包を解くために駐車場を使うことも、上演者には禁じられている。

この調査からは、同一時期にいろいろな種類の上演が共存することがわかった。一九七九年のイングランドとウェールズのリゾート地では、伝統的な家族上演はランディドノウやリルやブラックプールで見ることができるし、大戦間に発展した上演はヘイスティングズで、第二次大戦後発達した全く異なった上演はバリーやクラックトンや

リゾート地名	上演者名	上演頻度	契約*	年季**
アベライロン	フィリップ・ブラウン	週に1回	雇用	不明
アバリストウィス				
ボース				
カーディガン				
クララック				
ニュー・キー				
バリー	ロジャー・ミドルトン	毎日1回	雇用	14
ペナース				
ブラックプール	ジョー・グリーン	できるだけ	賃貸	34
ボグノア・リージス	マジコ氏	毎日1回	雇用	3
リトルハンプトン				
ブリドリントン	ウォル・メイン	日に1回	雇用	7
ブライトン	ストーン軍曹	できるだけ	貸与	6
ホヴ				
クラックトン・オン・シー	トニー・グリーン	毎日1回	賃貸	10
ウォルトン・オン・ネイズ				
クロウマー	R. スタウト	日に1回	賃貸	10
ドウリッシュ	ロッド・バーネット オールソーツ師	できるだけ	賃貸	1
エクスマウス				
ティンマス				
ゴールストン	B. クラーク	日に2回	不明	不明
グレイト・ヤーマス	ガイ・リチャードソン	日に2回	賃貸	12
ヘイスティングズ	パーシー・プレス	日に2回	雇用	31
ランディドノウ	ジョン・コドマン	日に3回	賃貸	18
ロウストフト	H. J. ウルノウ	日に3回	不明	不明
ペイントン	マイケル・バイアラム	通常午後	賃貸	10
プール	ピート・マッグズ	できるだけ	賃貸	2
リル	テッド・グリーン	日に3回	賃貸	33
セント・アイヴズ	J. C. シンプソン	週に3回	不明	不明
スワネージ	ウェンディ・ウェアラム	できるだけ	賃貸	2
テンビー	ゴフィー師	日に3回	賃貸	1
トーベイ	ポーラ・マルクス	日に3回	賃貸	11
トーレイ・アベイ	デイヴィッド・ハイド －コンスタンタイン	できるだけ	賃貸	不明
ウェイマス	ガイ・ヒギンズ	できるだけ	賃貸	5

*契約：雇用＝契約金・集金不可、賃貸＝場所代支払い・集金可、貸与＝場所代無料・集金可
**年季：同一地で継続しているシーズン。

118図　ボーンマス　海辺でのパンチ＆ジュディ　1950年頃

119図　パンチが悪魔を絞首刑に

トーレイ・アベイやウェイマスで、そしてブライトン、ドウリッシュ、ペイントンでは最近の「リヴァイヴァル」上演を観ることができるといった具合に、場所が変われば上演も変わる。歴史家が設定した区分は、思ったよりは判然としないことが明らかになった。たとえば、ピート・マッグズは、一族の長い伝統の末尾を飾りながらもテッド・グリーンよりもオールソーツ師などとの共通項のほうが多い。上演者のうちでも世代が新しくなるほど、前の世代よりもはるかにラディカルである。煩わしい官僚主義や因習的なたわごとに対してガイ・ヒギンズほど強い反発を示したものはいない。この調査では特例的なことについては、ふれないようにした。そして一般的と唯一云えることは、ここにあげたパンチ上演者たち各々がそれぞれ際だって個人主義的であるということだ。

　ということは、幸運なことに、向こう二〇〇年の「パンチ&ジュディ」も、これまで同様に多種多様で魅惑的だろうと考えられる。

第十一章　民衆の中での伝統

Popular Tradition

［「パンチ&ジュディ」は民衆芸能らしく、時により場所により、人々の求めに応じ観客参加を誘い、変化に富む諸相を見せてきたことを記す］

「パンチ&ジュディ」の上演者は芸人で、高尚芸術と世俗の世界という二つの文化の橋渡しをするプロの興行師である。芸術家が自己のヴィジョンを妥協せず具体化しようとする高尚芸術とは異なり、パンチ芝居は上演者が素材を提供するだけで、残るところ、発展させるところ、削除するところは観客の反応が決めるという点で「民衆芸能」である。「パンチ&ジュディ」のように一見不変である上演が、何十年、何百年にわたってこうむった変化も、いわゆる観客参加の点からある程度まで説明できる。たとえばマッグズの上演で、銅の棒が箒の柄になったり、ジュディとの愛撫の場面を削除したりするように、見たところ余分なところを剥ぎとり、パンチ芝居を損ないかねない場合などだ。このような過程は、民衆芸能や伝統芸能に目立つ特徴である。急進的でアナーキーな調子は、物質的な豊かさに「わずらう」ことのない観客からの反応によっても形成されるが、また現状では、いかなる既得権も持たない乞食やジプシーや旅芸人や移民労働者などの流れ者によって、パンチ芝居が活力を与えられてきたという経緯もある（120図）。

他の民俗芸能と同様に、「パンチ＆ジュディ」にも思いがけない伝統が、しがらみのようにまとわりついている。パンチ上演者はいかなる教会墓地においても上演できる、とかヴィック・テイラーのように「どんな横丁でも邪魔をされずに二〇分間」(1)は上演できると思いこんでいた。おそらく一八三九年に、貴族院で請けあわれたことが、我田引水的に曲解されて、このような考え方を生みだし、さらに付け加えると、警察権力の干渉に直面したパンチ上演者に力強い後ろ盾となった。そのうえ、ヴィクトリア女王、チャールズ二世、はたまたジェームズ一世によって制定されたというふれこみの「天覧芝居パンチ＆ジュディ」まである（121図）。とはいっても、ジェッソンによると、王族の前で上演したものだけが「天覧」と呼ばれるべき、とのことだ。

しかしながら、この伝統の精髄は即興にある。これは「即興」という言葉が通常意味するように、上演者の頭に浮かぶものをそのまま上演するというわけではない。むしろ、ピッチーニの上演についてコリアーが語ったように、「厳密には即興というよりは記述されていない台詞」(2)の色合いが濃い。この類の即興は、メモを頼りに話をする説教師や講演者に近いし、さらに云えば、同じ冗談を繰り返し口にする人にもっと近い。冗談の「骨格」は何度繰り返しても同じだが、云い回しや間合いは、場所や時や観客などのかねあいで異なるだろう。メイヒューがインタビューした男は、「パンチ＆ジュディ」は「大昔からある。何百年にもわたって……継承されてきた」が、このことに拘束されているとは感じていないと語っている。「パンチ芝居の精神はなんでも、いや、ほとんどが、自分の内に生まれたように思っている」(3)と語っている。このようなパンチ上演者にとっては、あらすじは固定したテクストではなくコンセプトの集積であり、したがってその語り口は、いかなる時も変えることができる。かわりばえのしない話を独創的に語るために、伝統的なパンチ上演者が採用したテクニックは、伝統的な歌手との関連において最も精緻に研究された。(4)そして、ある程度までは、このような研究の方法論を「パンチ＆ジュディ」にあてはめる

121 図　箱舞台に「天覧芝居パンチ＆ジュディ」とある

120 図　「急進的な調子」
パンチがディズレーリと対面

のは、理にかなっている。しかし伝達手段が異なっているので、敷衍したり調整したりする必要はあるだろう。特に、舞台特有の約束事や演劇的な間の取り方には注意が必要である。しかしながら、「パンチ＆ジュディ」上演者も伝統的な歌手も、一つのテーマにもとづく即興に土台はある。機械的にテクストや、それに伴う手の動きや節回しを暗記しているわけではないし、成り行きまかせに即興して、長続きを脅かすような手順を取るわけではない。パンチ上演者は、いわばその中間を行き、上演ごとに同じ事を新しく生みだしているのだ。これによって、与えられた状況のもとで話の最大の衝撃力を引きだす上演方法を編みだす。云いかえれば、上演者は上演しながら同時に、題材を秩序だて統括する能力を高めるのだ。

　この手順を踏むための基礎となる方法は、さまざまな常套手段を取り入れることである。たとえば、キャラクターが決まっていると、個別に説得力をもつ心理を造型する必要がなく、上演者が上演にのみ神経を使うことを可能にする。パンチ上演者が作りあげる構造が複雑で錯綜しているということはありえない。上演に際しては、まず統合（中心となる一人物、一本のプロット等々）を目指す傾向があり、また他方では二元性（対照、平行、一場面に登場人物二人、発端と結末は均衡をとりあい主要場面の枠組みとなる等々）および三元性（一気に三段階進展する行為、どんな場面でも三人がからむ——たとえばパンチ、ジュディ、赤ん坊——等々）に向かう。三元性はパンチ上演者が扱う最大限のようだが、そのさらなる高次元、すなわち三プラス一の型についても、一言述べておく必要があろう。というのは、この四番目が既成秩序をくつがえしたり、くずしたりするからだ。（パンチの家族は実際、パンチとジュディと赤ん坊と、人間ではないがトービー犬で構成されている。生きた犬が使われると違いが強調される。また話は、云うなれば三歩前進一歩後退で展開する。これは古典的なパターンで、ジュディ、ジョーイ、ジャック・ケッチという「人にまつわる」場面が三つに、悪魔や幽霊をともなう「超自然的な」場面一つといった具合である。）統合をめざす傾向は上演の構造に削減的にはたらき、二元性・三元性にむかう傾向性は拡大効果をもたらす。

口承芸能に特有の構造上の特徴は、バランス、枠組の交差配列（すなわち後半部が前半部の鏡像のようになる）、集積法などで、上演者が即席に有機的な凝集力を自作に持たせることを可能にする。これらは上演の基礎文法を構成する。上演者はずっと慣れ親しんでいるので、その中では自在にふるまえる。ちょうど我々が幼少から英語を話しているので、英文法の範囲内では自由であるのと同様である。「パンチ&ジュディ」の伝統のもとに育てられた人間は、「パンチ&ジュディ」をほんの子どもの頃から知っているので、このアナロジーがうまくあてはまる。しかし、メイヒューがインタビューした男が「親方」に、ジョン・アレグザンダーがクロード・ノースやウィル・ハルに、ガイ・ヒギンズがアルフ・ピーターズにというふうに、他のパンチ上演者にも、ほとんど例外なく意識下で、「パンチ&ジュディ」に惑溺する時期があった。上演の文法は、いくつかのレヴェルで機能する。個々の場面の構造と同様に、物語の包括的な構造をも支配する。キャラクターが話に登場したり退場したりする道をつくり、そして台詞と動作のバランスを制御する。コンセプトとしては上演の文法は、たとえば絞首刑執行吏の場面と悪魔の場面や、乱暴狼藉を働くパンチと窮地にいるパンチの間の相対的な重要性を決定する。云いかえれば、特有の構造上の特徴によって、パンチ上演者は上演の速度や緊張やリズムをコントロールすることができる。

ピッチーニのテクストは、コリアーの極端なまでの文学意識に濾過されているし、また特殊な状況でつくりあげられたが、それでも口承芸能の生成過程を描出している。たしかに、コリアーがピッチーニにどの程度忠実であったかを示す興味深い指標は、このテクストを口承芸能として分析し、その結果をブラッフ『パンチ&ジュディ』のような活字テクストを分析した結果と比べてみることだろう。ピッチーニのテクストには三つの展開がある。「家庭」「社会」「法」、そして悪魔の場面は全体に対するコーダ（終結部分）すなわち「プラス・ワン」として分類できるだろう。(5) この型については、表［次頁］にするとはっきりする。

ピッチーニ上演には、あまりにも場面というかユニットが多いという問題がある。たしかに一般上演の許容範囲を超えている。妻殺しと絞首刑執行吏の間に、ドラマは形を失う。これを、たとえばマイケル・バイアラムが一九七九年に上演した「バジルのパンチ&ジュディ」と比較すると、その原因を探る手掛かりになるだろう。バイアラムの第一展開は、トービー犬、ジュディ、赤ん坊、そしておまわりさんとのユニットからなり、実質的には変更不可であり、第三の展開も絞首刑と棺桶の場を中心におおむね固定されている。ところがバイアラムの第二展開には、交換可能な一連のユニットがある――パンチの相手として現れるシャラバラ、裁判官、教区吏、そして幽霊や骸骨やヘクターなどである。しかし一度の上演に、これらすべてが含まれることは決してない。比較的変わらない第一と第三の展開に、より流動的な展開をもつ第二場面という同様な構造を、ピッチーニも持っていたかもしれない。一八二八年、ドルーリー・レーンのコール・ヤードという特殊な状況のもとで、同じような状況におかれた叙事物語の歌手ならたいていそうなるように、つい張り切りすぎて目一杯に持ち駒すべてをさらけ出し、結果とし

第1展開「家庭」	第1ユニット	パンチ
		パンチとトービー犬
		パンチとスカラムーシュ
		パンチ
	第2ユニット	パンチ
		パンチとジュディ
		パンチと赤ん坊
		パンチとジュディ
		パンチ
	第3ユニット	パンチとポリー
		廷臣
		パンチとヘクター
第2展開「社会」	第1ユニット	パンチ
		パンチと医者
	第2ユニット	パンチ
		パンチと召使
	第3ユニット	盲人
		パンチと盲人
第3展開「法」	第1ユニット　（逮捕）	パンチとおまわりさん
		パンチと官吏
		パンチとジャック・ケッチ
		パンチと3人全員
	第2ユニット（牢屋）	絞首台運びこみ
		梯子運びこみ
		棺桶運びこみ
	第3ユニット（絞首刑）	パンチとジャック・ケッチ
コーダ		パンチと悪魔

て中盤を過重なものに仕立てあげたのかもしれない。

それにもかかわらず、このように保留してもなお、口承伝統の型を踏襲した形跡はどこにでも見つかる。たとえば第三展開は三つのユニットから成り立ち、そのおのおのがいずれも三部よりなる。第一のユニットは蓄積的である。パンチはまずおまわりさんに、ついで官吏に、そしてジャック・ケッチに攻撃され、この型に「プラス・ワン」をつけるために三者が一丸となって襲撃する。実際、このユニットの形式化は、パンチお約束の唄と踊りで統合されて、密度の高いものとなる。おまわりさんが登場する前に、パンチは「イタリア風をもじって」歌う。新しくキャラクターが登場するたびに、パンチ

パンチの逮捕

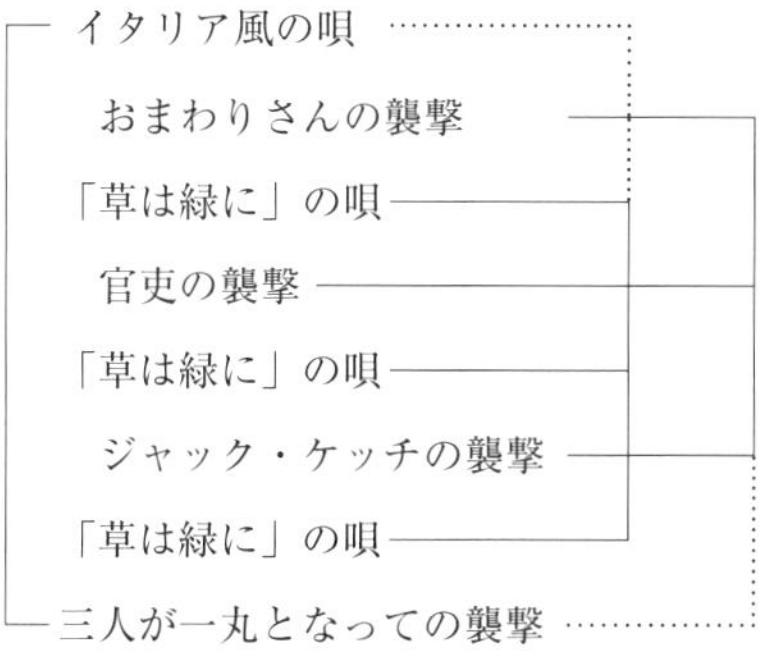

は「ああ、草は緑に生い茂り」〔ロバート・バーンズの一七八七年の詩〕を歌いながら踊る。というように、最初の唄と最後の襲撃は、他の唄や他の襲撃場面とある種の関連をつけられている。しかしまた、これらは枠組を対照的に半分ずつ占めていることが、上の表から明らかになるだろう。

構造化する必要があって、襲撃は三回繰り返されるということは指摘しておく必要があろう。たとえば、襲撃が二回であっても五回であっても、話自体には支障はなかろう。

この第三展開の第二ユニットでは、パンチは牢屋にいて、まず絞首台、それから梯子（プロット上は不必要な小道具だが、このユニットを構造化する上では不可欠である）、そして最後に棺桶が運びこまれる。第三ユニットでは、まだ牢屋にいるパンチが絞首刑執行吏と掛け合い問答をしている（122図）。その後、牢屋を出たパンチは絞首台の輪縄に頭を入れそこねるが、結局パンチがジャック・ケッチの首を吊る。得体の知れない「二人組」が「グロテスクな……踊り」をしながら小道具を運び去ることで、このユニットに「プラス・ワン」を付け加え、第一のユニットとバランスを取る。最終的にこの第三展開全体の最初と最後に、パンチのソロ歌唱が入り枠づけされる。

このような構造化は、口承伝統のまぎれもない印である。このことは、個々のエピソードにも同様にくっきりと見て取れる。たとえばパンチと赤ん坊のエピソードでは、聞き分けのない赤ん坊を意のままに扱おうとパンチが骨を折る還元的・統一的要素と、この行為自体が二元性、三元性へと拡大していくことの間の緊張を、またもや明示することになる。このエピソードは、基本的には二つの部分から成っている。第一はパンチが赤ん坊を喜ばせようとする場面で、第二は赤ん坊が泣くのをやめさせようとする場面である。しかし、この二つの部分も三「プラス・

122図　ジョージ・クルクシャンク
ピッチーニ上演の「獄中のパンチ」

ワン」に展開する。最初にパンチは子どもと踊り、それから膝に抱いて唄を聴かせる。それから「つかまった！」をして遊んでやる。赤ん坊が泣く。第二部ではパンチは赤ん坊を膝の上で転がし、横っ面を張り、頭を舞台側面に打ちつける。赤ん坊がおとなしくなると、パンチは放り投げる。このエピソードの正統性について、さらに証拠が必要であるならば、枠組——唄をうたうパンチ——ほど説得力のあるものはないだろう。というのは、ここではパンチは「同じ節」を口ずさむが、意味は全く違っている。最初は「眠れ良い子よ」だが、二度目は「失せろこの餓鬼」だ。これはある特定のエピソードを囲い込んだり仕切ったりする枠づけ方法を、パンチ上演者が採用する卓抜した例である。パンチが動作のただなかに唄を必要とするときには、たとえば赤ん坊を膝に抱いているときには、意識的に異なった節（「踊るよ赤ちゃんおっぱい」）を選んでいる。

それゆえピッチーニのテクストはパンチ上演者の口承様式の好例として役にたつ。他にも例は枚挙にいとまない。たとえば第二展開の早々の時点で、医者がパンチの怪我の箇所を探す場面（「もっと下——もっと下——もちょっと上」）と、第三展開の終わり頃にジャック・ケッチがパンチの頭を輪縄に入れようとする場面（「そこから——ここから——いや、そこだ」）とのバランスなどである。一八五四年にロバート・ブラッフが出版した、生き生きとしながらも文学的香り高く、発想も構造も全く異なっているテクストと比較すると、よくわかるだろう。ブラッフの台本は、まる暗記でもしないと到底上演できない。ピッチーニのテクストに際だっているバランスや対照や枠組などパターン化された構成様式よりも、ブラッフにとって面白いと思えるように場面が展開している。構造が似通ってみえる瞬間もある。たとえば「立派な外人」が跳びだして「シャラバラ！」と三度叫ぶが、パンチが殴り倒すとすぐに、幽霊がパンチに向けて三度「ブー」と不満の声をあげたりする。しかし、この場面のバランスはとれていない。というのは「立派な外人」の場面の中心点での応答に相当するものが、幽霊の場面には欠けているのだ。

よその国の人：シャラバラ！
パンチ：なぜ英語を喋らんのか？
大陸の人物　：なぜって喋れないから。
パンチ：おお！（パンチは海外からの人物を、一撃のもとに、のしてしまう。）
息絶え絶えの入国者：シャラバラ！（息絶える。）

これは人形劇の舞台で効果的に演じられるかもしれないが、着想は文学的である。

赤ん坊との場面も、ピッチーニと直接照らしあわせて比較すると面白い。ブラッフのユニットには五部あるように見える。すなわち、パンチが歌う、子どもが泣く、パンチが子どもを殴る、子どもがパンチの鼻をつかむ、パンチが子どもを投げ捨てる。しかし分析すると、各部はピッチーニの場面構成のようには、構造的にバランスが取れているわけではなく、各々のキャラクターの動作が相手の先だつ動作への直接的な反応である、という文学的なドラマが徐々に現れる。

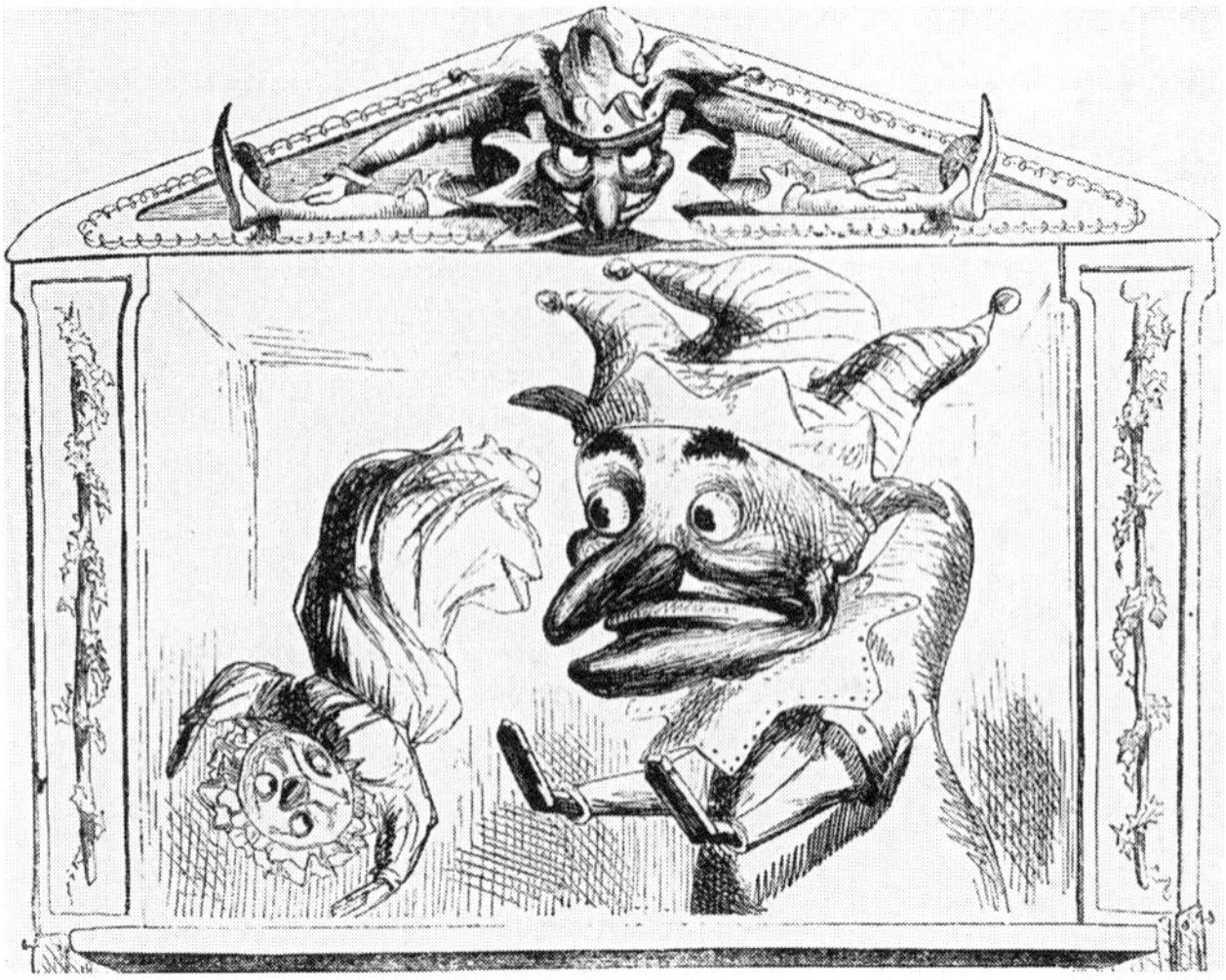

123図　「梟」筆「パンチと赤ん坊」(38図、78頁参照)

伝統的な口承芸能の特徴は、他にもあるだろう。たとえば、云い回しや語彙やイメージの独自性は口承芸能的には、さほど重んじられないが、反復は重視される。ピッチーニは時には質疑応答や命令遂行の場面に、バラッド同様の定式化とでも云えるものを採用している。

スカラムーシュ：パンチ君、君はわたしの可哀想な犬をぶったり、いじめたりしてきた。
パンチ：そいつは俺の鼻をかじったり、いじめたりしてきた。

あるいはまた

パンチ：足に骨が刺さってしまった。
ジャック・ケッチ：首にも骨が刺さっちまったろう……

ブラッフも時にはこのような工夫を施している。

教区吏：さて、わしの面先からその鼻をどけてくれ。
パンチ：さて、わしの鼻先からその面をどけてくれ。

どちらも台本に駄洒落をたくさん入れている。たとえばピッチーニは、先にあげたところでは「ビーティング《ぶつ》」と「バイティング《かじる》」の駄洒落、廷臣が首を延ばす場面では（「そのうち、貴様も誰かに首を吊られて伸びちまうさ」）とか、ジャック・ケッチの名前に関して（「あれをけっちらせ！」）と云っている。ブラッフの方は、とりわけ教区吏の肩書について駄洒落を云っているが、おそらくは「パンチ&ジュディ」の実演から拝借してきたものだろう。それにトービー犬をまるごと放り上げる場面でも駄洒落を云っている。しかしながらブラッフにはピッチーニのスラング――「仮病つかいの偽エイブラム」、「びっくり眼全開！」、「にんにく剥いたような禿頭」、「老いぼれ悪魔ニック」にあたるものはない。また、ピッチーニが首を延ばす場面につけたコメントや「悪魔の噂をすれば角を出す」とか「パンのどちら側にバターが塗られているか、ご承知さ」など、気安く諺や決まり文句を使う点も、ブラッフとは大違いである。ピッチーニのイメジャリーも口承伝統の典型である――独自性に欠けるが象徴的で暗示的である。パンチの諍いの描写には、ヴァイオリン弾き（スカラムーシュ）、音の問題（召使）、冗談（ジュディ）、それにゲーム（医者）を借りており、他方、絞首台は木や果実摘みと関連させられる。これに類するブラッフのイメジャリーは、唯一、刑務所を石炭置き場と描写する点だが、同種の意味合いを伝達しているわけではない。ブラッフの典型的な言葉遊びは創意に富んでおり（ジュディはパンチの「ダイアモンド女」）、ノンセンスで、時には皆が知っている決まり文句だ。

パンチ：料金はお幾ら？
医　者：一ギニーだ。
パンチ：四ペンス銀貨からおつり頂戴、

などというのは、あたかも民衆劇由来のようだ。しかし、発想はずっと文学的である。「あらぬ国へ、そこでは猿の顔を剃る罰にあたるだろう。」

ブラッフの才気溢れるコミカルな台本をおとしめようとして、このように比較しているわけではない。「パンチ&ジュディ」が上演される口承伝統とブラッフの脚本が属している文学伝統、いや大衆文学の伝統との相違点を際立たせようとしているだけである。また大枠において、コリアーの書き起こしがピッチーニに忠実であるということも明らかにしている。

後世の「パンチ&ジュディ」台本をいくつか検討すると、同じく相違点が浮かびあがってくる。ヴィクトリア朝の台本では、ホフマンのものとリッチモンドのものが、上演可能な文学作品であり、メイヒューやモーブレーやスミスのものが、記録という状況のもとで、ある程度損なわれているとはいえ、それでもなお基本的には口承伝統から発している。ジョー・グリーンの上演にも、このことがあてはまると、すでに述べた。[6] そしてまた、二時間半ほど間をおいて記録した二つのガイ・ヒギンズの上演でも、[7] 一つのエピソード（蜘蛛の場面）が違った二つの場面に現れた。一度は上演全体の三幅対の要をなし、二度目には第一展開の枠組として怪物登場場面のバランスを取る。ヒギンズは直感的といってもいいぐらいに、自分が上演している話に蜘蛛が必要であると知っていたようだが、その瞬間の欲求に応じて上演をダイナミックに構成する過程で、蜘蛛を用いたのだ。これはとりわけ優秀な「パンチ&ジュディ」上演者の創造と再創造の過程をわかりやすく示す卓越した例であり、図示すると次のようになる。

このような上演に開花した口承伝統は、上演者がどのように自らの舞台を作りあげるか、また少なくとも上演ごとの相違点はどのようなものかを明らかにする。「定型テクスト」というものは存在せず、新しい「テクスト」が上演ごとに生み出される。そのすべてが、抑圧に対するパンチの挑戦を物語っている。しかし他のすべてがそこから派生するような、オリジナルな決定版というものは存在しないのだ。

	1回目の上演	2回目の上演	
（前座）	パンチとジョーイ	パンチとジョーイ	（枠組）
（枠組）	パンチと怪物	パンチと怪物	
（第1展開）	パンチ、スカラムーシュ、トービー犬	パンチ、スカラムーシュ、トービー犬	（第1展開）
（第2展開）	パンチ、ジョーイ、ソーセージ	パンチと蜘蛛	
（枠組）	パンチと蜘蛛	パンチ、ジョーイ、ソーセージ	（第2展開）
第３展開	パンチ、ジュディ、赤ん坊	パンチ、ジュディ、赤ん坊	（第3展開）
第４展開	パンチ逮捕され、牢獄	パンチ逮捕され、牢獄	（第4展開）
（枠組）	パンチとワニ	パンチとワニ	（枠組）

大衆娯楽におけるオリジナルなテクスト追求の最も探究的な試みは、F・J・チャイルドの記念碑的なバラッド集となった[8]。ここではバラッド一つ一つの原型を決定する探究が根気よく行われている――ヴァリエーションは詳細にあげられており、比較しうる話は再録され、典拠の可能性がふるいにかけられている。しかし、結論的にはこれも展望がない。「ウェイクフィールドの陽気な番人」（一二四番）のようなバラッドでは、A版はB版と同様にオリジナルである。いずれも、下敷きとなった話を掻き集められる限り記している。上記ガイ・ヒギンズ上演「パンチ&ジュディ」の二例について云えるのは、同じ事なのだ。

しかし、口承伝統に「パンチ&ジュディ」を位置づけることとは、これ以上のことであり、他のすべてがそこから派生するような「オリジナル」版が存在しないならば、各々の上演者は同じものを上演しているとさえ、云えないことになる。あい異なるプルチネッラ劇がイタリアでは存在していると知れば、これらもまた「口承」芸能であるので、このような理解を後押しすることになる。さらには口承という様式は、作家／上演者によって構成が異なっても、文学的にはほぼ同一に見えてしまう。普及したバラッドに話を戻すと、同じバラッドに同じ程度に根拠の確かな版が存在しうるように、テーマは類似していても実態は全く異なっているという場合があるのも確かだ。たとえば「ウェイクフィールドの陽気な番人」は、ロビン・フッドに挑戦し打ち負かした後に、一味に仲間入りする労働者の話である。「新生ロビン・フッド」（一二八番）や「勇敢な行商人とロビン・フッド」（一三二番）のように、他にも幾つかのバラッドが同じ話を語っている。非常に似通っているにもかかわらず、チャイルドがそれらを区別したのは正しい。特に、後の二つのバラッドでは、ロビンの敵対者はそれぞれギャムウェルとギャンブル・ゴールドで、両者はともどもロビンの血族であると判明するが、それでもまだ明らかな相違点がある。ギャムウェルは絹製のダブレットと緋色の靴下を身に着けているが、ギャンブル・ゴールドは行商人の売り荷をしょっている。ギャムウェルはロビンを撃つぞと脅すが、行商人ゴールドはリトル・ジョン、それからロビンと戦う、等々。同じような類の差異が、複数の「パンチ&ジュディ」上演間に存在している。

伝統的なパンチ上演者《スワッチェル・オミ》は、通常は印刷台本の存在を知らないことは、すでにふれた。キャラクターの多く――トービー犬やジョーイやワニや幽霊やジム・クラウや拳闘家や支那の手品師――などがピッチーニの配役表に欠けているのは、注目に値する。「伝統的な」上演とみなすものを保持する熱意をもつだけに、キャラクターのこのような不一致は重要である。

ごく初期の上演が多彩であったことも、すでに指摘した。また、ピッチーニの上演とはとても認められないものについての謎めいた言及が、一八二八年以前から他にもある。たとえばコリアーが主張するところによると、一八一三年九月二二日『モーニング・クロニクル』の記事について、コリアーとフロストの二人がともにふれている。実際には、このような記事は見当たらないが、人形芝居にパンチの話は他にもあると読者が知っていることを前提にしている点で、言及されたということが大切である。この話では、パンチは幼い娘を「一時の恐ろしい悪魔のような嫉妬心にかられて」殺めてしまう。パンチは争ったあげくにジュディをやっつけ、馬の背にまたがって警察から逃れ、スペインに辿りつくと「恐ろしい審問官」[9]につかまってしまった。パンチは拷問を受けたが、金の鍵によって、もしくはフロストによると「看守に賄賂をやって」[10]逃げおおせた。倦怠を象徴する黒い犬や、病気を現す医者や、死を現す骸骨や、初めは「可愛娘ちゃん」ついで「自らの生まれながらの姿」で現れる悪魔など、次々にパンチに起こる数々の遭遇場面は、おそらく「諷刺的、寓話的、詩的」[11]であった。これにどのようなささやかな証拠が得られようとも、ようはピッチーニとは別の話が流布していた、ということだ。

ホーンが「みんなの人形劇パンチの冒険」を一八二三年に描写している。それによるとパンチは

好色で自堕落で筋金入りのキャラクターで、妻子をぶちのめし、道徳上の評判を全く軽蔑しきっている。聖職者の忠告には耳を貸さずにやっつけて、女のつれたちとは踊り、亡霊には少々驚き、かつてないほどの悪《ワル》になり、悪魔をも恐れずに戦うがやっつけられ、ついには地獄に運び去られる。[12]

どうやら赤ん坊を窓から放り投げず、妻を殺めず、ましてや「悪魔を恐れ」ないパンチとなると、ピッチーニ上演のパンチと同じではなさそうだ。ここでは大きな一役を演じる聖職者も、ピッチーニにおいては該当するものがない。とはいっても、十九世紀初期の人形一式には聖職者が含まれているし（125図）、一九〇六年に玩具商ハムリーズが販売用に生産した人形セットの広告には、聖職者もあった。「女のつれたち」（複数扱い）、「幽霊」、パンチが地獄に運び去られるなどというのは、すべてピッチーニ上演とは相いれないし、また、これにはジャック・ケッチが登場しない。

ホーンが強調するパンチの性格のうち「筋金入り」の部分は、三〇年以上も前を回想して、一八五二年に書かれたミラーの記事にも、その片鱗をとどめている。ミラーが覚えている上演は、パンチが出歩いて酒を飲み帰宅する

と「妻と争いになった。口喧嘩が殴り合いになり、そして……その酔っ払いの悪《ワル》じじいは恐ろしい悪態をついた。」パンチはジュディを殺害した（ここでは赤ん坊についての言及はない）、ジュディを蘇生させるために（自分のためではなく）医者を呼びにやった。そして医者がジュディの臨終を告げると、パンチは今度は医者に殴りかかった。その後、裁判官に死刑を云い渡されると、パンチは「自分を有罪と宣告したがゆえに、裁判官を椅子からぶっとばす」（126図）が、最終的にはホーンの記録した上演と同様に、悪魔がパンチを連れ去って「角をはやした天敵に連れられ緑色の幕布の下に消え失せたとき、あの太鼓腹のじじい主人公が罵る言葉までも、我々は聞くことができた。[13]」

　これらの記述が厳密にはどの程度正確で、信じるに足るかについては議論の余地があるかもしれないが、一八二八年以前にも、あらすじは複数あったということを両者ともに強力に示している。これを補う証拠は他にもある。『パグの訪問』というチャップブックでは、パンチが妻の相手をするのに疲れ、遊びに来て夕べを過ごすようにと猿のパグ氏を誘う手紙を、飼い犬の大犬《タウザー》に持たせる。夜も更ける頃には、パグは飲み過ぎて家に帰れなくなり、パンチ夫婦の寝室と同じ階に泊った。翌朝、パンチ夫人が目を覚ますと、パグがパンチの衣服を着けていた。パグ氏があまりにも素敵だったので、夫人はパグ氏と駆け落ちした。パンチはロバにまたがり、後を追った。パンチが追いついたとき、パグとパンチ夫人はメヌエットを踊っていたが、パグの召使たちはパンチを追い払った。パンチはパン屋に隠れたが、そこの飼い犬に（鼻を喰いつかれて）引きずり出された。教会墓地を通って家に帰ると、墓守には幽霊に間違われる。最後には、妻は毛布にくるまれて放り上げられ［四隅をつかんだ毛布から人を何度も放り上げる見せしめの罰があった］パグ氏はさらし台に送られて、やっとパンチは心の平穏を取り戻す。この話はバラッドの形式にならっているが、三〇年後にキャトナックが類似のものを出したときには、実演（ピッチーニによる）に基づいていた。『パグの訪問』には、典型的かつ伝統的な人形劇の場面が、ふんだんに現れている。パンチがロバに乗る（馬ヘクターの名残）とか、パン屋と犬の場面や、幽霊との顛末などである。

126 図　パンチが裁判官と対面する

125 図
19 世紀の人形のうち聖職者
現在ロンドン博物館所蔵

124 図
19 世紀の人形のうち拳闘家
現在ロンドン博物館所蔵

オトリーにあるウォーカーが発行した「優美な版画入り」チャップブックからも、一八四七年にいたっても、あらすじは必ずしもただ一つのものではなかったということがわかる。ここではパンチが「取り分以上に昼食を」とった、と信じこんだジュディがパンチを攻撃した。[14]パンチはジュディを殺し、それに対して犬ポンペイがパンチに跳びかかる。パンチは犬ポンペイをも殺し、それから「泣いている」赤ん坊を窓から放り投げる。到着したおまわりさんはパンチに散々殴られるが、ジャック・ケッチに救い出される。そしてパンチは投獄される。裁判官はパンチに絞首刑を命じ、最終場面でパンチは絞首刑執行吏を出し抜く。これらもまた、人形芝居に発する場面であるが、全く予想どおりの進行というわけではない。

一八一〇年にI・グリーンによって製作された紙製玩具も別の証拠となる（127図）。パンチとジュディがグラスを掲げているところ（この所作は、一八二〇年頃のフェアバーン刊『縁日のお楽しみ』の挿画にも見受けられる。33図、69頁）、パンチをやっつけようとするのがみえみえのジュディが枝箒を振り回すところ、角をはやした悪魔が三叉槍を握りパンチを連れ去ろうとしているところ、ゆったりした襟飾りにポンポン・ボタンをつけて鍔の広い帽子をかぶった得体のしれないピエロなどが描写されている。これは人形劇ではなくて、役者の演じる舞台から取ったのかもしれない。しかし、場面もキャラクターもたいてい、よく知られた人形芝居に適合し、玩具はこのような人形芝居を現すものと考えられていたので、まったく無関係だとするのは奇妙なことだろう。また、当時の玩具劇場は、人形芝居の場面展開やキャラクターなども非常に忠実に描いているということは、付け加えておくべきだろう。

このことからはっきりしてくるのは、一八〇〇年頃にはパンチ芝居は数多く存在し、各々が独自のあらすじやキャラクターをそなえ、喜劇的なまたグロテスクな展開を見せていたという状況だ。一八二八年には、そのうちの一つ、おそらく最も人気のあったピッチーニ上演が、記録されて出版されたのだ。人形劇史の研究家には、これが当時唯一の形態であるとみなすようにしむけ、「オリジナル」版にのっとる一つのモデルを上演史に提供してしまったようだ。このような理解では、原版の上演に現れない「新しい」場面やキャラクターは、実際に現れる場面やキャラクターのヴァリアントだ、としか説明できない。

というわけで、悪魔がワニ「になった」という説明を受ける[15]。だがワニが十八世紀の人形芝居にも存在していたのは周知の事実だ。たしかにワニをあらわす「クロッコダイル」という語は「悪魔」を意味する隠語で、パンチ上演者のある者が、誘導尋問のはてに、悪魔がワニになったと認めたのだろう。しかし、フランク・エドモンズやジョン・コドマンをふくめ、多くの上演では両方現れる。ボブ・ウェイドが云うように、真相は「ワニは手遣い人形にむいている――ちょっとグロテスクでちょっぴり怖い[16]」おまけにワニは融通が効く。顎をぱくっと鳴らせるし、

127図　I. グリーンのパンチ＆ジュディ玩具キャラクター　1810年

それにソーセージを貪り喰うことができる唯一の人形だ（117図参照）。それにパンチ上演者が喉をしばし休ませることができる。同様に、スカラムーシュはジョーイ「になった」と考えられてきた[17]。とはいってもピッチーニの上演では、実はスカラムーシュはトービー犬の飼い主だし、ジョーイの登場する最も初期の記述であるメイヒューの記録によると、ピッチーニのスカラムーシュにはちっとも似ていない。また、たぶん双方とも黒人なので、ピッチーニのお仕着せを着た召使がジム・クラウ「になった」ように見える[10]。しかし、お仕着せを着た召使の役割は、他の上演ではパブの主人や警官によって演じられ、決してジム・クラウによっては演じられない。云いかえると、この論理は証拠に負けてしまうだろう。

時を同じくして、相異なる自在な「パンチ&ジュディ」が上演されていたという可能性は、上演史家が「起源」を想定していただけに、充分には分析していない二つの理由によって曖昧にされてきた。まず、手遣い人形ということがうまく機能する所作には限界があるので、相異なる上演にも必然的に類似性がでてくる。したがって不可避的に、たいていの上演は好戦的なパンチに、おそらく一つか二つのささやかなロマンスをつける。主人公が戦いを挑めば、法や教会にふれ、もし「ロマンス」があれば愛人が必要だ。パンチのような悪漢に愛人とくれば、妻とのいさかいがつきもので、手遣い人形では棍棒を用いて解決する。そのうえ口承芸能に携わる者は、同業者から題材を頂戴するのは平気である。バラッドの世界では「フロート《浮動》」するものとして知られる、多くの異なる唄に現れるスタンザがあるように、ある上演から別の上演へと「フロート」する場面も「パンチ&ジュディ」にはあるだろう。上演者たちは露骨に題材を盗みあって自家薬籠中のものとする。ある匿名のパンチ上演者《スワッチェル・オミ》は「自分で考えだしたかのように語っていたが、他の上演者が何か別の面白いことを云うのを耳にするとそれを真似る。[19]」メイヒューがインタビューした男も同じ事をしていた。自身の「機知」を誇りにしていた上に、「ポーシーニやパイクからも多くのものを頂戴した——掻き集めというわけだ。[20]」パンチ独特のキーキー声や幕間狂言も、異なった上演を同じように見せる要素となっている。しかしバラッド「新生ロビン・フッド」とバラッド「勇敢な行商人とロビン・フッド」のバラッドとは違うように、同じである必要はない。

史家たちを困惑させていた二つ目の要因は、ピッチーニの上演の次に文書に記録されたものがメイヒューによる、ということだ。その時、メイヒューがインタビューしたパンチ上演者が道具一式——人形や舞台やスワッズルなどすべてを買い取ったのはピッチーニからだった。自分では彫ることができないので、手持ちの人形を使うしかなかった。とはいえ、専門の彫師から新しい人形を一つや二つは買い足してはいた。しかし、その上演はすでに記録に残っているものに条件づけられており、ピッチーニの上演を唯一無二のオリジナルな「パンチ&ジュディ」、すなわち

「欽定版」と見なす傾向がさらに強まった。ついでに云うと、次に脚本を書いたブラッフも、コリアーやメイヒューと同じ仲間で、先達二人の記録を知っていたのは、ほぼ間違いない。それらはブラッフの書くものに影響を与えた。そしてブラッフの台本もしばしば版を重ねた。

コリアー自身も「他の流浪の芸人の見世物」は「ピッチーニの上演」とは大いに異なっていると書いている。[21] 一八二八年以前にパンチ芝居について書いたブラックマントルもスミスも、多分そのうちの一つを観ていただろう。――その上演でもパンチがジュディを棍棒で打ち、医者がジュディを診にやってきて殴り倒され、黒ん坊シャラバラやジュディの幽霊が現れ、それから悪魔が現れ、ついにジャック・ケッチが登場したであろう。マクスウェル夫人の芝居にパンチとジュディは現れたが、赤ん坊は登場しなかった。このパンチが妻のジュディを殺したかどうかは明らかではないが、たしかにパンチは悪魔を「蹴り」出してしまう。この後に、船乗りと「その麗しのスーザン」、ジェーン・ショアーとパン屋、それに「王と王妃」が続くが、「パンチがなお、この芝居の主役として君臨する。[22]」

他にも際だった「興行」といえば、マッグズ一家の上演で、明らかに十九世紀前半にまで遡れる。[23] このなかでパンチは、妻と子を殺す「ぞっとするじじい」である。パンチをつかまえるために教区吏が到着すると、パンチは教区吏の頭のあたりを繰り返し殴った末に逃亡して、旅のサーカスの一団に加わる。道化やジム・クラウやワニや支那の手品師の皿回しや拳闘家などの芸人が登場するのは、この時である。幕間狂言にはジュディの幽霊がパンチにつきまとったり、またパンチが魂を悪魔に売って時を稼ぐ協定を結ぶ場面が挿入される。結末では司直の手がパンチに追いついて、マッグズのオリジナル上演にはパンチが首を吊られる場面があったかもしれない。しかし、記憶の範囲内では常に、パンチが絞首刑執行吏の首を吊っていた。マッグズのお家芸は、ファウストと非常に類似している。ファウストは一八〇〇年頃に消え失せたように見えるが、十八世紀の人形芝居やパントマイムには、よく登場していた。旅のサーカスの場面が中心的な位置を占めている点は、フロックトンやギンジャル、パイクやワイ

128図　パンチ＆ジュディ「オリジナル上演」

129図　「やあ！　旦那のオペラ座をどかしてくださいよ！」

ルドを想起させる。マッグズは全く気付いていないが、このような連関から、マッグズのお家芸が一八〇〇年頃のものだろうと推定できる。マッグズ上演のパンチはこのように、初期のグランド・メドレーのパンチ上演者に奇妙に似ている。周辺になんとなくおりながら、一団に属していた。というわけで、産業革命を経たパンチ上演者の体験に基づいて、昔ながらのテーマ（ファウスト）が、装いも新たにマッグズの上演に再び現れた、ということかもしれない。この上演が、一八二八年に出版されたピッチーニ上演同様「オリジナル」であって支障はない（128図）。かつて注目されることがなかったというのは、ありえる。ある程度は、マッグズ家の伝統となった秘密主義ゆえに、また見てのとおり、彼らはロンドンに本拠地を置く芸人ではないので、ロンドンを拠点とする文筆家の目には決してとまらなかったのだろう。

　というわけで、十九世紀初頭には三つの異なるパンチ手遣い人形芝居が存在したと跡づけられる（仮にブラックマントルとスミスのものを入れると四つだ）。それ

130図　パンチとJ・Rを手にしたガイ・ヒギンズ　1980年

はピッチーニのもの、マクスウェル夫人が記録したもの、そしてマッグズ一家のファウストに似たお家芸である。これはイタリアのさまざまなプルチネッラ芝居の数には比べるべくもないが、「パンチ&ジュディ」に三つの版の記録があるならば、それならば実際はおそらくもっと多いだろう。そして、ホーンやミラーやその他が示唆することも、このような文脈から読み込まれなければならない。今やグリーンやヒギンズの版もまたオリジナルである、と云えるかもしれない。台詞や所作はもちろん、キャラクターやエピソードに至るまで、まるごと他の上演者から付けくわえられたかもしれないが、土台はたしかにオリジナルである。ジョー・グリーンやガイ・ヒギンズが箱舞台で活動しているのを見ると（130図）、別の何かからの信頼できないおこぼれなどとは思いもよらず、まさに口承芸術の正真正銘のオリジナル作品であることを納得する。まとまりのない塊りである民衆文化に分類札をつけて扱いやすくし、上演者各人に独自性の可能性すら認めようとはしなかったのは、歴史家のしわざであり、ブラックプールやウェイマスの浜辺で観客になった体験を持つと、意見が変わってしまう。

それにもかかわらず、より深い意味では、これらの上演もすべて、そして推察するところでは他の上演も、本質的には　つである。ロビン・フッドのバラッドはさまざまでも、富める者から奪い貧しい者に分け与えるという点では、同じロビンを提示するように、「パンチ&ジュディ」もすべて、同じテーマと精神性を示している。すべての「パンチ&ジュディ」は抑圧からの自由、すなわち自己の運命を突き進む自由に関心を持ち、すべての「パンチ&ジュディ」はアナーキーで暴力的で不敵である。このレヴェルではたしかに、「パンチ&ジュディ」の上演はひとくくりにして、たとえばヴィクトリア朝の客間であろうと海浜リゾートであろうと、ある特定の場面でどのような特定の版が上演されたかを、あまり考慮せずにコメントをつけることができる。さまざまなヴァリアントを持つ推定上のオリジナル上演の統一性ではなくて、このようなテーマの統一性が、ある意味では評者に誤解をもたらし、また別の意味では上演に含みと力を与えてきた。どのように上演されようとも、また、ある場合にどのようなヴァリエーションが加えられようとも、至上の価値を持ちつづけるのは、不服従を断固主張すること、上品なマナーや良き秩序や良き分別や善そのものを受容することを、拒否することだ。

第十二章「パンチ&ジュディ」の意義

Meanings

［精神分析・文化人類学・神話論などの知見から、人間の根幹に直結するパンチ&ジュディの魅力に迫り、過去・現在を俯瞰し、未来を展望する］

本書は「パンチ&ジュディ」を内容の点から追跡してきた。それは刻々と移りかわりながらも、また驚くほど変わりばえしない。と同時に、このような内容に形式を与えてきた口承伝統についても検討してきた。それにもかかわらず、「パンチ&ジュディ」のような奇天烈な見世物が大衆娯楽の中で生きながらえてきた理由については、内容や形式の点からは、充分には説明しきれない。おそらくその理由を完全に説明するなどということは不可能であろうが、しかし考察なら可能である。なぜならば、「パンチ&ジュディ」の優れた上演に接したときに引き起こされる共感は、人々の経験の深い次元にふれるからである。どのような上演でも、ここで云うような共感をかきたてることができるわけではなく、素晴らしい「パンチ&ジュディ」を見た人のみを共鳴させることができるのだ。

まず、パンチ人形自体に人を惹きつけてやまない神秘性が備わっている。ただの木片が見たところ自律的に動くのだ。ディケンズは『デイヴィッド・カパフィールド』で、この神秘性を茶化している。スペンロー氏があまりにもしゃちこばっているので、お辞儀をするのも「背骨のつけねからしか曲がらず、まるでパンチのようだ」(1)と描写している。動かぬものが動くと、人は信じられない気持ちになり恐怖を抱く、というのは普遍的なことだ（132図）。エリザベス朝には「マミット」という人形を意味する言葉があった。マホメットに由来するこの語は、「人形」と同時に「偶像」という意味をあわせ持つので、このあたりの事情を解きほぐす指針となるだろう。また、十七世紀頃のラップランド人は、北欧神話で人間の住む世界の守護者であるトールを、頭は木で彫り、腕は棒で作り、ハンマーを持たせ、宗教儀式の中で生きているかのように扱ったという。アレクサンドリアの英雄は、バッカスを崇拝し動く人形を作ったし、ホメロスもアリストテレスも、ともにギリシャの神殿にあった動く人形についてふれている。インドではシヴァ神は、その配偶者である女神パールヴァティーが所有する美しい人形に「命を授けた」と云われている。この点に関して、サマールは「人形とは手の込んだ一種の偶像だ」という広く流布する通説を記している。

偶像は、それぞれ異なった衣装を身に着けて、歩いたり、跳びはねたり、勢いつけて動いたり……ができるように作られている。ヒンズー教でも宗派によっては、このような偶像を神の具現とみなす宗派もある。……信者の病を癒したり、願いをかなえたりすると信じられている。(2)

イスラエルの民の神が説く第二の戒め「偶像崇拝の戒め」は、人形に備わるこのような力、魔法使いや魔女を照準としている。魔法使いや魔女は、何千年ものあいだ、敵の似姿に針を突いたり、ゆっくりと火にかざしたりして、その敵が何をされているのか理解し効力を信じるかぎりにおいて、致命的な傷を負わせることができたのだ。しかしキリスト教でも、独自の目的のために人形を用いていた。クリスマスに祀るキリスト誕生の情景をあらわす馬小屋模型やイースターに上演される芝居には、小ぶりの立像を動かす見世物がつきものであった。これらは中世には精巧を極めたが、宗教劇よりも昔から存在していたことは確かである。宗教改革の嵐に多くは淘汰されたが、悪霊を追い払うためのガーゴイルや教会の聖職者席の折りたたみ椅子に彫られた偶像などが、教会建築に残っている。教会が人形劇を用いた例としては、オックスフォード州ウィットニーにおける「キリスト、番人、マリアなどを現す小さい人形たち(3)」によって演じられた復活劇をあげることができる。ジャック・スナッカー［前出　第二章、18頁］が初めてお目見えしたのは、この復活劇なので、この復活劇をパンチと結びつけることは可能である。

131図　「おーい聞いとくれ」

132図　ジョン・オーガスタス・アトキンソン「パンチ」
1814年
見たところ人形を動かす上演者はいない
動かぬものが動くのだ

パンチが単なる人形ではなく道化であるがゆえに、また、パンチは新たな反響を呼び起こす。およそ人間らしからぬ木片が、まるで人間のように振る舞うがゆえに人形が魅力を放つように、道化喜劇の根本は、人間が演じる道化が人間とはかけ離れていく点にある。道化に施した化粧ゆえに不変の顔貌を得て、笑顔以外の感情はいかなるものとしても表わさず、道化はロボットや起き上がり小法師のように振る舞うのだ。このような脱・人間化が醸しだすユーモアについては、ベルクソンが「びっくり箱」の面白さを語った文章で巧みに説いている。

警官が（「パンチ&ジュディ」の［著者補筆］）舞台に現れるやいなや……ふりかかる拳の犠牲となる。立ち上がってはまた、殴られてぶっ倒れる。またしても立ち上がると、またしても懲らしめられる。バネが縮んでは伸びるという均一なリズムで、警官はばたんと倒れ、ぴょこんと跳び起きる。それにつれて、観客の笑い声はますます大きくなっていく(4)。

道化ぶりには、このような強度の予測可能性と、また同じくらい強度の予測不可能性がともなっている。次に、子どもの唄から例をあげておく。

パンチとジュディが競走で
市場をぐるぐる追いかけ回る、
ジュディが止まって靴紐結び、
誰が勝つ？
「パンチ」と云ったら、パンチ《げんこ》をやろう(5)。

どちらの例でも、道化は常軌を逸した不屈の者で、社会の規範をはずれた存在である。云うなれば道化とは、社会的に適応する必要性を免れた存在なのである。パンチはこのような道化なのである。

サトゥルナリア［古代ローマに由来する収穫を祝う冬至の祭］やカーニヴァルなど古来の祭では、一般の民衆が道化となった――装束を身に着け、仮面をかぶり、幻想を生き抜いたのだ（133図）。すでに産業革命以前に、民衆が積極的に参加するという伝統はほとんど消滅し、かわって旅芝居がある種の代償的役割を果たすようになった。カーニヴァルに最も近い英国の行事は、お祭騒ぎバーソロミュー・フェアであろう。「ロンドン市長が御剣を六ペンスの喇叭《ラッパ》に替え、無礼講の王［十五世紀から十六世紀に宮廷を初めとする大きな宴会を司る者の呼称］になった時に起こる……あの筆舌尽くし難いどよめきと動揺[6]」に湧く。パンチ芝居が生まれたのも、パンチが「人気の絶頂を極めて放埓のかぎりを尽くした[7]」のもバーソロミュー・フェアであった。

133図　街角の道化　五月祭　1816年
（5図プルチネッラ参照）

「パンチ&ジュディ」は、祭の見世物の一例として、主題に男女間の争いを扱っている。他の例としては、ドロイルズデンの通夜での[8]「民俗儀礼」やノアとその妻にまつわる数多くの人形芝居をあげられる。「パンチ&ジュディ」の場合、「ののしりあい」も単純に面白いというだけではなく、パンチのリビドーから発する性幻想の片鱗を見せている。我々はパンチの際だった身体的特徴から、このことに気づくのだ。何よりもまず鼻は、何世紀ものあいだユーモラスに扱われ、さまざまな云い伝えも広く流布し、学問的な考察の対象となってきた（134図）。たとえばゴーゴリ『鼻』や、嘘をつけば鼻が延びるコルローディ『ピノキオ』のような人形劇は、鼻が人形劇向きの格好の素材である証拠となっている。しかしながら、パンチの鼻の長さは虚言癖のみならず、好色をも現している。諺にも「鼻の長いは御婦人好み」とある。パンチ人形には、背中の瘤や太鼓腹まで鼻と相似形にデザインされたものもある。ジョー・グリーン上演では、ジョーイはパンチの背中の瘤を「バナナ」と呼んでいるが、その性的なニュアンスは即、明らかである。パンチの滑稽な声に関して、バーバラ・ジョーンズが語るには、「「パンチ&ジュディ」は、性と性的特質を可能なかぎり交替させようとする英国のパントマイムと公休日の行動方針の縮図である――パンチが甲高い裏声で罵詈雑言を尽くすのにたいし、ジュディは上演者の地声のままの低音だ。[9]」最後にパンチの持つ棍棒だが、これが現す男根の象徴性については、あらためて語るまでもない。バーソロミュー・フェアのお祭騒ぎの雰囲気では、このような特質を単なる偶然といって済ますわけにはいかない。

したがって、本書でもすでに指摘した社会諷刺の次元を越え――否、社会諷刺の次元の下に――性幻想の次元は潜在している（135図）。夢にならって性幻想を手がかりに、それを抱く人が自己の関係性をどのように知覚しているかを計ることができるし、現実生活では封じられている想像力の領域に入り込むことができ、現実の行為に必ず伴う責任を免れて、行動の限界を探ることができる。性幻想といっても有効なものには、ある種の特徴がある。まず第一に、その性幻想を抱く人が主人公と同一化し、行為のみならず欲望をも分かち持たなければならない。第二に、性幻想は、イメージによって識閾下で働くにしても、それを理解可能なお話《ストーリー》として語る必要があるので、無意識の領域で感知される性幻想に実は充たされているにしても、表面的には比較的整合的な論理と意味を備えていなければならない。そして第三に、性幻想には変装や変身が仕組まれている。特に敵役が変装していたり変身してい

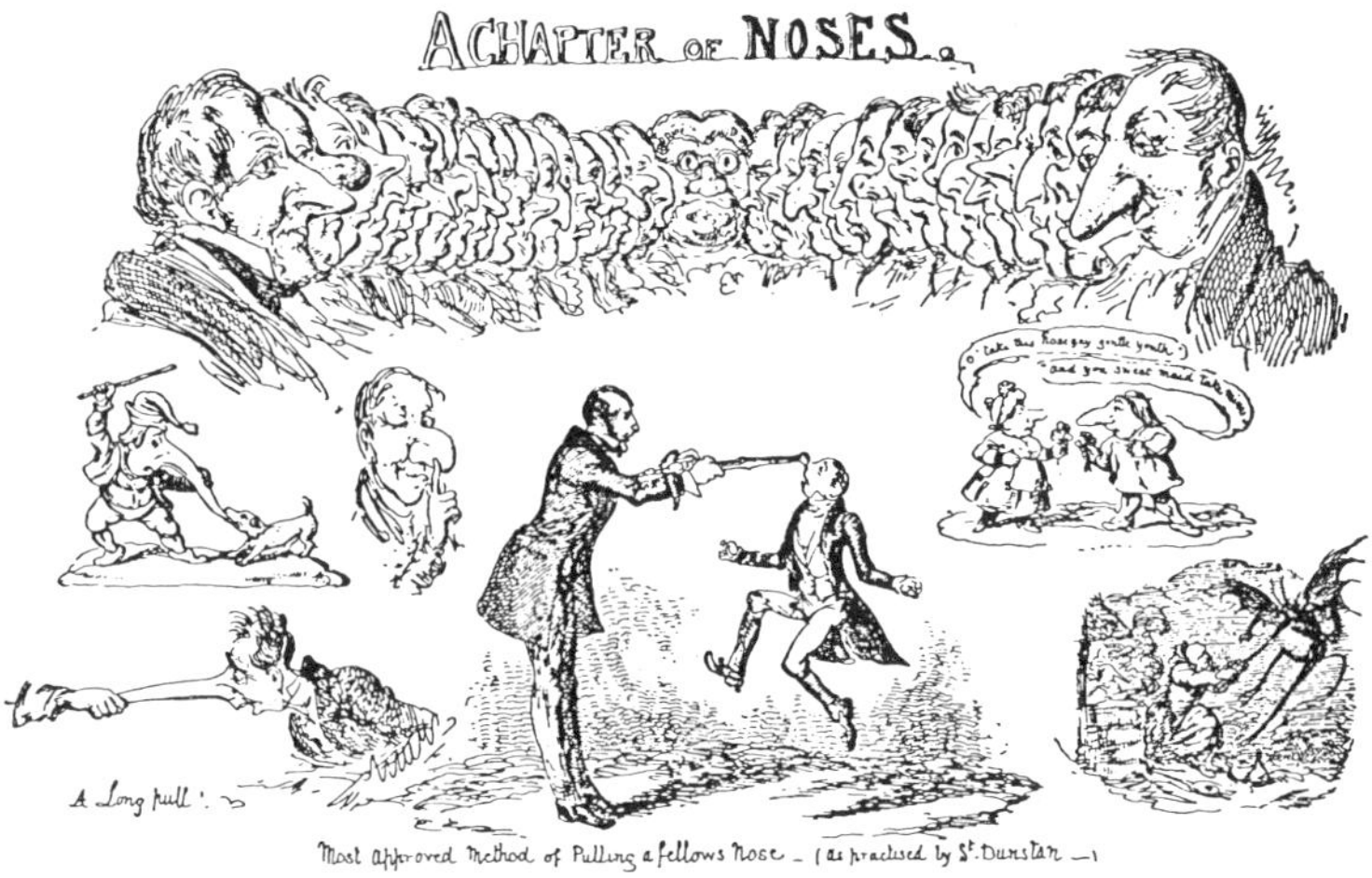

134図　ジョージ・クルクシャンク「鼻のための1章」

たりする場合が目立つ。それが、敵役の新しい側面を主人公が発見するからなのか、もしくは主人公の気分が変わるからなのか、また敵役の気分が変わるからか、もしくは単にこの類の探究において性幻想には異なったイメージが必要であるからかは、判然としない。たとえばピッチーニの「パンチ＆ジュディ」でも、性幻想という次元では、敵役はある時点ではジュディとして現れて、またすぐ後にポリーとして敵役が登場する。なぜならば敵役に望むことについてのパンチの認識が変化するからである（136図、137図）。

135図　ジェッソンの上演　1932年
パンチ＆ジュディのキス・シーン

伝統的な「パンチ&ジュディ」の常套手段は、パンチが性幻想の中で経験したものとして、男女間の争いを描き出す。パンチは女性のイメージに常に魅かれるが、一切の条件や責任ぬきで、楽しみを享受したいのだ。ジュディはパンチにとっての女性なるもののイメージを体現しているが、またそれゆえに性的な特性と引き換えに、パンチに対して優位にふるまおうとする敵役である。ジュディは一緒に踊ったり、キスしたりすることをパンチに許すが、その結果が子どもができたということになる。パンチはこのような事態に責任を免れることを期待するが、性幻想

136図　ジョージ・クルクシャンク「パンチとジュディ
ピッチーニの上演」1828年

137図　ジョージ・クルクシャンク「パンチとポリー
ピッチーニの上演」1828年

においては、願望が行動をもたらすので、パンチは赤ん坊をいとも気軽に窓から捨ててしまう。ジュディが戻ってくる。ジュディに対する求愛は、快楽とともに責任をも伴うだろう。この命題をパンチは受け入れようとはせず、ジュディが眼前から消え失せること──実際上、死んでしまうこと──を望む。また、願望が行いを生んで、パンチはジュディを殺害する。といっても、性幻想家／主人公であるパンチが、殺人の罪悪感から自己防衛するために一連の行為を総括する方法もまた、性幻想にあっては典型的なものである。自分とお楽しみを続けることを打ち切って、厄介なことにまず赤ん坊を、ついで棍棒まで持ち込んだ、といった具合に、アクションのあらゆる段階での責任をパンチはジュディに負わせる。このように、性幻想の中では、パンチは禁忌を犯しながらもなお、罪は免れえている。

ピッチーニの上演では、目障りなジュディが消え失せるやいなや、ポリーが登場する。ポリーは従順な女で、パンチと踊ってから「聞こえよがしもいいところに」パンチがポリーにキスをする。ポリーはおそらくパンチにわずかに生じるロマンスであり、登場場面はほんのわずかだけだが、常にパンチはポリーを追い求めているとも考えられる。幽霊の場面は、ポリーより一般的だが、幽霊は明らかに敵役ジュディの変装であり、パンチを怯えさせ、医者を呼ぶに至る。医者もジュディ役の延長と解釈できる。パンチに世話を焼こうとするキャラクターである点で、家主や教区吏がジュディ役の延長であるのと同様である。これらのキャラクターは、パンチより分別があると主張し、性幻想内ではパンチが因襲から離れて対処できる問題に、因襲的な解決法を提示する。これらのキャラクターは「母親」像の投影のように見える。なぜならばジュディこそは、女性の元型──母であり、妻であり、愛人であるからだ。

次のイメージ群は、現れる順序がどうであれ、おそらくもっとも力に満ち魅力的である。まず、ソーセージを使うジョーイ。そのソーセージをパンチは自分のものにしてしまう。ジョーイは、いわばパンチの男性性を刺激するのだ。しかしソーセージがフライパンにうまく納まるようなことはない。かわりに、つかみどころのないジョー

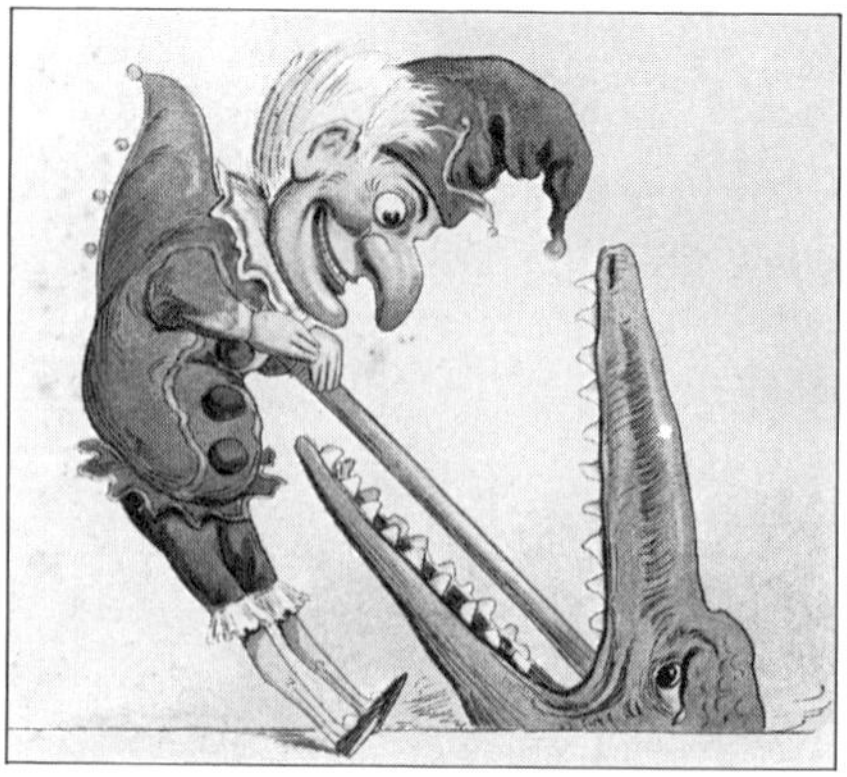

138図　パンチとワニ

イと戯れる誘惑にパンチが屈したとき、報復するのはソーセージとフライパンの元来の持主、恐ろしい家主である。とはいってもついには、パンチは家主をやっつけてしまう。ときにソーセージがワニのあんぐり開いた口に呑み込まれてしまうこともある。次にワニのイメージについてまとめてみよう。ワニは、パンチが突っ込むものには何であれ喰らいつく、残酷で貪欲な穴である（138図）。これが、たとえばライオンや象ではなくワニであるのは、むべなるかな。というのは、ワニこそは穴のイメージとして比類ないものであり、リア王の「黄泉への裂け目」［三幕二場］を思わせるものだからだ。物見遊山の見物人にも、たいていいつもワニが印象に残っていることからも、ワニの力強さは明白だろう。ワニがソーセージを、パンチの棍棒を、時にはパンチの鼻を、また上演によってはパンチ氏自身すらも呑み込む強靭な顎が、生き生きと記憶に残るのだ(10)。

潜在する性的イメージの最後を飾る例は、絞首刑の場面である。この場面では、絞首刑執行吏が敵役で、見てのとおりの覆面をつけて「変装」している。執行吏は輪縄をぶら下げ、パンチにその中に頭を突っ込むようにと勧め、たぶらかされたパンチが、今にも首を入れるかに見える。この輪縄もまた女性の象徴であり、あんぐりと口を開けて威嚇するワニと趣を異にするが、パンチが絶体絶命であることにかわりはない。また、首を吊ると勃起するというのは、事実はさておき、民間伝説に流布していることだ。パンチは智恵を働かせて、勧めを退ける。勧めに屈すればどうなるかは、絞首刑執行吏が自らの頭を輪縄に突っ込んだ結果死んでしまったときに、鮮やかに示される（139図）。

139図　ロバート・クルクシャンク「絞首刑の輪縄　ピッチ―ニの上演」1828年

性的満足を与えるのと引きかえに自由を奪おうと敵役が仕掛けた罠の数々を、パンチはここまでは巧妙に退けてきた。ここで悪魔が登場する。最後の敵役、悪の権化のお出ましだ。実演ではパンチの棍棒は効力を存分に発揮して、このような夢の主人公の大半にならって、最後には完璧な勝利を収めてしまう。しかし、悪魔や絞首刑執行吏が登場するには、また違う理由もある。パンチの罪と恐怖ゆえに、性幻想の中ではこのような姿――因果応報の恐ろしい手先の姿――をとるのだ。このようなイメージの助けを借りて、パンチは自身の罪を投射し、客観化し、そして超克するのだ。

「パンチ＆ジュディ」芝居はいずれもユニークで、場面のつなげ方などは、上演者の二人としてまったく同じということはない。しかしながら性幻想の次元では、たいていパターンを判別できる。パンチならびにパンチに自己投影する観客がイメージするのは、ジュディをはじめさまざまなキャラクターが体現する異性の力に屈する誘惑にかられながらも、いずれの誘惑をも退けて英雄的な孤高を保つ、一連の状況である。パンチ芝居をこのようにパンチの――そして我々の――性幻想であるとみなす解釈は、パンチ芝居の謎めいた特色をある程度まで説明できるだろう（140図）。たとえば、パンチがジュディを殺めることを承知しながら、それでもなお、ある意味ではパンチはジュディを殺すわけではない、と信じるパンチ上演者が何人もいるのだ。性幻想の次元では、ジュディは殺されながらも殺されない。また、ジュディはたいていの上演では最初の一場面以降登場しないので、『パンチのオペラ』というメイヒューがつけたタイトルのほうが「パンチ＆ジュディ」よりも相応しいという意見もあった。しかし、他のキャラクターがジュディの化身であるとみなせるならば、「パンチ＆ジュディ」こそが正真正銘なタイトルと云える。表面的には「パンチ＆ジュディ」はお子さま向けのドタバタ芝居に見えるが、駆りたてられるように熱心に見物しているのは、大人のほうである。大人はイメージを通じて行う自己探求的な性幻想だとして、無意識のうちに「パンチ＆ジュディ」を把握しているからだというのが、少なくともその理由の一端だろう。これは性的な経験に、罪の意識が伴ったり識閾下に抑圧する出来事であった、ヴィクトリア朝の中流階級に、特にあてはまるだろう。性幻想の領域にあって、観客は理性の道徳的な働きを休止させ、想像力のカーニヴァルで気儘に戯れ続けることができる。

140図
「パンチ＆ジュディ 一つの幻想」

ここまでくると、「パンチ＆ジュディ」と祭儀との親近性について検討することができるだろう。祭儀は列席者のうちに、道徳律を離れた解放された意識を、驚異的に増進させる。祭儀によって、人は閾に——臨界に——ある存在となるが、そこでは人は日常的な生でもなく、また他の何者かでもなく、いわば社会の「周縁的」存在となる。(11) ここでは、日常的な意味での過去も未来もない。したがって祭儀を司る者は、通常の分別ある対応をかなぐり捨て、懸念なく瞑想に導かれるままに振る舞うことができる。通常の社会は構造化され、階級制に基づき分節化され、非人間的に秩序づけられているのに対して、臨界での経験は流動的で自律的である。臨界は弱者の士気を鼓舞し、権力者を失墜させる傾向にあり、暗黙のうちに破壊や無秩序の可能性を示唆し、既成秩序にゆさぶりをかける効果がある。おそらくは、より優れた異なった価値体系があることを知らしめるのみならず、通常の価値観は不滅で必然的であるように時として見えても、実は往々にして違っているということを暗示する。

「パンチ&ジュディ」の最大の功績は、受けとめる人々にこのような体験を与えうる点である。「パンチ&ジュディ」は、人間的・社会的な出来事の基盤となる神話の次元での定式を提示する。主人公パンチは周縁的存在であり（結婚しているわけではないが独身でもなく、法を遵守するわけではなく超越しているわけでもない）、パンチは一連の振る舞いゆえに社会構造を越え、それゆえに構造のかなめのところが剥きだしになる。パンチとジュディは、刻々と続く今に、まったき生を生きる――パンチとジュディがそもそもどのようなれそめで一緒になったのか、悪魔を追放したあとパンチは何をするだろうか、などと問うても無駄だろう――おまけにパンチの出自は見るからに卑しそうだ。権力者――教区吏や絞首刑執行吏など――を転覆し、強きを挫くことで弱きを狂喜させる。そして上演中に我々自身がパンチに自己をなぞらえるならば、我々自身が秩序正しい社会に対する生きた批判となりうる。

141図
トリックスターとしてのパンチ

パンチはこのような時点にまで我々を引っ張ってくるので、単なる人形や道化以上のもの、性幻想の主人公以上のものとして理解する必要がある。パンチを神性をおびたトリックスターとしてとらえるべきである。トリックスターとは、さまざまな神話において、生の世界でも死の世界でも、通常の社会において、その周縁に存在する得体の知れない神である（141図）。階級が分

142図　ロビン・フッドとリトル・ジョン

化したキリスト教の神話体系では（もっとも聖フランシスコやマルティン・ブーバーいうところの「コミュニタス」[12]では階級のない共同生活を営めるのだろうが）、パンチは悪魔である。パンチに潜む奇妙な力は社会構造の不条理を明るみに出すのだが、のびやかで創造的で個人の独自性を尊重するようなリアリティーを開示するという戦略をとる。異文化でも、おそらくもっと原始的な文化で似たような役割を果たす他のトリックスターと関連づけて、パンチを昔からのトリックスターの連鎖に新たに付け加えられた一つの鎖とみなすことは可能であるし、当然である。このように考えていくと、パンチの先祖に関しては、本書の第二章で提示したものとは別の系統を打ちたてられるだろう（141図）。

この系統の先祖のうちで、先頭をきるのはパックである。パンチを予期させるような悪戯な小鬼パックから、シェイクスピアがその名を取ったのは明らかだろう。シェイクスピアの『真夏の夜の夢』では、パックは謎めいたキャラクターであるのに、演出家や芸術家の手にかかると、茸の上に座る悪戯っ子にされるのが関の山であり、いかがわしさが払拭されて愛すべき存在となる。（ヴィクトリア朝の子ども部屋では、パンチももちろん同じ運命を辿らざるをえなかった。）もう少し目配りの利いた解釈によると、悪戯っ子であるとともに邪《よこしま》でもあったような小鬼の本来の性質を、シェイクスピアは部分的にせよ生かしていたとみなしている。パックは、またの名をロビン・グッドフェローと云い、異教の無礼講の王であり、酒飲みで、悪態をつき、女を買い、おそらくは盗みも働く「いいやつ《グッドフェロー》」で、どことなくロビン・フッドを思わせる（142図）。ピューリタンによって抑圧されはしたが、この伝説的英雄に対する崇拝が広汎に存在していたことは、「ロビン・フッド・ゲーム」という余興になっていることで明らかである。「ロビン・フッド・ゲーム」は「パンチ＆ジュディ」にも幾分通じるところがあるが、六尺棒術を中心とするもっと血なまぐさい祭儀的な行為であったようだ。

道化ぶりや好戦的性質や正真正銘の悪魔的性質が同じように混じり合い、パンチがこの系統にあるのは明らかだ。さらに古い神話を見ると、他にも先祖がいたようだ。北欧神話には、道化のようだが悪辣で、神ではないし人間ともいえない周縁的な典型的トリックスターのロキがいる。ケルト民族の闇と死と地下の神ケルヌノスは、変身が巧みで角を生やしている点から、狩人の亡霊ハーン［「ウィンザーのハーンと呼ばれる樫の老大木あたりに出没すると信じられた」］を思わせる。またギリシャ神話のパンも神というか半神だが、その名は興味深いことにパンチに通じるものがある。パンは毛むくじゃらな好色漢で評判の悪いキャラクターだが、たいへんな力を持っていて、ひと声怒鳴ればタイタン族もあわてふためき逃げていく。（時代が下り、パンチのキーキー声は周りをけちらしてしまう。）ところが、笑劇仕立ての冒険譚では、ヘラクレスの愛するオムパレーにちょっかいをだそうとして、この英雄にしたたかにやられてしまうように、道化の要素もたっぷり持っている。パンは山羊のような脚をして、角も生やしており、醜く不格好であるが、そのうえパンパイプを演奏する。パンパイプは十九世紀においては、たちどころに「パンチ＆ジュディ」を連想させたに違いない。パンは心根は単純だが御しがたく、また春の到来と特に結びつく。再生という清澄な側面と、無鉄砲なほど卑猥なお道化ぶりの側面とをあわせもつ春だ。パンもまた悪戯と邪《よこしま》の間に位置する曖昧

143図　パン　不格好で人形のようで好色なギリシャ神話の神。春や豊穣と結びつけられる。ここでは愛の女神アフロディテとさいころ遊びをしている。ブロンズ彫鏡　紀元前350年頃

性を本質にとどめている（143図）。

パックやロキやパンが、パンチと同じというわけではないし、彼らが標榜するトリックスター的属性だけが、彼らの魅力というわけでもない。また産業革命後の時代に、この種の体験を与える唯一のものが「パンチ&ジュディ」だというわけでもない。というのは、多岐にわたる娯楽、特に民衆芸能には、このような体験を与える力が備わっており、それぞれの主人公たちには期待にたがわず、パンチに匹敵する力が潜んでいた。パックやロキやパンやパンチはすべて、悪戯者やトリックスターや悪意に満ちた反英雄といった同じような祭儀的な役割を担いながら、各々の物語は固有の社会の構造と関心を如実に反映し、その諷刺は人に喝を入れる（144図）。それらは、イメージの輪郭がはっきりしており、危険だが愉快で、反社会的だがおそらく必要不可欠なのだ、という一定の反応を掻きたてる。パンとロキはたしかに神である。パックの在り方は、明らかに異教徒的であり、少なくともその点で、異教の神なのである。そしてパンチもトリックスター的な神性を帯びている。パンチも他と同様に、フィクションの語りのモードによって、観客に日常の規範を超越させる神話

OUR "USED UP" MAN HAS A FEW "USED UP" FRIENDS TO BREAKFAST; AFTER WHICH THEY DERIVE A LITTLE REAL ENJOYMENT FROM A DRAMATIC ENTERTAINMENT.

144 図　「パンチ＆ジュディ、それは人に喝を入れる諷刺」

145 図　ジョージ・クルクシャンク「パンチの最終的勝利　ピッチ―ニの上演」1828 年

という特異性から、自らの魅力をひきだしているのだ。

パンチをこのように総括すると、上演においては悪魔に具現化される生と死という観念そのものを、パンチは単に斥けるだけではなく戯れ侮っているようにも見え、汎神論的もしくは宇宙的ともいえるような、より広い枠組の存在を暗示する。これこそが最終的に「パンチ&ジュディ」が寿ぐものなのだ。このような「寿ぎ」は異教に堅固に根差したものである。神学によることなく、個人の生と万物の生の謎に関わっていく。異教では、人間なるもの、欲求や欲望や自然との一体感が肯定される。「喜劇とは、葡萄酒瓶の息子、ディオニソスの神の保護のもとで、こけつまろびつ声高に叫ぶこと」(13)というメレディスの言は、パンチ&ジュディにそのままあてはまる。角の生えた神ディオニソスは変身を繰りかえし、平穏を乱し、また演劇の揺籃期にその守護者であったが、ジョン・アーデンは「騒音、無秩序、酔態、好色、裸、寛容、堕落、豊饒、安逸」(14)と結びつけている。ディオニソス的な祭儀では、「パンチ&ジュディ」と同じく、これらすべてが抽象的な言葉ではなく明確で具体的なリアリティーをもって寿がれている。この「寿ぎ」とは、生を受容するにとどまらず、能動的肯定的生を送ることを意味しているのである。

註

（著者の姓と出版年のみが記されている場合、詳細は文献目録表を参照のこと）

第一章

（1）Collier, 1828. ピッチーニ上演の以下の要約、本書での頁数への言及などは、すべてこの初版本による。この年に出版された第二版は、さらにボリュームのある前書きと、かなりの脚註がついている（上演台本は同じであるが）。一九世紀中に少なくとも六刷されたのは、この第二版である。

（2）Collier, 1872, p. 78.

（3）Cruikshank, G., 'Extract from the Catalogue of the Cruikshank Exhibition' (held at Exeter Hall, 1863), reprinted in Collier, 1828, 6th edition, Bell, 1881, 7th edition, Bell, 1890, etc.

（4）Collier, 1828, p. 89.

（5）Collier, 1872, p. 79.

（6）Collier, 1828, p. 74.

（7）Collier, 1828, 2nd edition, 1828, p. 91.

（8）Collier, 1872, p. 79.

（9）Anon, 'The Puppet Show', *The Literary Speculum*, No I, 1821, p. 155, reprinted in Oxberry, 1826.

（10）Cruikshank, *loc. cit.*

（11）*The Literary Speculum*, No I, 1821, pp. 154-5.

(12) Mayhew, 1851, p. 53.

(13) Stead, 1950, p. 89.

第二章

(1) 議論を考察するためには、Byrom, 1983. を参照。

(2) Byrom, 1983, p. 18.

(3) 英国における人形劇の歴史については Speaight, 1955, Philpott, 1969 を参照。

(4) Lambarde, W., *Alphabetical Description of the Chief Places in England and Wales*, *c.* 1570, quoted in Hone, 1823, p. 225, Speaight, 1955, p. 34, etc.

(5) Shakespeare, W., *Hamlet*, Act 3, Sc 2.

(6) レザーヘッドの「親方」ポッドは、ほんとうは人形芝居師であった。Jonson, B., *Bartholomew Fair*, Act 5, Sc 1.

(7) Davenant, W., 'The Long Vacation in London', *The Shorter Poems*, ed. Gibbs, A.M., Clarendon Press, Oxford, 1972, p. 129.

(8) Morley, 1859, p. 188.

(9) *Ibid.*, p. 231.

(10) *The Lord Henry Cromwell's Speech in the House*, 1659, quoted in Speaight, 1955, p. 71.

(11) Pepys, S., *Diary*, 9 May 1662.

(12) Dryden, J., *Sir Martin Mar-All*, 1668; Shadwell, T., T*he Sullen Lovers*, 1668; Wycherley, W., *The Gentleman Dancing Master*, 1672; Otway, T., *Friendship in Fashion*, 1678; Lawrence, W.J., 'The Immortal Mr Punch', *The Living Age*, vol 308, 22 Jan 1921, pp. 243-7. 参照。

(13) Anon, 'The merry Countrey Maids Answer To the Countrey Lovers Conquest', quoted in Baskervill, C. R., *The Elizabethan Jig*, University of Chicago Press, 1929, p. 358.

(14) 'My Lord All-Pride', *The Complete Poems of John Wilmot, Earl of Rochester*, ed. Vieth, D. M., Yale University Press, 1968, p. 143.

(15) Duffett, T., *New Songs*, 1676, quoted in Rosenfeld, 1960, p. 5.

(16) Morley, 1859, p. 355.

(17) Anon, 'Punchinello', *Musical Miscellany*, vol vi, 1731, quoted in Collier, 1828, p. 38.

(18) Swift, J., 'A dialogue Between Mad Mullinix and Timothy', *The Poems*, ed. Browning, W.E., Bell, 1910, pp. 229-30.

(19) Quoted in Lawrence, W. J., 'Punch and Judy: A Famous Dublin Show', *The Irish Independent*, 29 Aug 1905.

(20) *Notes and Queries*, 24 Feb 1877, p. 155.

(21) Fielding, H, *The History of Tom Jones, a Foundling*, 1749, Book XII, ch v.

(22) Fielding, H., *The Author's Farce*, Act 3, Sc I.

(23) Anon, 'Punch and Porter', *The Gentleman's Magazine*, vol viii, Oct 1738, p. 542.

(24) Advertisement quoted in Speaight, 1955, p. 109.

(25) *The Gentleman's Magazine*, March 1816, p. 230.

(26) Quoted in Stead, 1950, p. 57.

(27) *The Literary Speculum*, No I, 1821, p. 156.

(28) Palmer, R., 'The Devil and Little Mike', *English Dance and Song*, Summer 1984, p. 10.

(29) Ward, E., *The London Spy*, Part VII, 10 May 1699.

(30) Fielding, H., *The History of Tom Jones, a Foundling*, Bk XII, ch vi.

(31) 'Politicks in Miniature', 1741, quoted in Speaight, 1955, p. 171.

(32) Johnson, S., *The Works of William Shakespeare*, 1765, quoted in Speaight, 1955, p. 195.

(33) Popham, E., *Pupae Gesticulantes*, 1778, trans. Speaight, G., quoted in Speaight, 1955, p. 195.

(34) Quoted in Hone, 1827, p. 504.

(35) *Daily Advertiser*, 29 March 1748, quoted in *Theatre Notebook*, vol 7, 1952-3, pp. 30-31.

(36) Quoted in Speaight, 1955, p. 112.

第三章

(1) Thompson, E. P., *The Making of the English Working Class*, revised edition, Penguin, 1968, p. 26.

(2) See Linebaugh, D., 'The Tyburn Riot Against the Surgeons', in Hay, D., *et al.*, *Albion's Fatal Tree*, Allen Lane, 1975, pp. 66ff.

(3) Ure, A., *The Philosophy of Manufactures*, 1835, quoted in Thompson, *op. cit.*, p. 398.

(4) Marsden, J., *Sketches of the Early Life of a Sailor*, n.d., quoted in Thompson, *op. cit.*, p. 403.

(5) Weber, M., T*he Protestant Ethic and the Spirit of Capitalism*, 2nd edition, George Allen and Unwin, 1976, pp. 158-9.

(6) Rogers, S., 'A Wish', *The Oxford Book of English Verse*, new edition, ed. Quiller-Couch, A., Oxford University Press, 1939, p. 686.

(7) Watts, I., 'The Day of Judgement', *The Oxford Book of English Verse*, new edition, ed. Quiller-Couch, A., Oxford University Press, 1939, pp. 510-11.

(8) Marsden, *op. cit.*, quoted in Thompson, *op. cit.*, p. 62.

(9) *The Gentleman's Magazine*, Sept 1815, p. 198.

(10) *Ibid.*, p. 200.

(11) *The Gentleman's Magazine*, Sept 1817, p. 272.

(12) Morley, 1859, p. 454.

(13) *Ibid.*, p. 463.

(14) Anon, 'A Description of the Fair in this Town, and of all the Fairs in England', *The Linnet*, Eyres, Warrington, n. d. (Harding Coll. A.8, no.43), p. 6.

(15) Wood, S., 'A New Song in Praise of the Weavers' broadsheet, *c.* 1790.

(16) *Punch*, vol xxvi, 1854, p. 223.

(17) Smith, J. T., 1828, edn. World's Classics, Oxford, 1929, p. 17.

(18) *Ibid.*, p. 149.

(19) *Ibid.*, p. 71.

(20) *Morning Chronicle*, quoted in Frost, 1881, pp. 200-201.

(21) The chapbook is reproduced in full in *Theatre Notebook*, vol 7, 1952-3, pp. 84-5.

(22) Strutt, 1801, edn. Tegg, 1834, p. 165.

(23) Grose, F., *Dictionary of the Vulgar Tongue*, Chappell, 1811.

(24) Anon, 'Bartholomew Fair, sung by Mr Matthews, with unbounded applause', Laurie and Whittle, 1811.

(25) Egan, P., *Real Life in London*, Sherwood, 1821, ch xxvi.

(26) Quoted in Speaight, 1955, p. 172.

(27) See Stead, 1950, p. 85, and Byrom, 1972, p. 10.

(28) See Speaight, 1955, p. 301.

(29) Bougersdickius, 'Punch and Judy: A Philosophical Poem in Two Cantos', *The European Magazine*, June 1826, p. 571.

(30) Smith, H., 1851, Pt 2, p. 116, originally published in *New Monthly Magazine*, vol x, quoted in *The Mirror*, 29 May 1324, p. 364, Smeeton, 1828, p. 387, etc.

(31) Maxwell, *c.* 1806, pp. 28-9.

(32) *Ibid.*, p. 31.

(33) 'Punch's Complaint', *The European Magazine*, August 1813, pp. 108-9.

(34) Maxwell, *c.* 1806, p. 31.

(35) Strutt, 1801, edn. 1834, p. 167.

(36) Smith, J. T., 1828, edn. 1929, p. 150.

(37) Miller, T., 1852, p. 255.

(38) Collier, 1828, p. 61.

(39) *Ibid.*, p. 62.

(40) Hone, 1826, p. 1116.

(41) Maxwell, c. 1806, p. 91.

(42) *The Gentleman's Magazine*, Sept 1830, p. 290.

(43) Hone, 1823, p. 231. See also Scott, Sir W., *Old Mortality*, Blackwood, Edinburgh, 1816, ch.38.

(44) Rye, W., *Extracts from the Court Books of the City of Norwich, 1666-1688*, 1905, quoted in Speaight, 1955, p. 79.

(45) Bougersdickius, *loc. cit.*

(46) Smith, J. T., *Vagabondiana*, Arch, 1817, p. 25.

(47) Ashton, J., *Humour, Wit and Satire of the Seventeenth Century*, Chatto and Windus, 1883, p. 440.

(48) Mayhew, 1851, p. 62.

(49) Morley, 1859, p. 478.

(50) Hone, 1826, p. 1197.

(51) Mayhew, 1851, p. 57.

第四章

(1) Hazlitt, 1819, p. 49.

(2) Dibdin, C., *Professional and Literary Memoirs*, ed. Speaight, G., Society for Theatre Research, 1956, p. 138.

(3) D'Israeli, I., 1822, 'The Pantomimical Characters', edn. Moxon, 1834, vol iii, p. 176.

(4) Bougersdickius, *op. cit.*, p. 572.

(5) Hone, 1827, p. 502.

(6) Hughes, T., *Tom Brown's Schooldays*, Macmillan, 1857, ch 2.

(7) Lawson, J., *Letters to the Young on Progress in Pudsey*, Birdsall, Stanningley, 1887, pp. 31-2.

(8) Howitt, W., quoted in Iliffe, R., and Baguley, W., *Old Nottingham Goose Fair, a Story in Pictures*, Nottingham Historical Film Unit, 1979, p. 4.

(9) Anon, 'Bartholomew Fair', *Blackwood's Edinburgh Magazine*, vol xiv, Sept 1823, p. 261.

(10) Anon, *Fun From The Fair*, *c.* 1820, p. 1.

(11) Hone, 1827, p. 500.

(12) All quotations from *The Pocket Magazine* refer to: Anon, 'Punch', *Robin's New and Impproved Series of Arliss's Pocket Magazine of Classic and Polite Literature*, 1 Feb 1827, pp. 90-96.

(13) All quotations from Bernard Blackmantle refer to: Blackmantle, 1826, pp. 56-66.

(14) All quotations from *The Literary Speculum* refer to: Anon, 'The Puppet Show,' *The Literary Speculum*, No 1, 1821, pp. 152-6.

(15) All quotations from George Smeeton refer to: Smeeton, 1828, pp. 384-9, originally published in *The Literary Gazette*, 9 Feb 1828.

(16) Smith, H., 1851, Pt 2, p. 115.

(17) *Ibid.*, pp. 116-17.

(18) All quotations from von Pueckler-Muskau refer to: von Pueckler-Muskau, 1831, pp. 130-143.

(19) Smith, J. T., 1828, edn. 1929, p. 150.

(20) Dryden, J., 'A Discourse Concerning the Original and Progress of Satire', *The Satires of Decimus Junius Juvenalis*, 1693, in Ker, W. P., *Essays of John Dryden*, Clarendon Press, Oxford, 1926, p. 93.

(21) Shakespeare, W., *The Merchant of Venice*, Act 2, Sc 9.

(22) Marks, A., *Tyburn Tree, Its History and Annals*, Brown Langham, n. d. (*c.* 1908), p. 250.

(23) Mayhew, 1851, p. 58.

(24) Moir, D. M., *The Life of Mansie Waugh, the Tailor of Dalkeith, told by himself*, Blackwood, Edinburgh, 1828, ch iii.

(25) Anon, 'The History of Puppet-Shows in England', *Sharpe's London Magazine of Entertainment*, vol 14, 1851, p. 111.

(26) Smith, H., 1851, Pt 2, p. 117.

(27) Hone, 1823, p. 230.

(28) Bougersdickius, *op. cit.*, p. 576, 577.

(29) Hazlitt, 1819, p. 50.

(30) *Morning Chronicle*, 28 Jan 1828.

(31) Bougersdickius, *op. cit.*, p. 570.

（32）Mayhew, 1851, p. 52.

（33）*Ibid.*, p. 52.

第五章

（1）Hobsbawm, E. J., *Industry and Empire*, Pelican, 1969, p. 77.

（2）Sanger, G., *Seventy Years a Showman*, Dent, 1926, pp. 102-3.

（3）*Hansard's Parliamentary Debates*, third series, 2 Victoria 1839, vol XLIX, p. 435 (18 July 1839), vol XLVIII, pp. 213-14 (13 June 1839), vol XLIX, p. 927 (29 July 1839), p. 1058 (1 Aug 1839).

（4）Mayhew, 1851, p. 54.

（5）*Ibid.*, p. 55.

（6）Dickens, C., *The Life and Adventures of Martin Chuzzlewit*, 1844, ch xxxi.

（7）Quoted in Stead, 1950, pp. 129-31.

（8）Southey, R., *The Doctor*, Longman, Brown, Green and Longman, 1848, ch xxiii.

（9）Stone, E., *Chronicles of Fashion*, vol 2, Bentley, 1845, p. 169.

（10）Miller, D. P., *c.* 1860, p. 107.

（11）*Punch in London*, 14 Jan 1832, p. 1.

（12）Knight, 1841, p. 422.

（13）口承伝説。同時代の大判刷物については、Scott, H., *The Early Doors*, Nicholson and Watson, 1946, pp. 237-8.

（14）*Fraser's Magazine*, vol III, no. xv, April 1831, pp. 351, 354.

（15）Southey, *op. cit.*, ch xxii.

（16）*West Briton*, 16 May 1845, quoted in Palmer, R., and Raven, J., *The Rigs of the Fair*, Cambridge University Press, 1976, p. 18.

（17）Anon, 'Punch's Complaint.' Guildhall Library 所収細目不詳記事切り抜き。

(18) Frost, 1875, p. 108.

(19) Miller, D. P., *c.* 1860, pp. 23-4.

(20) Dickens, C., *The Life and Adventures of Nicholas Nickleby*, 1839, ch xxxvii.

(21) Dickens, C., *Dombey and Son*, 1848, ch iii.

(22) Mayhew, 1851, p. 51.

(23) Dickens, 1841, ch xvii.　以下の引用は ch xxvi, xix, xvii, xvi, xvii, lvii より。

(24) Dickens, C., *The Old Curiosity Shop*, ed. Easson, A., Penguin, 1972, p. 702.

(25) Dickens, C., *The Uncommercial Traveller*, 1860, ch x.

(26) 特に言及のない場合、メイヒューからの引用は以下による : Mayhew, 1851, pp. 51-68.

(27) Smith, J. T., *Vagabondiana*, Arch, 1817, p. 31.

(28) Mayhew, 1851, pp. 82, 85.

(29) Dickens, C., *The Posthumous Papers of the Pickwick Club*, 1837, ch xvi.

第六章

(1) *Illustrated London News*, 29 June 1867, p. 654.

(2) *Ibid.*, 3 Aug 1872, p. 118.

(3) Anon, 'Punch in the Drawing Room', *Harper's Weekly*, 6 Jan 1872, p. 5.

(4) *Punch*, 17 July 1841, p. 1.

(5) Thackeray, W. M., quoted in Jerrold, W., *Douglas Jerrold and 'Punch'*, Macmillan, 1910, p. 30.

(6) *Punch*, 20 Feb 1886, p. 87.

(7) Doré and Jerrold,, 1872, p. 177.

(8) Findlater, R., *Joe Grimaldi, His Life and Theatre*, Cambridge University Press, 1978, p. 88. に引用。

(9) ケント大学 The Frank Pettingall コレクションのポスター。
(10) Sims, 1902, p. 283.
(11) Philip and Peter Maggs と著者の会話録音。一九七八年十月三〇日。
(12) Pollock, W. H., 'Punch and Judy', *The Saturday Review*, 19 May 1900, p. 613.
(13) *Harper's Weekly*, 6 Jan 1872, p. 5.
(14) Mayhew, 1851, pp. 65, 66.
(15) Doré and Jerrold, 1872, p. 176.
(16) Miller, T., 1852, pp. 256, 255.
(17) Story, A. T., 'Punch and Judy', *The Strand Magazine*, vol x, Oct 1895, p. 461.
(18) Collier, 1828, p. 2.
(19) Meredith, G., 'An Essay on Comedy', *New Quarterly Magazine*, April 1877, reprinted Constable, 1903, p. 18.
(20) *Harper's Weekly*, 6 Jan 1872, p. 5.
(21) Hoffmann, 1879, p. 190.
(22) Alexander, C. F., 'Once in Royal David's city'.
(23) Halliwell, J. O., *The Nursery Rhymes of England*, 1844, Opie, I. and P., *The Oxford Dictionary of Nursery Rhymes*, Oxford University Press, 1952, pp. 354-5 に引用。
(24) Weatherley, *c.* 1885.
(25) Anon, *Mr. Punch and His Tricks*, 1893, p. 3.
(26) Crane and Houghton, 1883, p. 51.
(27) Speaight, 1970, p. 146.
(28) Byrom, 1972, p. 39.
(29) Hoffmann, 1879, pp. 190-210.

(30) Richmond, 1899, p. 5.

(31) Moses, 1921, p. 225.

(32) Gissing, G., *New Grub Street*, Smith, Elder, 1891, ch 3.

(33) Anon, *Punch and Judy*, Stead, c. 1900.

(34) Hendry, 1902, p. 35.

(35) Douglas, 1886, pp. 5-6.

(36) Eliot, G., *Middlemarch*, Blackwood, 1871, ch 40, 51, 46.

(37) Hardy, T., *Two on a Tower*, Low, 1882, ch 39; Shaw, G. B., *Cashel Byron's Profession*, Grant Richards, 1901, ch xi; Grossmith, G. and W., *The Diary of a Nobody*, Bradbury and Agnew, 1894, ch 23; White, 1892.

(38) Barrie, 1896, ch xxxiv.

第七章

(1) Miller, T., 1852, p. 256.

(2) *Punch*, vol xxvi, p. 223.

(3) Mayhew, 1851, pp. 54-5.

(4) *Notes and Queries*, 19 June 1909, p. 497.

(5) *Punch*, vol xxvi, p. 223.

(6) Frost, 1881, p. 29.

(7) Chambers, 1863, vol 1, pp. 448, 449.

(8) Gosse, 1907, ch 4.

(9) Ritchie, J. E., *The Night Side of London*, Tweedie, 1857, pp. 28-9.

(10) Gosse, *loc. cit.*

(11) Cook, E., 'On the Life of a Showman', in Miller, D. P., *c.* 1860, p. 3.
(12) Ryland, F. J., *Specks on the Dusty Road*, Cornish, Birmingham, 1937, p. 8.
(13) Miller, D. P., *c.* 1860, p. 168.
(14) *Ibid.*, p. 148.
(15) Mayhew, 1851, p. 55.
(16) Dickens, C., 'Our English Watering Place', *Reprinted Pieces*, 1858.
(17) Mayhew, 1851, p. 55.
(18) Anon, 'Brighton Grand Volunteer Review', in Hindley, C., *Curiosities of Street Literature*, Hindley, 1871, p. 153.
(19) Dickens, C., 'The Tugg's at Ramsgate', *Sketches by Boz*, 1836.
(20) Stone, *op. cit.*, vol 2, p. 298.
(21) Becker, B. H., *Holiday Haunts*, 1884, Delgado, A., *The Annual Outing*, George Allen and Unwin, 1977, p. 43, 所収。
(22) Clarke, 1923, pp. 211-12.
(23) Mowbray からの引用はすべて以下による：Anon, 'The Punch and Judy Men of England', *Pall Mall Gazette*, 15 June 1887, pp. 1-2.
(24) スミス師からの引用はすべて以下による：Smith, Professor, 1906.
(25) Wilkinson, 1927, p. 96.
(26) Wilkinson, *loc. cit.*
(27) T. Malcolm Watson, 'Punch and Judy', 1 March 1886, John Styles Collection の細目不詳記事切り抜き。
(28) Pollock, *op. cit.*, p. 467.
(29) Russell, E., 'The Most Popular Play in the World', *Outing*, vol li, Jan 1908, pp. 464-79.
(30) Story, *op. cit.*, p. 467.
(31) *Ibid.*, p. 471.
(32) Dickens, C., *The Old Curiosity Shop*, ed. Easson, A., Penguin, 1972, p. 701.

(33) Pierce, L. F., 'Punch and Judy Up To Date', *The World Today*, March 1911, p. 353.
(34) Titterton, W. R., *From Theatre to Music Hall*, Swift, 1912, pp. 80-81.
(35) Anon, 'The Most Immortal Character Ever Seen on the Stage', *Current Opinion*, 14 Jan 1914, p. 29.
(36) Mackenzie, 1912, p. 67.
(37) de Hempsey, 1942, pp. 13-14.
(38) Stead, 1950, p. 137.
(39) Taylor, 1971, p. 96.
(40) Pierce, *op. cit.*, pp. 352-5.

第八章

(1) Story, *op. cit.*, p. 462.
(2) 一九七八年四月一三日収録の著者とジョー・ビービーとの会話より。
(3) Calthrop, 1926, pp. 31-4.
(4) エドモンズ、コッドマン、グリーン、マッグズ家についての引用は、特記なき場合は著者との収録された会話に基づく：フランク・エドモンズ 一九七八年九月二五日、ジョン・コドマン一九七八年三月七日と一九七八年八月十日、ジョー・グリーン一九八〇年八月十六日と一九八〇年九月六日、テッド・グリーン一九七八年二月二〇日、フィリップ・マッグズとピーター・マッグズは一九七八年十月三〇日。Leach, R., 'The Swatchel Omi: Punch and Judy and the Oral Tradition', *Theatre Quarterly*, vol ix, winter 1980, pp. 66-76も参照。
(5) Jonson, *loc. cit.*
(6) Mayhew, 1851, p. 55.
(7) Stead, 1950, p. 136.
(8) Clegg, T., 'Blackpool Nowts', quoted in Clarke, 1923, p. 277.

(9) Clarke, 1923, p. 229.
(10) See East, 1967.
(11) Jones, I. W., *Llandudno, Queen of the Welsh Resorts*, Jones, Cardiff, 1975, p. 33.
(12) Bennett, A., *The Card*, Methuen, 1911, ch 4.
(13) Story, *op. cit.*, p. 463.
(14) Wilkinson, 1927, p. 221.
(15) Dickens, C., 'The "Good" Hippopotamus', *Household Words*, 12 Oct 1850, p. 50.
(16) Eliot, G., *The Mill on the Floss*, Blackwood, 1860, Bk 4, ch 3.
(17) Mayhew, 1851, p. 63.
(18) Strutt, 1801, edn. 1834, p. 231.
(19) Pope, 1933.
(20) 一九八〇年八月十六日に二度、一九八〇年九月六日に二度、ブラックプールの浜辺で収録されたジョー・グリーンの舞台。

第九章

(1) Wilkinson, 1927, p. 16.
(2) Baring, 1924, p. 4.
(3) Baker, 1944, pp. 14-15.
(4) 一九七八年三月十七日収録のウォルドー・ランチェスターと著者との会話より。
(5) 一九七八年二月二七日収録のガイ・ヒギンズと著者との会話による。
(6) パーシー・プレスの引用は、特記なければ、一九七八年三月三日収録の著者との会話による。
(7) Taylor, 1971, p. 65.
(8) Stafford, J., 'In Defence of Punch' in Byrom, 1972, p. xii.

（9）Kemp, T., 'Mr Punch Reigns Again', *The Puppet Master*, Sept 1962, pp. 16, 17.
（10）一九七八年三月三一日収録のジョン・アレグザンダーと著者との会話より。
（11）一九七八年四月十三日収録のジョー・ビービーと著者との会話より。
（12）de Hempsey, 1942, p. 7.
（13）一九七八年三月十七日収録のウォルドー・ランチェスターと著者との会話より。
（14）de Hempsey, 1942, p. 25.
（15）Taylor, 1971, p. 95.
（16）Stonier, 1955, p. 68.
（17）Speaight, 1955, p. 216.
（18）Speaight, 1970, p. 128.
（19）Jones, 1951, p. 82.
（20）'Edwin', 1963, pp. 28, 29.
（21）*Punch and Judy Show*, E.M.I. Music for Pleasure, 50120.
（22）Green, 1975, p. 14.
（23）Marcia Arrowsmith, Maureen Lister, Susan Cheyney, interviewed on BBC Radio 4, 'Today', 1978.
（24）Perry, M., 'Punch is Alive and Living in Merry Hill', *Wolverhampton Chronicle*, 18 Jan 1980.
（25）Stead, 1950, p. 140.
（26）*Weymouth Echo*, 21 July 1945.
（27）'Edwin', 1963, p. 4.

第十章

（1）Thorndike and Arkell, 1922, pp. 9, 12.

（2）de la Mare, W., *Complete Poems*, Faber, 1969, pp. 828-9.
（3）Murray, 1940, ch 8.
（4）Masefield, 1935, ch 1.
（5）Masefield, J., *King Cole and Other Poems*, Heinemann, 1923, p. 9.
（6）Hoban, 1980, ch 11. The following quotations are from: chh* 14, 18.
（7）Calthrop, 1926, p. 8.
（8）*The Puppet Master*, July 1948.
（9）引用は、すべてトニー・シールズ、ガレス・シールズ、ヴァーノン・ローズと著者との一九七八年二月二四日に収録された会話に基づく。
（10）一九七八年二月十四日に収録されたダン・ビショップと著者との収録された会話に基づく。
（11）一九七八年二月十七日に収録されたストーン軍曹と著者との収録された会話に基づく。
（12）Richardson, G., 'Long Live Punch and Judy', *East Anglian Town and Country Magazine*, August 1979, p. 22.
（13）一九八〇年のロッド・バーネットと著者との私信より。
（14）一九七九年のウェンディ・ウェアラムと著者との私信より。
（15）Richards, S., and Stubbs, T., *The English Folksinger*, Collins, 1979, pp. 216, 217; 録音は Sam Richards on *The English Folksinger*, Transatlantic, MITRA 2011.
（16）一九七八年三月七日に収録されたジョン・コドマンと著者との収録された会話に基づく。

第十一章

（1）Taylor, 1971, p. 95.
（2）Collier, 1828, 2nd edn., 1828, p. 91.
（3）Mayhew, 1851, pp. 62, 66.

（4）See Lord, A. B., *The Singer of Tales*, Harvard University Press, Cambridge, USA, 1960, and Buchan, D., *The Ballad and the Folk*, Routledge and Kegan Paul, 1972.

（5）この分析では、伝承歌に適用されるテーマ・様式といった用語を、演劇作品の幕・場などと同様に、意図的に避けている。なぜならば、「パンチ&ジュディ」は伝承歌でもなく演劇作品でもないからだ。章・ユニット・コーダなどの言葉が音楽用語の含意があるにせよ、可能なかぎり中立的であるべく使われている。しかしながら、「パンチ&ジュディ」が他の芸術形態よりも音楽に近しいので、これらは成り立つだろう。

（6）Leach, R., 'Punch and Judy and Oral Tradition', *Folklore*, vol 94, 1983, i, pp. 75-85.

（7）一九八〇年十二月十四日に記録されたガイ・ヒギンズの舞台による。初めは *Birmingham Post and Mail* 紙の職員の子どもパーティーで、その時にはガイ・ヒギンズの手品が最初に行われた。その後は、バーミンガム警察の子どもパーティーで、その時には数多くの芸人たちのさまざまな余興の一つであった。

（8）Child, F. J., *The English and Scottish Popular Ballads*, Houghton Mifflin, New York, 10 vols, 1882-1898.

（9）Collier, 1828, pp. 57, 58.

（10）Frost, 1881, p. 28.

（11）Collier, 1828, pp. 59, 58.

（12）Hone, 1823, p. 230.

（13）Miller, T., 1852, pp. 255, 256.

（14）Anon, *The Curious History of Punch and Judy*, 1847, p. 3.

（15）Calthrop, 1926, p. 32; Baker, 1944, p. 124; Speaight, 1970, p. 91; Byrom, 1972, p. 20. 参照。

（16）一九七七年三月二六日収録の著者とボブ・ウェイドとの会話より。

（17）Speaight, 1970, p. 90; Byrom, 1972, p. 20. 参照。

（18）Speaight, 1970, p. 87; Byrom, 1972, p. 21. 参照。

（19）Calthrop, 1926, p. 33.

（20）Mayhew, 1851, p. 66.

（21）Collier, 1828, 2nd edn., 1828, p. 91.

（22）Maxwell, *c.* 1806, pp. 28-9.

（23）このあら筋は、一九七八年十月三〇日フィリップ・マッグズによって著者に語られたが、本人も子息も今では舞台で使っていない。

第十二章

（1）Dickens, C., *The Personal History of David Copperfield*, 1850, ch xxiii.

（2）Samar, D. L., 'The Origin of the Human Drama and the Antiquity of Puppets', *Puppet Post*, spring 1978, p. 28.

（3）Lambarde, *loc. cit.*

（4）Bergson, H., *Laughter*, Macmillan, 1911, p. 70.

（5）Opie, I. and P., *The Lore and Language of Schoolchildren*, Oxford University Press, 1959, p. 60.

（6）'The Mirror of Months', 1826, Walford, C., *Fairs, Past and Present*, Elliot Stock, 1883, p. 238. に引用。

（7）Morley, 1859, p. 478.

（8）Vaughan Williams, R., and Lloyd, A. L., *The Penguin Book of English Folk Songs*, Penguin, 1959, pp. 36, 113.

（9）Jones, 1951, pp. 128, 130.

（10）これが、ワニが悪魔のヴァリエーションではない、さらなる証拠となる。

（11）Turner, V. W., *The Ritual Process*, Pelican, 1974, p. 80.

（12）*Ibid.*, ch 4.

（13）Meredith, *op, cit.*, p. 11.

（14）Arden, J., *The Workhouse Donkey, Methuen*, 1964, p. 9.

文献目録

（注記：「パンチ&ジュディ」に関する膨大な文献目録を編纂することがそもそも可能であるのか疑わしい。ここに掲げた書物はなんらかの関連性をもつものである。雑誌や新聞の記事となるとあまりにも多すぎて目録は作りがたい。）

無記名記事

Boy's Annual, Beeton, 1868.
The Boy's Own Royal Acting Punch and Judy, Dean, 1861.
Children's Annual, Blackie, Glasgow, 1922.
The Comical Drama of Punch and Judy, Wallis, n. d. (*c.* 1840).
The Curious History of Punch and Judy, Walker, Otley, 1847.
Dog Toby and Other Stories, Oxford University Press, 1929.
Fun From The Fair, Fairburn, n. d. (*c.* 1820).
The Funny Story of Punch and Judy, Walker, Otley, n. d. (*c.* 1840).
The History of Punch, an Amusing Alphabet, Darton and Hodge, n. d. (*c.* 1865).
The Life and Adventures of Punchinello, Chapman and Hall, 1846.
The Moveable Punch and Judy, Dean, 1858.
Mr Punch and His Tricks, Raphael Tuck, 1893.

A Picture Story Book, Routledge, 1850.

Pug's Visit, or the Disasters of Mr Punch, Harris, 1806.

Punch and Judy, Books for the Bairns, Stead, n. d. (*c.* 1900).

Punch and Judy, Catnach, n. d., (*c.* 1830).

Punch and Judy, Clarke, 1863.

Punch and Judy, Darton and Hodge, n. d., (*c.* 1865).

Punch and Judy, Lapworth, 1947.

Punch and Judy, National Nursery Library, Warne, n. d. (*c.* 1875).

Punch and Judy, National Trust, 1983.

Punch and Judy, R. A. Publishing, 1944.

Punch and Judy As Performed in All the Nurseries of Europe, Asia, Africa and America, Dutton, n. d. (*c.* 1900).

Punch and Judy: Aunt Mavor's Everlasting Toy Book, Routledge, Warne and Routledge, n. d. (*c.* 1880).

Punch and Judy and their Little Dog Toby, Orr, 1854.

The Punch and Judy Box, Oxford University Press, 1931.

Punch and Judy Picture Book, Routledge, 1873.

Punch and Judy Show, Medallion Press, 1949.

Punch and Judy with Surprise Pictures, Dean, 1875.

Punch and Judy's Children's Annual, Newnes, 1931, 1932, 1933, 1934.

Punch's Merry Pranks, a Little Play for Little People, Tegg, 1857.

Punch's Puppet Show, Sayers, 1792 (misprint for 1772).

Punch's Show, Murray, n. d. (*c.* 1870).

Punchinello's Picture Book, Routledge, 1882.

The Royal Punch and Judy As Played Before the Queen, Dean, 1850.

A Schoolboy's Visit to London, Wallis, n. d. (*c.* 1835).

The Serio-Comic Drama of Punch and Judy, Keys, Devonport, n. d. (*c.* 1835)

Adams, A. and Leach, R., *Punch and Judy Playtexts*, Harrap, 1978.

Adams, A. and Leach, R., *The World of Punch and Judy*, Harrap, 1978

Adams, A., Leach, R., and Palmer, R., *Feasts and Seasons: Summer*, Blackie, Glasgow, 1978.

Aiken, C., *Punch: The Immortal Liar*, Martin Secker, 1921.

Anderson, M., *Heroes of the Puppet Stage*, Cape, 1924.

Baird, B., *The Art of the Puppet*, Collier-Macmillan, 1965.

Baker, F., *Playing With Punch*, Boardman, 1944.

Baretti, G., *Tolondron, Speeches to John Bowle About His Edition of Don Quixote*, Faulder, 1786.

Baring, M., *Punch and Judy and Other Essays*, Heinemann, 1924.

Barrie, J.M., *Sentimental Tommy*, Cassell, 1896.

Beard, L. and A., *Things Worth Doing and How To Do Them*, Scribner, New York, 1906.

Beaumont, C., *Puppets and Puppetry, Studio*, 1958.

Bellew, F., *The Art of Amusing*, Carleton, New York, 1866.

Bergonzini, R., Maletti, C., and Zagaglia, B., *Burattini e Burattinai*, Mundi*ci* e Zanetti, Modena, 1980.

Binzen, B., *Punch and Jonathon*, Macmillan, 1970.

Blackmantle, B., *The English Spy*, vol ii, Sherwood, Gilbert and Piper, 1826.

Blanchard, C.W., *The Suitcase Theatre*, Devereaux, 1946.

Bohmer, G., *Puppets Through the Ages*, Macdonald, 1971.

Bragaglia, A., *Pulcinella*, Casini, Rome, 1953.

Byrom, M., *Punch and Judy, Its Origin and Evolution*, Shiva, Aberdeen, 1972.

Byrom, M., *Punch in the Italian Puppet Theatre*, Centaur Press, 1983.

Byron, H. J., *Punch*, French, n. d. (*c.* 1885).

Calthrop, D. C., *Punch and Judy, a Corner in the History of Entertainment*, Dulau, 1926.

Carrington, N. and Hutton, C., *Popular English Art*, Penguin, 1945.

Carruth, J., *Punch and Judy Gift Book*, Odhams, 1970.

Catto, M., *Punch Without Judy*, George Allen and Unwin, 1940.

Chambers, R., *The Book of Days*, Chambers, Edinburgh, 1863.

Clarke, A., *The Story of Blackpool*, Palatine Books, 1923.

Cohen, D., and Greenwood, B., *The Buskers, A History of Street Entertainment*, David and Charles, Newton Abbot, 1981.

Collier, J. P., *An Old Man's Diary, Forty Years Ago*, vol 4, Collier, 1872.

Collier, J. P., *The Tragical Comedy or Comical Tragedy of Punch and Judy*, Prowett, 1828.

Crane, T., and Houghton, E., *London Town*, Ward, 1883.

Creegan, G., *Sir George's Book of Hand Puppets*, Follett, 1966,

Currell, D., *The Complete Book of Puppetry*, Pitman, 1974.

Daiken, L., *The World of Toys*, Lambarde Press, 1963.

Damon, S. F., *Punch and Judy at Annisquam*, Barre, USA, 1957.

De Hempsey, S., *How to Do Punch and Judy*, Andrews, 1942.

Dibdin, C., *Observations on a Tour Through Almost the Whole of England, and a Considerable Part of Scotland*, vol I, Goulding, n. d. (*c.* 1802).

Dickens, C., *The Old Curiosity Shop*, Chapman and Hall, 1841.

D'Israeli, I., *Curiosities of Literature*, Murray, 1822.

Dore, G., and Jerrold, B., *London, a Pilgrimage*, Grant, 1872.

Douglas, E., *Punchinello and His Wife, Judith*, Chelmsford, 1886.

Duchartre, P. L., *The Italian Comedy*, Harrap, 1929.

East, J. M., *'Neath the Mask*, George Allen and Unwin, 1967.

Eaton, S., and Bridle, M., *Punch and Judy in the Rain*, Hamish Hamilton, 1984.

Edwardes, M., *The Reverend Mr Punch*, Mowbray, 1956.

'Edwin', Hallo, *Mr Punch*, Supreme Magic Co., Bideford, 1963.

Emberley, E., *Punch and Judy*, Little, Brown, Boston, USA, 1965.

Feasey, L., *Old England At Play, Old Plays Adapted for Young Players*, Harrap, 1943.

Feuillet, O., *The Story of Mr Punch*, Dent, 1930.

Ficklen, B.A., *A Handbook of Fist Puppets*, Stokes, New York, 1935.

Fraser, P., *Punch and Judy*, Batsford, 1970.

Frost, T., *Circus Life and Circus Celebrities*, Tinsley, 1875.

Frost, T., *The Old Showmen and the Old London Fairs*, Chatto and Windus, 1881.

Fyleman, R., *Punch and Judy*, Methuen, 1944.

Gervais, A. C., *Marionettes et Marionettistes de France*, Bordas, Paris, 1947.

Goaman, M., *Judy and Andrew's Puppet Book*, Faber, 1952.

Goodfellow, C., *Puppets*, H.M.S.O., 1976.

Gosse, E., *Father and Son*, Heinemann, 1907.

Grandgent, C. H., *The Tragical Comedy or Comical Tragedy of Punch and Judy*, George Allen and Unwin, 1928.

Green, T., *Professional Punch*, Supreme Magic Co., Bideford, 1975.

Guest, C. H., *Punch's Boy*, Hutchinson, 1942.

Guiette, R., *Marionettes de tradition populaire*, Cercle d'Art, Brussels, 1950.

Hambling, A., *Punch and Judy*, Hambling, 1938.

Harsent, D., *Mr Punch*, Oxford University Press, 1984.

Hazlitt, W., *Lectures on the English Poets*, Taylor, 1819.

Hendry, H., *Merry Mr Punch*, Grant Richards, 1902.

Henley, L. C., *Punch and Judy: Aunt Louisa's London Toy Books*, Warne, 1890.

Hoban, R., *Riddley Walker*, Cape, 1980.

Hoben, A. M., *The Beginner's Puppet Book*, Noble, New York, 1938.

Hoffmann, Professor, *Drawing Room Amusements and Evening Party Entertainments*, Routledge, 1879.

Holbrook, D., *Thieves and Angels, Dramatic Pieces for Use in Schools*, Cambridge University Press, 1962.

Hone, W., *Ancient Mysteries Described*, Hone, 1823.

Hone, W., *The Every-Day Book*, Tegg, 1826-7.

Hornby, J., *The Puppet Theatre and No Show Without Toby*, Blackie, Glasgow, 1952.

Howe, E., *The Complete Ball-Room Handbook*, Williams, Boston, USA, 1858.

Hubbard, O. B., *O. B. Hubbard's Celebrated London Punch and Judy*, Lawrence, New York, 1874.

Hurd, M., *Mr Punch*, Novello, 1971.

Hutton, C., *Punch and Judy, an Acting Book*, Puffin, 1942.

Hyman, E., *Punch and Judy, a Comedy of Living*, Constable, 1927.

Inverarity, R. B., *Manual of Puppetry*, Binfords and Mort, New York, 1936.

John, D., *St George and the Dragon and Punch and Judy*, Puffin, 1966.

Jones, B., *The Unsophisticated Arts*, Architectural Press, 1951.

Jones, J., *Glove Puppetry*, English Universities Press, 1957.

Joseph, H., *A Book of Marionettes*, Viking Press, New York, 1931.

Judd, W. J., *The Tragical Acts or Comical Tragedies of Punch and Judy, Ventriloquism and Comic Songs*, Popular Entertaining, New York, n. d. (*c.* 1880).

Kennard, J. S., *Masks and Marionettes*, Macmillan, 1935.

Kennedy, J., *Punchinello*, Hutchinson, 1935.

Knight, C., *London*, vol 1, Knight, 1841.

Lambert, M., and Marx, E., *English Popular Art*, Batsford, 1951.

Law, A., *Punch and Judy*, Happy Hours, New York, n. d. (*c.* 1875).

Lee, M., *Puppet Theatre*, Faber, 1958.

Leydi, R., and R. M., *Marionette e Burattini*, Ediz. Avanti, Milan, 1958.

Lind, W. M., *The Crest Punch and Judy*, Whitmark, n. d. (*c.* 1905).

Lucas, E. V., *Mr Punch's Children's Book*, Punch, n. d. (*c.* 1910).

McKechnie, S., *Popular Entertainment Through the Ages*, Sampson, Low, Marston, n. d. (*c.* 1932).

Mackenzie, C., *Kensington Rhymes*, Secker, 1912.

McPharlin, P., *The Puppet Theatre in America*, Ohio University Press, 1949.

Magnin, C., *Histoire des marionettes en Europe*, Levy Frres, Paris, 1852.

Maindron, E., *Marionettes et Guignols*, Juven, Paris, 1910.

Malkin, M. R., *Traditional and Folk Puppets of the World*, Yoseloff, 1978.

Maris, R., *The Punch and Judy Book*, Gollancz, 1984.

Martin, W., and Vallins, G., *Carnival*, Evans, 1968.

Masefield, J., *The Box of Delights*, Heinemann, 1935.

Maxwell, C., *Easter, a Prose and Poetical Description of all the Public Amusements of London*, Arliss, n. d. (*c.* 1806).

Mayhew, H., *London Labour and the London Poor*, vol iii, Griffin Bohn, 1851.

Miller, D. P., *The Life of a Showman*, Lacy, n. d. (*c.* 1860).

Miller, M., *Great Fun for our Little Friends*, Sampson Low, 1862.

Miller, T., *Picturesque Sketches of London Past and Present*, Ingram, 1852.

Monckton, E., and Webb, C., *Dog Toby*, Warne, 1957.

Morley, H., *Memoirs of Bartholomew Fair*, Chapman and Hall, 1859.

Moses, M. J., *A Treasury of Plays for Children*, Little, Brown, Boston, USA, 1921.

Murray, D. L., *A Tale of Three Cities*, Hodder and Stoughton, 1940.

Odin, G., *Puppets, Past and Present*, Institutes of Arts, Detroit, USA, 1960.

Oxberry, W., *Dramatic Biography*, vol v, Simpkin, 1826.

Philpott, A. R., *Dictionary of Puppetry*, Macdonald, 1969.

Philpott, A. R., *Eight Plays for Hand Puppets*, Garnett Miller, 1968.

Pope, J., *Punch and Judy*, Ward Lock, 1933.

Priestley, H. E., *Six Little Punch Plays*, Priestley, 1956.

Pruslin, S., and Birtwistle, H., *Punch and Judy*, Universal Editions, 1974.

Richardson, J., *The Book of the Seaside*, Beaver, 1978.

Richmond, E. T., *Punch and Judy*, French, 1899.

Rose, A., *The Boy Showman and Entertainer*, Routledge, 1909.

Rosenfeld, S., *The Theatre of the London Fairs in the Eighteenth Century*, Cambridge University Press, 1960.

Routledge, E., *Every Boy's Book*, Routledge, 1856.

Sala, G., *Things I Have Seen and People I Have Known*, Cassell, 1894.

Sala, G., *Twice Round the Clock*, Kent, 1859.

Sayer, R., *The Foundling Chapel Boy*, Sayer, n. d. (*c.* 1815).

Sheldon, M. S., *The Land of Punch and Judy*, Revell, New York, 1922.

Simmen, R., *The World of Puppets*, Phaidon, 1975.

Sims, G. R., *Living London*, vol 2, Cassell, 1902.

Smeeton, G., *Doings in London*, Smeeton, 1828.

Smith, H., *The Poetical Works*, Colburn, 1851.

Smith, J. T., *Nollekens and His Times*, Colburn, 1828.

Smith, Professor, *The Book of Punch and Judy*, Hamley's, 1906.

Speaight, G., *The History of the English Puppet Theatre*, Harrap, 1955.

Speaight, G., *Juvenile Drama*, Macdonald, 1946.

Speaight, G., *Punch and Judy, a History*, Studio Vista, 1970.

Stead, P. J., *Mr Punch*, Evans, 1950.

Stonier, G. W., *Pictures on the Pavement*, Joseph, 1955.

Strutt, J., *The Sports and Pastimes of the People of England*, White, 1801.

Taylor, V., *Reminiscences of a Showman*, Allen Lane, 1971.

Tearle, P., *Punch and Judy Puppets*, Dryad Press, n. d. (1953).

Thorndike, R., and Arkell, R., *The Tragedy of Mr Punch*, Duckworth, 1922.

Tickner, P. F., *The Story of Punch and Judy*, Morice, 1941.

Tuer, A. W., *Pages and Pictures from Forgotten Children's Books*, Leadenhall Press, 1899.

'Uncle Jonathan', *Walks Around London*, Kelly, 1895.

Von Boehn, M., *Dolls and Puppets*, Harrap, 1932.

Von Pueckler-Muskau, H. L. H., *Tour in England*, Wilson, 1831.

Wall, L. V., White, G. A. and Philpott, A. R., *The Puppet Book*, Faber, 1950.

Weatherley, F. E., *Punch and Judy and Some of their Friends*, Ward, n. d. (*c.* 1885).

West, M., *Punch and Judy at Home*, Longmans, 1958.

West, M., *Punch and Judy Away*, Longmans, 1959.

Westhausser, L., *Monsieur Polichinelle*, Nouvelle Librarie de la Jeunesse, Paris, n. d. (*c.* 1890).

Whanslaw, H. W., *Everybody's Theatre*, Wells, 1923.

White, R., *Punchinello's Romance*, Innes, 1892.

Wild, S., *The Original, Complete and Only Authentic Story of 'Old Wild's'*, Vickers, n. d. (*c.* 1888).

Wilkinson, W., *The Peep Show*, Bles, 1927.

Wilkinson, W., *Puppets in Yorkshire*, Bles, 1931.

Wilkinson, W., *Vagabonds and Puppets*, Bles, 1930.

Williams, E. C., *Punch and Judy*, Books and Pictures Publications, 1951.

Williams, H. L., *Snip, Snap, Snorum*, Hurst, New York, n. d. (*c.* 1885).

Wilson, N. S., *Punch and Judy*, French, 1934.

Wiltshire, N., *A Helping of Punch*, Supreme Magic Co., Bideford, 1969.

Woodensconce, P., *The Wonderful Drama of Punch and Judy*, Ingram, 1854.

訳者あとがき

本書が出版されて以来ほぼ一世代が過ぎ、このあいだにパンチをとりまく世界も当然ながら変化を見せた。その第一は、インターネットの普及による情報網発達の恩恵を、パンチ界もまた享受したことだ。

上演者・愛好家たちの組織パンチ&ジュディ・フェローシップはウェブ・サイトを運営しており、フェスティヴァルや上演情報を更新し、会員の書物や映像ソフトなどを販売している。また、ここからさまざまなリンク先に跳べる。英国に滞在中に実演を観たいと思うなら、検索すれば近在のどこかで近日中の上演予定が見つかるだろう。

動画サイトにアップされたパンチ&ジュディには、いつでもどこからでもアクセスできる。パンチのあの声がすぐ聞ける。実演が思いのほかヴァラエティーに富むこともわかるし、とはいいながらも筋は一本であるのもわかる。パンチ芝居が家業でなくても、親に教えられなくても、動画を参考に、やってみようと志す者もまた、現れやすくなるだろう。

昔の名人の上演については思いを馳せるしかないが、今のパンチ上演は後世に残すことができる。いい時代になった。

便利になった情報網のおかげで、世界各地でパンチとその従兄弟たちを上演する者たちも集いやすくなった。二〇一二年は英国パンチ生誕三五〇周年の祝年にあたり、一年にわたってお祝いを続けた。皮切りはロンドンのコヴェント・ガーデンのメイフェアである。サミュエル・ピープスが「たいへん面白いイタリア由来の人形芝居をコヴェント・ガーデンで観た」と日記に記したのが一六六二年五月九日。これをパンチの誕生日として、この半世紀ほどは五月の第二日曜日を誕生日として祝ってきた。コヴェント・ガーデンのセント・ポール教会で、パンチにミサを捧げ、祝福の競演をくりひろげるのが、このところのならいである。節目には大きなイベントを組織するが、三五〇周年には、日本からも上演者たちとサポーター、総勢十五名がお祝いにかけつけた。

トロッコの潟見英明は箱廻しを軽快に操った。世界のあらゆる場所で、パンチとジュディのようなペアの男女がくりひろげる人形劇が存在することを、日本からの例として鮮やかに見せた。ひとみ座の伊東史朗は凄まじい集中力で英語台本をものにしながら、あくまでも軽やかに目の前のお客を楽しませた。うってかわって、おふたりのミサ参列時の緊張した横顔が今も浮かぶ――あの時たしかにふたりは伝統に連なった。

ロンドンの人形劇専門リトル・エンジェル劇場では、二〇一二年五月十日はジャパン・ナイトとしてふたりのために前夜祭が開かれた。チケットは売り切れ、観客のブロガーから良い劇評をえた。日本古来の人形劇に共通するパンチ&ジュディ的な部分は共振・共鳴し、あらたに日本で上演者を産んだ。パンチ&ジュディは多様性を受け入れ、日本でも生きたのだ。

三五〇周年祭で目だった多様性のあらわれとしては、女性上演者が増えたこと、正式エントリーはともかくパンチ人形を持って動かしている子どもたちが増えたことの二点を指摘できる。また。国柄の多様性は、日本の初参加のみならず、フランス、オランダ、スロヴァキアや南アフリカが、常連のオーストラリア、アメリカ、本家のイタリアに加わった。さらに、英国在住移民三世によるインド版パンチ&ジュディが際だっていた。ボリウッド音楽にのせて、ターバンを巻いた人形を操ったアフタブ・カーンによると「親が決めた結婚・家庭内暴力・子殺し……家庭劇だ。」――おそらくいかようにも、パンチ&ジュディは変容しうる。他の国々もまた今後、それぞれのパンチ&ジュディを持ってくるかもしれない。

すでに各地で、これまでにないパンチ&ジュディ誕生の情報が伝わる。たとえば、オランダ在住のネヴィル・トランターは、二〇〇九年に『アフガニスタンのパンチとジュディ』を上演した。写真からの判断だが、当時たいへん悪名の高かった当該国某政治家を連想させる人形を登場させていた。

四半世紀前の三二五周年を、留学生であったわたしは、ひとりでコヴェント・ガーデンに赴き一連の行事に参加した。二五年後に賑やかな御一行さまとして祝賀行事に参加できるとは、当時は思いだにしなかった。重ねた年月に、日本でリサーチをするなかでつながった人たちのおかげである。

コヴェント・ガーデンのポロック売店で、前年に出版されたこの本を手渡してくれたのが、アルバイト中のロバート・スタイルズ。その後二度、日本に招聘されたパンチ上演者である。「父なんだ」と頁を開けて見せてくれたのがジョン・スタイルズ（110図、203頁）。大英帝国五等勲爵士に叙せられた第一人者、フェローシップの会長である。この時から本書をひもとく日々が始まった。パンチ関連グッズが蒐集されたスタイルズ家の住まいパンチネッロ荘には、一人でも、また御一行さまも受け入れていただいた。

最初の訳稿はあがったものの、推敲が滞り紆余曲折で編集作業が進まず頓挫した。この四半世紀に、自分の人生のコンテンツ、私的・職業的もろもろがあったから、とは言い訳である。ふりかえると、なかったのは時間ではなく勇気だったとわかる。まずは、作業を始めたワープロ東芝ルポの何枚ものフロッピーディスクを思いきり、新たに訳しなおし始めた。少しでも拙訳が読みやすくなっているならば、この年月が無駄ではなかったと思いたい。とはいえ、まだまだ気づかないところもあるだろう。ご叱正を待つのみである。

このたびは逃げずにようやくここまで来れたのは、昭和堂鈴木了市氏とご縁をいただき、編集部の神戸真理子さんの適確な対応にひっぱっていただいたからだ。ありがとうございました。最初の打ち合わせのときに、字数・部数・締め切り予定など数字を確認している横で、大きなグラスの桃色のジュースを黙って楽しんでいた配偶者は、発端のポロック売店で、自分がこの本を買ってプレゼントしたと主張するが、本代を払ったのはわたしのような気がしている——ちょっと小津映画のようだ。

著者のロバート・リーチ氏は最初の翻訳申し出にもご快諾、時を経ての改めての申し出にもご快諾。ありがたかった。人形劇の図書館からは永年にわたり、全面的な資料提供と親身なご援助をいただいてきた。深く感謝いたします。川島昭夫京都大学名誉教授は、遠い日に「パンチ&ジュディはトリヴィアルじゃない。あなたが研究すればいい」と、フリスの色の夕焼けを教えてくださりながらおっしゃった。あの頃が底で、あれから自分なりにゆっくりと浮かんできたようです。そして、わたしと同じ強度のパンチ愛の持ち主、飯島ゆかりさん。交換してきたのは情報ではなくエールだったかもしれない。次のロンドンは一緒に行きましょう。

こんなに遅くなったために、訳本をお見せすることのできなくなってしまった方がふえてしまった。お名前を辛くて挙げられない。お赦しいただきたく願う。

パンチ三五六歳の晩秋

岩田託子

索　引

あ行

か行

さ行

た行

な行

は行

ま行

や行

ら行

わ行

▒ 著 者
ロバート・リーチ　Robert　Leach
7年間教職についた後、バーミンガムのミッドランズ・アート・センターのディレクターを務め、1974年からバーミンガム大学で、さらにエディンバラやカンブリアでも演劇・舞台芸術について講義を行ってきた。ロシアやアメリカでの演出経験もある。現在はスコットランド在住で、旺盛に演出・執筆を続けている。学校演劇・青年演劇・地域演劇について、英国演劇史やロシア演劇についての著作も多い。近刊は、*An Illustrated History of British Theatre and Performance* (Routledge, 2vols.)　詩集も五冊出版している。

▒ 訳 者
岩田託子（いわた・よりこ）
1958年堺市生まれ。英国ケント大学大学院M.A.、津田塾大学大学院博士課程満期退学。現在、中京大学国際英語学部教授。イギリス文化・英語圏文学専攻。主な著書に『イギリス式結婚狂騒曲――駆け落ちは馬車に乗って』（中公新書、2002）、『英国文化の世紀4　民衆の文化誌』（共著、研究社、1996）、『衣食住で読むイギリス小説』（共著、全3巻、ミネルヴァ書房、2003～04）、『図説 英国レディの世界』（共著、河出書房新社、2011）、『カズオ・イシグロの世界』（共著、水声社、2017）、『カズオ・イシグロ読本――その深淵を暴く』（共著、宝島社、2017）など。

「パンチ&ジュディ」のイギリス文化史

2019年5月25日　初版第1刷発行

著　者　ロバート・リーチ
訳　者　岩 田 託 子

発行者　杉 田 啓 三

〒607-8494　京都市山科区日ノ岡堤谷町3-1
発行所　株式会社　昭和堂
振替口座　01060-5-9347
TEL（075）502-7500／FAX（075）502-7501

印刷　亜細亜印刷

ISBN978-4-8122-1805-1
＊乱丁・落丁本はお取り替えいたします。
Printed in Japan